**LE CAPITALISME
À L'AGONIE**

DU MÊME AUTEUR

Les Pêcheurs d'Houat, Paris, Hermann, coll. « Savoir », 1983.
La Transmission des savoirs, avec Geneviève Delbos, Paris, Éditions de la Maison des sciences de l'homme, coll. « Ethnologie de la France », 1984.
Principes des systèmes intelligents, Paris, Masson, coll. « Sciences cognitives », 1990.
Investing in a Post-Enron World, New York, McGraw-Hill, 2003.
Vers la crise du capitalisme américain ?, Paris, La Découverte, 2007 ; rééd. *La Crise du capitalisme américain*, Broissieux, Éditions du Croquant, 2009.
L'Implosion. La finance contre l'économie : ce que révèle et annonce la « crise des subprimes », Paris, Fayard, 2008.
La Crise. Des subprimes au séisme financier planétaire, Paris, Fayard, 2008.
L'Argent, mode d'emploi, Paris, Fayard, 2009.
Comment la vérité et la réalité furent inventées, Paris, Gallimard, coll. « Bibliothèque des Sciences Humaines », 2009.
Le Prix, Broissieux, Éditions du Croquant, 2010.

Paul Jorion

Le capitalisme
à l'agonie

Fayard

www.pauljorion.com / blog

Couverture Atelier Didier Thimonier

Dépôt légal : 2011

ISBN : 978-2-213-65488-1

© Librairie Arthème Fayard, 2011.

« *De ces désirs, notre Dieu Λόγος réalisera ce que la nature extérieure permettra, mais seulement peu à peu, dans un avenir imprévisible et pour d'autres enfants des hommes. À nous qui souffrons gravement de la vie, il ne promet aucun dédommagement.* »

SIGMUND FREUD,
L'Avenir d'une illusion, p. 77.

Introduction

À la chute du mur de Berlin, en 1989, le capitalisme triomphait : privé d'ennemis, il cessait d'être un système économique parmi d'autres pour devenir la manière unique dont un système économique pouvait exister. En 2007, seulement dix-huit ans plus tard, autrement dit pratiquement au même moment à l'échelle de l'histoire humaine, il devait être aspiré lui aussi dans le maelström d'une destruction prochaine. Le capitalisme est aujourd'hui à l'agonie. Qu'a-t-il bien pu se passer ?

A posteriori, les dix-huit ans qui séparent la chute du capitalisme de marché à l'occidentale de celle du capitalisme d'État de type soviétique apparaîtront anecdotiques, et les explications produites durant ces dix-huit années pour expliquer la supériorité intrinsèque du système qui a survécu de peu à son rival, anecdotiques elles aussi. L'histoire retiendra l'ironie de cette conjonction. Une hypothèse rarement émise s'impose du coup : capitalisme et communisme ne furent-ils pas terrassés par le même mal ? La cause alors serait la complexité : l'organisation des sociétés humaines atteindrait un seuil dans la complexité au-delà duquel l'instabilité prendrait le dessus, et, la fragilité étant devenue excessive, le système courrait à sa perte.

Une autre explication éventuelle est que le capitalisme avait besoin de l'existence d'un ennemi pour se soutenir. L'existence d'une alternative vers laquelle les citoyens des démocraties pourraient se tourner par leur vote aurait maintenu le capitalisme dans les limites d'une certaine décence de la part de ceux qui bénéficient essentiellement de son fonctionnement. En l'absence de cette alternative, ses bénéficiaires n'auraient pas hésité à pousser encore plus leur avantage, déséquilibrant le système entier et le menant tout droit à sa perte.

Autre explication possible encore : du fait du versement d'intérêts par ceux qui sont obligés de se tourner vers le capital, c'est-à-dire d'emprunter pour réaliser leurs objectifs en termes de production ou de consommation, le capitalisme engendrerait inéluctablement une concentration de la richesse telle que le système ne pourrait manquer de se gripper tout entier un jour ou l'autre.

Entre ces hypothèses il n'est pas nécessaire de choisir : les trois sont vraies, chacune à sa façon, et ont conjugué leurs effets dans la première décennie du XXIe siècle. Et c'est cette rencontre de facteurs mortifères qui explique pourquoi nous ne traversons pas en ce moment l'une de ces crises du capitalisme qui lui sont habituelles depuis deux siècles, mais sa crise majeure, celle de son essoufflement final, et, pour tout dire, celle de sa chute.

Nous examinerons les différents moments d'une époque qui voit une immense machine ralentir d'abord, avant de s'arrêter.

Cette particularité nouvelle de l'absence d'un concurrent sérieux au capitalisme nous interdit de nous représenter avec clarté ce qui viendra à sa suite. Pour nous aider, il faut réfléchir à ce que nous entendons par ce bonheur que nous nous souhaitons à nous-mêmes, à nos enfants et aux enfants de nos enfants ; nous examinerons aussi la contradiction qui existe entre deux soucis dont ni l'un ni l'autre ne nous semble pouvoir être sacrifié : l'*éthique*, la vie morale, et la *propriété privée*, le droit de posséder sans que cette possession puisse être légitimement remise en cause ; nous analyserons ce que signifie un monde où le travail devient rare, mais où nous avons encore besoin, pour vivre, des revenus qu'il procure.

Certains phares de la pensée humaine avaient deviné que notre espèce se trouverait un jour confrontée à des questions sinon insolubles, du moins exigeant qu'elle amorce un tournant du même ordre de grandeur que celui qui nous fit passer du paléolithique au néolithique, ou des sociétés agraires aux sociétés industrielles. Nous tenterons de tirer profit de la réflexion de Robespierre, Saint-Just, Hegel, Marx, Lévy-Bruhl, Freud et Keynes en particulier.

La fin d'un système

Jamais l'humanité ne s'est trouvée à un tel tournant. Ou faudrait-il plutôt dire : « Jamais l'humanité ne s'est trouvée devant une telle impasse » ? L'image du tournant évoque en effet un passage : il s'agirait seulement de trouver le meilleur angle pour le négocier. Celle de l'impasse est beaucoup plus désespérante, car elle suggère que c'est le bout de la route qui a été atteint.

Notre modèle de société s'effondre. Notre système économique ne survit que par des artifices. Le relancer semble impossible, vu son délabrement. Les modèles de société manquent cependant, qui pourraient suggérer par quoi le remplacer. Tout est à réinventer, et à partir de rien. Capitalisme, économie de marché, libéralisme, ont épuisé ou outrepassé leur dynamique. La colonisation de la planète par notre espèce a atteint ses limites. L'informatisation nous a ouvert de nouveaux horizons, quasi infinis, et nous nous y sommes plongés avec délectation sans nous apercevoir que notre monde se complexifiait de plusieurs ordres de magnitude, sa fragilité augmentant d'autant. À peine nous avait-on fait miroiter le miracle de la « nouvelle économie », stabilisée, ayant atteint à jamais sa forme idéale, que celle-ci en vint à s'écrouler comme un château de cartes. L'intermédiation était le rôle traditionnel de la finance : mettre en présence celui qui a besoin d'avances et celui qui, disposant d'argent en quantité plus grande que ce dont il a l'usage immédiat, est disposé à le prêter contre rémunération. Mais la finance ne s'en tint pas là : elle découvrit le pouvoir de l'effet de levier, à savoir qu'il en coûte beaucoup moins – et qu'il en rapporte bien davantage – de faire des paris sur les fluctuations de prix à l'aide d'argent emprunté. Parier avec de l'argent emprunté démultiplie le profit potentiel et démultiplie bien entendu la perte potentielle exactement dans la même proportion, mais la nature humaine est ainsi faite qu'elle ne voit jamais que le bon côté des choses. D'ailleurs, les joueurs déjà en place bénéficient d'un avantage considérable sur les nouveaux entrants, celui de modifier les règles en cours de partie, et ce sont ces derniers qui perdent des plumes en quantité disproportionnée. Ensuite, eh bien : « *Vae victis !* » – malheur aux vaincus !

À cette réserve près que les vaincus doivent en général de l'argent à d'autres... qui doivent eux-mêmes de l'argent à d'autres encore. Si bien que l'ensemble du système se fragilise inexorablement. Et qu'à la place du risque encouru par des entités isolées on voit apparaître le risque du système entier, réalité qui devint familière à partir de 2007 sous l'appellation de « risque systémique », expression jusqu'alors inédite mais que l'opinion publique à l'échelle du globe apprit rapidement à connaître à ses dépens.

La spéculation a toujours été la puce qui, sur le dos de l'économie, s'abreuve de son sang. Mais, comme nul ne l'ignore, quand un animal est devenu un « sac à puces », c'est sa santé même qui est en danger. Et le parasite peut désormais tuer la bête.

La représentation de l'appareil économico-financier qui nous était proposée il y a cinq ans seulement était celle d'un système parvenu à maturité : stable en raison d'une prédisposition généralisée à l'autorégulation, et ayant découvert le moyen de disperser le risque avec une efficacité telle qu'il soit de facto neutralisé. Or l'autorégulation n'existait pas. Le risque, quoi qu'atomisé, se concentrait en réalité, parce que les joueurs les plus avisés se constituaient de gigantesques portefeuilles de produits financiers ; le risque en était conjoncturellement sous-évalué, et la prime de risque, par conséquent, surévaluée, suggérant une rentabilité prodigieuse ; quand eut lieu le retour de balancier, quand la réalité reprit ses droits, les grandes banques d'investissement de Wall Street – les Bear Stearns ou Lehman Brothers –, les grandes compagnies d'assurances telle AIG, les colosses du crédit au logement que sont Fannie Mae et Freddie Mac, implosèrent.

INTRODUCTION

L'informatisation avait favorisé une complexification de la finance sur la base du crédit qui lui interdisait désormais de fonctionner autrement qu'en régime de bulle : l'euphorie cachait l'absence d'autorégulation, et, le risque étant provisoirement restreint, sa concentration demeurait invisible.

On peut tenter de conjurer l'image de l'impasse : ce sentiment ne serait propre qu'à la société occidentale à laquelle j'appartiens et au sein de laquelle je prends la plume. La société orientale s'en sortirait bien mieux, et le seul déclin observé serait en réalité celui de l'Occident. C'est là une éventualité qu'il ne faut certes pas négliger. S'il ne s'agissait, dans les événements que nous vivons, que d'une crise financière devenue ensuite crise économique, l'hypothèse serait plausible. Mais quand auront été épuisées, en Chine, les vertus d'une combinaison pragmatique du meilleur du capitalisme d'État et du meilleur du capitalisme de marché, le théorème aura été démontré : il existe au sein des sociétés humaines un obstacle insurmontable, un seuil indépassable dans la logique capitaliste, quelle que soit la variété des formes choisies – ou, plutôt, découvertes. Les échéances auxquelles nous devons faire face sont celles de l'espèce à l'échelle de la planète. Comment une nation particulière pourrait-elle en être exemptée ?

Le moment où ce seuil indépassable a été atteint, nous le savons maintenant, se caractérisa à la fois par une grande stabilité apparente (celle des années 1990 à 2000, qu'égratigna à peine la bulle de l'internet) – stabilité si grande que devint même plausible, à cette époque, l'hypothèse d'une « fin de l'histoire » où l'on n'observerait plus, à l'avenir, que la répétition infinie des mêmes configurations –, et par l'extrême fragilisation qui se développa pendant ce temps-là en arrière-plan, due dans les pays occidentaux à une dépendance croissante des entreprises comme des ménages vis-à-vis d'un crédit désormais hypertrophié.

Cette combinaison de stabilité visible à la surface des choses et d'une fêlure fondamentale progressant en profondeur fait que la plage sur laquelle se tient le système économique est de plus en plus étroite : il ne reste plus aujourd'hui qu'une ligne de crête séparant deux précipices. Le physicien parle dans ces cas de « processus critique » : la chute est désormais certaine, seul son moment précis doit encore être déterminé. Seuls le talent de l'équilibriste et sa chance décideront du temps qu'il reste avant de tomber. Mais il tombera.

Au moment où j'écris, la configuration particulière de l'impasse a pour nom : *réduire la dette publique des États tout en assurant la croissance.* Ceux qui ont aujourd'hui pour mission d'accomplir cette tâche délicate recourent, pour la décrire, à la même expression : « Pas de bonnes solutions, seulement de mauvaises. » Mais le diagnostic, là encore, est exagérément optimiste, car la solution, en réalité, n'existe pas. Pourquoi ? En raison de l'existence d'un cercle vicieux : parce que le remboursement de la dette réclame un relèvement des impôts qui réduit le pouvoir d'achat, entraînant une baisse de la consommation, d'où un fléchissement de la croissance qui oblige à une relance nécessitant une augmentation de la dette. Le secteur bancaire s'est écroulé, l'État s'est porté à son secours et est tombé à sa suite. La banque a alors grimpé sur les épaules de l'État, ce qui lui a permis de sortir du trou. L'État, lui, y est resté.

Pour comprendre comment nous avons pu nous retrouver dans une telle impasse, il faudra d'abord se demander ce qu'est le capitalisme, analyser sa nature depuis ses débuts, et découvrir qu'il ne constitue pas, comme on l'a longtemps cru, une mécanique robuste, mais est tout au contraire un *défaut* susceptible de vicier les systèmes économiques et qui affecte fondamentalement le nôtre – les raisons de sa chute deviennent dès lors évidentes. Il faut ensuite se demander pourquoi aucune image de ce qui pourrait lui succéder n'émerge. Ici aussi, le spectre de la complexité sera évoqué.

Il y a plus de cent cinquante ans, Karl Marx a prédit la fin du capitalisme, et il faudra revenir sur ce qu'il a dit, sur le pourquoi et le comment, et voir s'il avait vu juste ou si les facteurs en cause sont différents de ceux qu'il avait envisagés. Il faudra revenir aussi sur sa vision optimiste de ce qui aura lieu ensuite, vision dont, il faut bien le constater, il ne subsiste pas grand-chose.

C'est là que la fin du capitalisme et celle du communisme se rejoignent : le communisme est né comme modèle de ce qui remplacerait le capitalisme à son décès. Or la prétendue société du futur est morte avant – même si c'est de peu – celle à laquelle elle aspirait à succéder. Du coup, les seules utopies qu'il nous reste sont, d'une part, celle de l'ultralibéralisme, encore appelé *libertarianisme* ou *anarcho-capitalisme*, prônant un capitalisme rajeuni, purifié des accommodements qui lui avaient été apportés pour que son règne, aimable à une minorité, soit également supportable par le plus grand nombre, autrement dit l'utopie du retour à un régime aristocratique ; d'autre part, l'utopie de la décroissance, qui entend nous ramener à une époque imprécise du passé, mais se situant en amont de l'explosion de la complexité, autrement dit le retour aux anciennes sociétés agraires, rêve – nous le verrons – déjà partagé durant la Révolution française.

Marx ne fut pas seul, bien entendu, à envisager la fin possible du capitalisme, et parmi ceux dont je tiendrai à parler se trouvent aussi G.W.F. Hegel et Sigmund Freud. Tous deux eurent à dire des choses fondamentales sur notre espèce et sur la vie que nous menons en société. Malheureusement pour nous, alors que l'un comme l'autre pronostiquèrent que nous atteindrions un jour le moment où nous sommes parvenus aujourd'hui, tous deux échouèrent à y voir autre chose que ce que nous y voyons précisément nous-mêmes : une impasse.

L'histoire est notre destin, et notre destin est celui-ci : le monde fut approprié une première fois par la capture brutale des plus forts, et une seconde fois par l'argent. L'édifice du second système, celui reposant sur l'argent, n'est pas privé de fondations : il s'est bâti sur les ruines du premier. Ce que la violence avait permis de conquérir une première fois, l'argent réussit à le faire une seconde fois, plus pacifiquement sans doute, mais sans hésiter cependant à recourir aussi à la force, si nécessaire, non plus cette fois selon les principes d'un antique code d'honneur, mais de manière mercenaire.

Ironie de l'histoire, le second système fut longtemps véhiculé par les exclus du précédent : les inventeurs de l'argent, ce furent les marchands, et, dans la cité antique, ils étaient étrangers.

Le pouvoir obtenu par la force se conteste dans les guerres : pour remettre en cause la division des territoires par la capture, il faut relancer la guerre. Le pouvoir de l'argent est plus automatique : l'argent appelle l'argent, lequel se concentre alors inexorablement. À un certain degré de concentration, le système économique se grippe, et il faut procéder à une redistribution de la richesse, après quoi la dynamique de concentration repart jusqu'à la crise suivante.

Le travail humain était nécessaire aussi bien à la société reposant sur la force qu'à celle qui repose aujourd'hui sur l'argent. Or le travail est en voie de disparition : les gains de productivité dus à l'invention technologique et à l'ubiquité de l'informatique en particulier, causent aujourd'hui sa raréfaction. Sa composante dangereuse, pénible, abrutissante, ou les trois à la fois, se déplace vers les pays où la pauvreté fait que l'on est encore prêt à le produire dans de telles conditions.

Les populations se repartissent désormais en deux camps : une vaste majorité qui n'obtient ses revenus, représentant son moyen d'accès à la consommation, que par le travail, et une petite minorité qui se procure de l'argent uniquement en le « plaçant », autrement dit dont les revenus proviennent des intérêts versés comme rendement des avances qu'elle procure en capital à l'économie et à la spéculation, c'est-à-dire, en fait, en ponctionnant une partie de la richesse créée ailleurs par du travail.

Keynes sauva le capitalisme dans les années 30 en définissant le plein emploi comme étant le point-pivot autour duquel tout devait s'ordonnancer ; or, aujourd'hui, c'est précisément le travail qui manque. Si l'on voulait sauver encore une fois le capitalisme à la manière d'un Keynes, c'est une énigme qu'il faudrait cette fois résoudre : comment sauver le plein emploi si le travail lui-même ne peut pas être sauvé ?

INTRODUCTION

La disparition du travail du fait de l'automation, son effectuation par des machines, avaient été envisagées depuis des siècles, et on se les était représentées comme une libération quand elles adviendraient. C'était sans compter que tout bénéfice provenant de la disparition du travail, des gains de productivité, ne reviendrait pas aux travailleurs libérés, mais à ceux qui les employaient du temps qu'ils travaillaient encore : les dirigeants des entreprises et leurs bailleurs de fonds, les investisseurs, qu'on appelle aussi, du fait que ce sont eux qui apportent le capital, les « capitalistes ». La richesse créée par l'automation ne bénéficie pas, comme nous l'imaginions dans nos rêveries futuristes d'un âge d'or de « l'an 2000 », à l'humanité entière ; investisseurs et dirigeants d'entreprise l'ont confisquée à leur seul profit.

Quand bien même le problème serait-il soluble dans sa dimension *travail*, le bonheur pourrait-il pour autant être atteint ? Hegel considérait les exigences du citoyen et du bourgeois qui logent en nous comme inconciliables, car la propriété est contraire à l'éthique, inspiratrice de tout ordre et donc de toute vie en société. Freud, quant à lui, pensait que l'« ordre de l'univers » lui-même s'oppose à nos désirs constitutifs de jouir sans entraves et d'éviter la douleur. Il ne faisait que répéter Saint-Just : « ... l'homme apparaît comme un être fondamentalement orgueilleux, dominateur, de surcroît fornicateur ; sous l'emprise de ses passions, il ne cesse de vivre dans l'illusion, forgeant de nouvelles chimères pour mieux se dissimuler la tristesse de sa condition, le néant de son existence et la brièveté de la vie », écrit Abensour pour caractériser le message implicite d'*Organt*, le poème épique de celui qui entrera dans l'histoire comme l'*Archange* (Abensour 2004 : 20).

Les espèces disparaissent. Elles opèrent aussi des tournants : les grands dinosaures ont disparu, mais les petits sont toujours là, on les appelle les oiseaux. Le tournant que la crise nous impose est de l'ordre de grandeur de celui qui nous fit passer autrefois du paléolithique au néolithique. C'est colossal, sans doute, mais faisable. La preuve ? Le fait que nous avons déjà opéré de tels tournants. Nous sommes toujours là !

Les nervures de l'avenir

Dans *La Raison dans l'histoire*, un ouvrage posthume composé à partir des notes de cours de ses élèves, Hegel observe que « ... l'expérience et l'histoire nous enseignent que les peuples et gouvernements n'ont jamais rien appris de l'histoire, qu'ils n'ont jamais agi suivant les maximes qu'on aurait pu en tirer » (Hegel [1837] 1979 : 35). C'est vrai : s'il en avait été autrement, aucune civilisation ayant gardé le souvenir de celles qui l'ont précédée ne serait jamais morte.

INTRODUCTION

Faute de tirer les leçons de l'histoire, les hommes n'ont cependant jamais cessé de tenter de la déchiffrer, et, quand on la lit, l'attention se porte de préférence soit sur ce qui revient sous la forme du même, soit sur ce qui n'avait jamais été vu auparavant. Il est bien sûr essentiel de saisir la proportion dans laquelle se présentent ces deux ingrédients, le même et le différent, plus particulièrement dans les périodes de transition. On ne peut savoir où l'on va sans déterminer d'abord si l'époque où l'on vit se situe davantage sous le signe de l'inédit ou sous celui de l'éternel retour. Dans le premier cas, les processus que l'on observe sont en voie d'achèvement ; dans le second, ils sont destinés à se poursuivre. Il faut, pour cela, savoir distinguer les ruptures des continuités : si les premières l'emportent sur les secondes, l'époque est au changement radical. C'est pourquoi cette capacité à lire l'histoire est moins essentielle quand on est aux premiers temps d'une nouvelle période que, comme aujourd'hui, quand une époque épuisée touche à sa fin.

Si l'on brise la chrysalide d'un insecte, on découvre à l'intérieur un liquide épais et noirâtre où l'on ne distingue ni la forme de la larve en train de se dissoudre, ni celle de l'insecte parfait qui émergera un jour. Les périodes de turbulences sont de cette nature. Saint-Just fut un jour acculé à reconnaître que « la force des choses nous conduit peut-être à des résultats auxquels nous n'avions point pensé »

(Saint-Just [1794] 2004 : 667). Peu après cet aveu, il devait capituler sans combat face à la promesse d'une mort prochaine, reconnaissant son incapacité à comprendre encore le tourbillon dans lequel il se trouvait emporté.

Si l'époque est au changement radical, il existe en son sein des « nervures » : des trajectoires rectilignes qui relient le passé au futur en passant par les points qui constituent la trame du présent. Le reste, ce sont les zones de ce qui demeurera le même, mais qui, tant que durera la transition, participant à l'effervescence générale, n'en sera pas moins soumis à d'inquiétantes turbulences. Parvenir à déceler la présence de telles nervures, c'est lire l'avenir déjà inscrit dans le présent.

Une rupture a lieu lorsqu'un seuil est franchi. Repérer de telles limites et observer si elles ont été atteintes constitue la tâche première pour qui veut lire l'avenir déjà inscrit dans le présent.

Avant même que la crise que nous subissons ne se déclenche, une limite avait déjà été atteinte : celle du comportement colonisateur de notre espèce dans le cadre de la planète que le sort lui a offerte. Parmi les choses que notre espèce a inventées figure en bonne place la politique de la terre brûlée. Nous prenons la Terre comme elle se présente à nous : nous en extrayons ce qui nous intéresse, nous l'intégrons dans des objets manufacturés, et quand ceux-ci ont cessé de fonctionner nous les entassons à la décharge.

INTRODUCTION

La chose importait peu tant que la Terre était si vaste qu'elle nous semblait illimitée, et ses ressources, inépuisables. Le moment est venu, hélas, où elle commence à nous gêner aux entournures. Avons-nous endommagé de manière irréversible son climat même ? La preuve n'en a pas été apportée de manière formelle, mais qu'importe, puisque nous en sommes capables, et que, si nous ne l'avons déjà fait, nous le ferons sans nul doute demain. Quelles mesures avons-nous prises pour conjurer ce danger ? La réponse prêterait à rire si elle ne prêtait à pleurer : celui qui pollue trop achètera le droit de le faire à celui qui pollue moins ! Pour faire bonne mesure, ce seront les banquiers qui veilleront à ce que soient respectées les règles d'un système aussi absurde – en échange, bien sûr, du versement d'une prime d'un montant modéré.

Nous produisons et nous consommons. La richesse générée dans la production procure les revenus qui seront dépensés pour la consommation. L'invention de l'argent nous a permis de faire cela sans heurt. Mais il faut, pour cela, que s'établisse un subtil équilibre entre production et consommation. Si subtil, malheureusement, que l'on observe souvent des oscillations désordonnées entre sous-production et surproduction. Avoir confié au seul hasard le soin de faire se rencontrer offre et demande entraîne son cortège de misères. Alors on a voulu tout régler d'autorité, ce qui ne marcha pas non plus. Dans un cas comme dans l'autre, il s'agissait de toute manière d'une fuite en avant éperdue vers la « croissance » alimentée par le charbon et le pétrole, sources d'énergie qui étaient apparues un moment comme inépuisables. Avec les énergies fossiles, le comportement colonisateur de l'espèce avait trouvé le moyen de décupler ses capacités. Jusqu'à atteindre aujourd'hui les limites que lui impose le cadre fini de notre planète.

Mais d'autres limites ont également été atteintes. Quand la part principale du produit intérieur brut (PIB) des nations est constituée de paris portant sur les fluctuations de prix, la part devient au contraire congrue pour tout ce qui présenterait une fonction « socialement utile », si l'on veut bien reprendre les termes utilisés par lord Adair Turner, président de la Financial Services Authority (FSA), le régulateur des marchés britanniques. Mervyn King, président de la Banque d'Angleterre, paraphrasant Churchill, déclare de son côté que « jamais tant d'argent ne fut dû à tant par un si petit nombre ». Quand des financiers s'indignent du comportement de la finance, il est clair qu'un seuil dans l'indécence a dû être franchi.

Alors, que faire ? D'abord, jeter un regard en arrière et mettre le processus à plat : examiner ce qu'il a été. Redéfinir ensuite, à partir de là, celui qu'il pourrait être. Il y a d'un côté une planète, de l'autre notre espèce au stade qu'elle a atteint. Quel est désormais le cadre de leur compatibilité ?

I

Qu'est-ce que le capitalisme ?

Capitalisme, économie de marché
et libéralisme

Capitalisme, économie de marché et libéralisme : voilà trois termes qui sont devenus quasi synonymes aux yeux du public. Or, mis à part leur coprésence dans nos économies, il n'existe pas de lien intrinsèque entre les trois.

Le capitalisme est un système de répartition du surplus économique (la richesse nouvellement créée) entre les trois grands groupes d'acteurs que constituent les salariés, qui reçoivent un *salaire*, les dirigeants d'entreprise (« entrepreneurs » ou « industriels »), qui perçoivent un *bénéfice*, et les investisseurs ou actionnaires (qu'on appelle encore « capitalistes » parce qu'ils procurent – on verra pourquoi – le *capital*), à qui l'on verse des *intérêts* ou des *dividendes*.

L'économie de marché est le système qui assure la distribution des marchandises du producteur au consommateur, accordant au passage un *profit* au marchand (les marchands constituant le quatrième groupe d'acteurs).

Le libéralisme est une politique visant à optimiser le rapport entre les libertés individuelles et l'intervention de l'État dans les affaires humaines en vue de protéger ces libertés.

Comment expliquer que ces trois termes se trouvent rassemblés dans l'esprit du public comme trois manières équivalentes, chacune aussi valide que les deux autres, de décrire notre régime économique ? Ce qui l'explique, c'est le fait que les trois éléments se sont trouvés combinés pour engendrer, dans une certaine configuration, le tournant historique qui débuta en 2007.

Nos sociétés sont passées par différents types d'organisation qui ont constitué leurs fondations successives, en sorte que chacune a imprimé sa forme à celles qui vinrent ensuite. Notre société contemporaine conserve ainsi l'empreinte de toutes celles qui l'ont précédée. L'espace au sein duquel nous vivons a d'abord été partagé entre des guerriers qui se le sont approprié, puis qui ont transmis le découpage résultant de leurs guerres à leurs descendants. L'appropriation qui en a résulté portait non seulement sur ce qui pousse spontanément sur la terre et sur ce qui se trouve sous sa surface, ses ressources minières, mais aussi sur les êtres humains vivant dans l'enceinte des territoires ainsi découpés.

Ces derniers, hommes et femmes, étaient asservis : leur travail était subordonné à la volonté de leur maître. Par la violence et la menace, le maître obtenait que le fruit du travail de ses esclaves lui revienne. C'était seulement son bon vouloir qui faisait qu'une partie du fruit de leur travail leur fasse retour. Bon vouloir intéressé, bien entendu : pour qu'ils puissent renouveler ce travail jour après jour.

La distribution inégale, à la surface de la terre, des ressources, des techniques, des hommes et de leurs talents individuels, la division du travail, firent que les biens ne se trouvaient pas nécessairement à proximité des lieux où ils étaient convoités : il fallait donc les transporter de l'endroit où ils étaient produits vers celui où ils seraient consommés. Ce sont les marchands qui se chargèrent de la distribution des produits : la différence entre le prix auquel ils vendent leurs marchandises et celui qu'ils ont eux-mêmes acquitté constitue le profit qu'ils perçoivent en échange du transport et de leur service.

Les princes avaient inventé l'argent, qui leur permettait de percevoir l'impôt, mais ce furent les marchands qui en répandirent l'usage.

Si le travail d'un esclave ne lui appartient pas, un homme libre peut, lui, échanger son travail contre de l'argent. Cet argent, il pourra le consacrer à l'achat de biens de consommation, sans dépendre du bon vouloir d'un maître. Il devint rapidement évident que ce que la seule violence permettait d'obtenir dans une société guerrière, l'argent permettait de l'obtenir tout aussi bien dans une société marchande : pour se subordonner le temps d'autrui, l'argent avait remplacé la violence. Sur les fondations d'une ancienne société, une nouvelle était apparue. Ceux, parmi les aristocrates, qui avaient compris le changement opéré eurent à peine à souffrir du passage à une nouvelle société ; ceux d'entre eux qui ne l'avaient pas compris étaient pour leur part condamnés. Une chose était cependant certaine : l'argent s'était glissé dans la fonction même qu'exerçait auparavant la violence, et il en avait hérité la brutalité.

Le capitalisme

Le capital est une ressource – aujourd'hui le plus souvent de l'argent – qui manque à l'endroit où elle est nécessaire pour permettre un processus économique de production, de distribution ou de consommation. On remédie à cette situation de la manière suivante : le propriétaire de l'argent qui manque ailleurs le prête à celui à qui il fait défaut. Ce dernier s'engage à le lui retourner. En témoignage de sa reconnaissance, il ajoutera à la somme retournée une somme supplémentaire, proportionnelle à la somme empruntée et à la durée du prêt (j'ai expliqué dans *Le Prix* l'historique de cette logique à partir du *métayage*, où le capital est constitué d'avances faites par le propriétaire au *métayer* [Jorion 2010 : 229-236]).

J'écrivais par ailleurs dans *L'Argent, mode d'emploi* :

> « On peut définir le capitalisme contemporain comme un système social caractérisé par l'existence de trois classes principales : celle des "capitalistes", détenteurs de capital (aussi "rentiers" ou "investisseurs"), celle des "patrons", (les "entrepreneurs" ou "dirigeants d'entreprise"), et celle des "travailleurs" (les "salariés", "employés", "associés", "membres de l'équipe", etc.), et par la domination, au sein de ce système, de la classe des "capitalistes", d'où son nom » (Jorion 2009c : 322).

Le « capitaliste », généralement appelé autrefois « rentier », et « investisseur » ou « actionnaire » aujourd'hui, est l'acteur qui procure le capital : celui qui fournit les avances à ceux qui en ont un besoin économique.

Une fois produite par l'action conjointe de ces trois groupes – dirigeants d'entreprise, salariés et investisseurs ou « capitalistes » –, la marchandise est vendue pour la première fois sur un marché « primaire », généralement à un grossiste plutôt qu'à un détaillant. La différence entre les coûts de production et ce premier prix de vente, c'est le surplus : la plus-value qui se dégage et qui sera partagée entre ces trois parties prenantes en fonction du rapport de forces existant entre elles.

Le surplus se redistribue en deux temps : d'abord les *intérêts* collectés par le capitaliste et le *bénéfice* revenant au dirigeant d'entreprise selon le rapport de forces existant entre eux, ensuite entre ce dernier et les salariés qui reçoivent un *salaire*, cette fois aussi en proportion du rapport de forces existant entre lui et eux.

L'existence de ces trois groupes pourrait être jugée purement fonctionnelle – découlant simplement de la division sociale du travail –, et on pourrait en effet imaginer qu'une multitude de systèmes économiques puissent être conçus autour d'un tel partage des responsabilités. Le fait que le groupe détenteur du capital collecte cependant des intérêts en récompense des avances qu'il consent fait qu'il collecte toujours davantage d'argent et renforce du coup sans cesse sa position au sein des rapports de forces présidant au partage du surplus. Le *capitalisme* est donc un principe inégal de partage du surplus où la position du *capitaliste* est prédominante, d'où le terme « capitalisme » pour désigner le système entier.

Nous verrons plus loin que, soucieux de présenter la dynamique des sociétés industrielles comme consistant en une lutte entre deux classes sociales, celle des *capitalistes* et celle des *prolétaires*, Marx a confondu sous le terme de « capitalistes » trois groupes que je distingue : les « capitalistes » à proprement parler que sont les investisseurs, les dirigeants d'entreprise et les marchands.

J'ajoutais ceci dans *L'Argent, mode d'emploi* :

> « Le système capitaliste combine donc plusieurs éléments : la perception d'intérêts qui fait que le détenteur de capital, c'est-à-dire le détenteur des fonds dont d'autres auraient besoin, peut faire "fructifier" son capital, autrement dit le faire grossir en pompant, par le truchement des intérêts, la richesse produite par les travailleurs à qui ce capital fait défaut et qui sont donc obligés de l'emprunter, soit pour l'utiliser comme avances dans un processus de production, soit comme prix d'achat d'objets de consommation. Cette dynamique conduit à la concentration du patrimoine aux mains des rentiers, concentration que des politiques fiscales progressives s'efforcent d'endiguer, mais dans un combat sans fin, car perdu d'avance du fait de la capacité des plus riches à battre en brèche ces politiques en faisant peser le poids de leur fortune sur le processus démocratique » (*ibid.*, 323).

L'équilibre des forces entre capitalistes, dirigeants d'entreprise et salariés s'est modifié au cours du dernier quart du XXe siècle avec l'introduction des stock-options, mises au point dans l'intention explicite d'aligner les intérêts des dirigeants d'entreprise sur ceux des investisseurs. Les salariés, dont la situation ne pouvait se maintenir en équilibre précaire avec ceux-ci qu'au moyen de luttes, cessèrent de faire le poids et furent désormais spoliés bien davantage encore qu'avant par les deux autres groupes désormais étroitement ligués contre eux[1].

L'économie de marché

Il n'existe pas de rapport immédiat entre capitalisme et économie de marché. Le premier, comme nous venons de le voir, est un principe de partage du surplus où le détenteur du capital prévaut, alors que le second est un système assurant la circulation des marchandises, fondé sur un double principe : celui du profit, autrement dit de la revente d'un bien à un prix plus élevé que celui auquel un marchand l'a lui-même acquis, et celui de la limitation du taux de profit par la concurrence, dont on affirme qu'elle assure que ce taux est automatiquement ramené au niveau de rentabilité minimale pour le vendeur (ce qui ne garantit cependant pas qu'il trouvera acheteur à ce niveau de prix).

Le *capitalisme* s'exerce au plan de la production, tandis que l'*économie de marché* est un mode d'organisation de la distribution. Ils portent donc sur deux moments distincts du processus économique : le *capitalisme* s'exerce au niveau du « marché primaire », où un bien est vendu pour la première fois, l'*économie de marché* ne porte quant à elle que sur les « marchés secondaires », où un bien peut se revendre et s'acheter indéfiniment.

Une marchandise est dans un premier temps produite. Elle accède alors à son *marché primaire*. Le premier prix qu'elle obtient – le plus souvent d'un grossiste qui n'est, lui, que la première étape de la marchandise vers le marché de détail – comprend, outre les différents coûts de production (la richesse préexistante rassemblée pour l'occasion), le surplus proprement dit (la richesse nouvellement créée) qui se répartit, comme nous l'avons vu, entre les intérêts perçus par le fournisseur des avances, le capitaliste, et le profit qui revient à l'entrepreneur ou « industriel » une fois déduite la part du surplus qu'il alloue à ses salariés. La marchandise ayant été mise à la disposition des marchands, ceux-ci l'acquièrent et se chargent de sa distribution sur un « marché secondaire ». Ils percevront, en sus de leurs frais, leur propre part de profit.

On évoque quelquefois le temps béni où un « juste prix » se créait du fait que le marchand exerçait une certaine retenue dans la recherche du profit. Si cette époque a jamais existé, ce principe de la retenue – subissant le sort des autres bons sentiments – a en tout cas été perdu : le « juste prix » est sans rapport avec le sentiment de justice. Ce qui est censé contenir le profit dans des limites raisonnables, c'est ce que l'on a coutume d'appeler

« concurrence » : l'effet combiné de la recherche par chacun de son propre avantage, sans souci des autres, voire dans la guerre de tous contre tous. Le mécanisme de la concurrence – pour autant que son bon exercice puisse être garanti par la puissance publique – est censé maintenir le profit du marchand au niveau le plus avantageux pour l'acheteur éventuel : celui de la rentabilité la plus basse possible pour le vendeur. La théorie exclurait donc qu'il puisse y avoir de « riches marchands ».

L'intérêt de chacun des marchands n'est bien entendu pas qu'il y ait concurrence : il y a au contraire avantage pour lui à ce que ses concurrents soient peu nombreux, d'une part pour voir croître sa propre part de marché, c'est-à-dire le volume de ses ventes, et, d'autre part, pour pouvoir justement majorer son prix en l'absence d'une pression à la baisse due à la concurrence. Ajoutons que si la loi interdit le monopole et combat également les oligopoles constitués par des ententes entre un petit nombre de vendeurs fixant les prix, elle est impuissante devant les ententes implicites, sans concertation, qui peuvent émerger spontanément tant elles se révèlent avantageuses pour les vendeurs.

Une représentation de la formation du prix en termes uniquement de concurrence entre vendeurs néglige aussi le rôle joué par le rapport de forces entre acheteurs et vendeurs dans la détermination du prix. Pour pouvoir comprendre comment celui-ci se forme, il faut prendre en considération l'équation complète et ne pas envisager seulement la concurrence entre vendeurs, mais aussi celle qui existe entre les acheteurs. Comme j'ai eu l'occasion de le montrer dans *Le Prix*, le nombre de vendeurs face à la demande va plus ou moins exacerber la concurrence entre eux en créant, s'ils sont nombreux, leur interchangeabilité du point de vue de l'acheteur. Leur nombre détermine une *liquidité* de l'offre, et plus cette liquidité est élevée, moins le rapport de forces entre eux et les acheteurs leur est favorable. À l'inverse, la concurrence entre acheteurs définie par leur nombre face à l'offre constitue l'équivalent d'une *liquidité* de la demande ; plus celle-ci sera élevée, moins le rapport de forces entre les vendeurs et eux leur sera favorable (Jorion 2010 : 207-212).

Le mécanisme de la formation des prix est donc plus complexe dans la réalité que dans l'explication que l'on en offre ordinairement en termes de simple concurrence entre vendeurs : c'est la concurrence entre vendeurs, d'une part, et la concurrence entre acheteurs, d'autre part, qui, confrontées, déterminent le rapport de forces global entre vendeurs et acheteurs, lequel va déterminer le prix. On trouve déjà l'explication de ce mécanisme chez Marx : « ... suivant que la concurrence intérieure est plus forte dans le camp des acheteurs ou dans celui des vendeurs. L'industrie jette deux armées l'une contre l'autre ; chaque armée entretient, d'autre part, la lutte dans ses propres rangs, entre ses propres troupes. L'armée la moins affaiblie par les bagarres internes remportera la victoire » (Marx [1849] 1965 : 206-207).

La concurrence joue bien entendu aussi entre dirigeants d'entreprise dans leur accès aux avances des investisseurs et dans la vente de leurs produits, y compris même sur le *marché primaire*. C'est un aspect que j'ai volontairement mis entre parenthèses, dans ma présentation du principe capitaliste de partage de la richesse économique nouvellement créée, pour pouvoir en offrir d'emblée une explication simple. Il n'en reste pas moins que, comme on vient de le voir, il est possible de dissocier entièrement le principe du partage du surplus dans le secteur de la production (le *capitalisme*) de la logique du profit dans celui de la distribution (l'*économie de marché*), et on peut donc imaginer que ceux-ci s'étant développés de manière indépendante, ils continuent de le faire à l'avenir. Il n'est donc pas interdit d'imaginer que le futur de l'économie de marché se situe en-dehors de la logique du capitalisme, le principe de partage du surplus adopté étant différent, ou bien les groupes en présence étant d'une autre nature que l'actuelle division tripartite entre investisseurs, dirigeants d'entreprise et salariés. De la même manière, d'ailleurs, le capitalisme aurait pu symétriquement exister en dehors de l'économie de marché au cas, par exemple, où la distribution des marchandises se serait faite en l'absence d'un marché résultant de l'interaction spontanée de marchands indépendants.

Le libéralisme

Le libéralisme est, comme je l'ai dit d'entrée, une politique visant à optimiser le rapport entre les libertés individuelles et l'intervention de l'État dans les affaires humaines en vue de protéger ces libertés. Dans la pratique, cependant, il existe un a priori : il est exclu d'office par les tenants du libéralisme que le niveau d'intervention de l'État puisse d'ores et déjà se trouver à un niveau optimal, et, a fortiori, que l'on puisse découvrir, à l'examen, que l'intervention de l'État est en réalité insuffisante aujourd'hui et qu'il faille donc peut-être chercher à la renforcer. Le libéralisme, que j'ai appelé la « philosophie spontanée des milieux d'affaires » (Jorion 2007b), postule *ab initio* que l'intervention de l'État est excessive, et, dans le cadre de la *société civile*, c'est-à-dire d'un État assimilé à une simple juxtaposition d'individus, qu'atteindre l'optimum recherché consiste à réduire systématiquement et autant que faire se peut le niveau d'intervention de l'État tel qu'on peut l'observer aujourd'hui. Il est rarement précisé, dans ce cadre, selon quels critères l'on reconnaîtra que l'optimum a été atteint à la baisse, et c'est pourquoi la frontière est floue entre le libéralisme proprement dit, qui se prononce en faveur d'un État « veilleur de nuit », et les différentes variétés de l'ultralibéralisme, tels le *libertarianisme* ou l'*anarcho-capitalisme*, qui prônent que l'État disparaisse purement et simplement. Un important non-dit de l'ultralibéralisme est le souhait que l'État disparaisse, mais en laissant intacts les rapports de forces tels qu'ils existent à l'heure actuelle. Il s'agit donc en réalité d'un conservatisme qui aspire à figer la hiérarchie sociale dans son état présent, en une structure qui se perpétuerait éternellement.

Le libéralisme invoque la « naturalité » de ses revendications : l'intervention minimale de l'État qu'il appelle de ses vœux correspondrait aux exigences de l'essence même de l'homme. Mais, lorsque cette essence même de l'homme est décrite, il s'agit toujours d'un homme étonnamment *a-social*, fâché avec ses contemporains, qui réintroduit dans l'univers domestiqué de la démocratie la logique de l'« état de nature » au sens de Hobbes, à propos duquel celui-ci notait que la guerre civile que traversait l'Angleterre à son époque offrait une bonne approximation.

Ce sur quoi le libéralisme achoppe, c'est son ignorance du temps de réponse à une mise en application d'une restriction du champ d'intervention de l'État par la déréglementation. On peut en effet être engagé dans un processus de réduction de l'intervention de l'État et ne pas avoir conscience de la latence (l'inertie dans le temps) du système à l'impact de la disparition des règles qui ont été abrogées. Ainsi, dans le cas des années 2000-2007 que Ben Bernanke, président depuis 2006 de la Federal Reserve, la banque centrale américaine, a qualifiées de « grande modération », et dont Alan Greenspan, son prédécesseur, considérait qu'elles constituaient une époque de stabilisation inédite de l'économie, ni l'un ni l'autre n'étaient conscients du fait que le système s'était engagé dans un processus de fragilisation progressive en raison de l'expansion du crédit, générant des chaînes de créances conditionnelles les unes des autres, de plus en plus longues, chacune pouvant se rompre, propageant l'insolvabilité en amont et générant du coup un risque systémique.

L'ironie de la situation qui a résulté de la vague ultralibérale *libertarienne* du dernier quart du XXe siècle est que, comme les faits récents l'ont montré, un excès dans la déréglementation est capable, en fait, de tuer le système capitaliste lui-même bien plus sûrement qu'une intervention excessive de l'État, en obligeant celui-ci à intervenir au-delà de ses moyens financiers – conduisant ainsi à son insolvabilité et à sa faillite.

Si le libéralisme est le moyen qui a permis historiquement à une bourgeoisie d'abattre une aristocratie, l'ultralibéralisme est alors le moyen qu'utilise une bourgeoisie – continuant de prôner les mêmes principes, une fois sa victoire achevée – pour se reconstituer elle-même en cette aristocratie qu'elle a précédemment évincée. La manière dont le processus est possible est celle-ci : réclamer un plus grand progrès de la liberté dans un cadre aristocratique fondé sur des droits initialement acquis par la force, c'est offrir à l'argent le moyen de détrôner la force dans son rôle de vecteur de la puissance. Et cela parce que l'argent, en permettant d'acheter un service, exerce un pouvoir de « commandement » identique à celui de la force (sur ce qu'en a dit Adam Smith, voir Jorion 2009c : 70 et Jorion 2010 : 36). Une fois la bourgeoisie en charge des affaires, continuer de réclamer un plus grand progrès de la liberté dans le cadre d'une société bourgeoise, c'est offrir au nouvel ordre qui s'est instauré le moyen de se renforcer, autrement dit de permettre à cette bourgeoisie triomphante de recréer un système semblable à l'ancien, mais où ce serait elle qui assumerait cette fois le rôle d'une aristocratie. L'exercice de la liberté est en effet différentiel : ce que la liberté autorise n'est pas identique dans le cas du riche et dans celui du pauvre. En effet, le riche utilise comme une chose qui va de soi le pouvoir de commandement qu'autorise sa richesse. La liberté du pauvre se limite aux rêves de grandeur qu'il peut cultiver en imaginant que l'on devient riche par un simple effet de la liberté, par le simple fait de le vouloir. L'illusion existe parce que, de l'unique point de vue auquel on a accès quand on est pauvre, l'effet de levier nécessaire pour progresser dans l'ordre bourgeois est invisible.

On oublie que si Marx affirme qu'une dictature du prolétariat sera nécessaire pour créer une société sans classes, c'est parce que la bourgeoisie arrivant au pouvoir ne partage pas, elle, cette ambition d'une société sans classes : le pouvoir auquel elle accède, il lui semble qu'elle l'a entièrement mérité, et les privilèges de l'aristocratie qui la révoltaient autrefois n'étaient pas à ses yeux répréhensibles en soi, mais seulement parce qu'ils n'étaient pas les siens.

Ce qu'il advient de l'argent qu'on gagne

> « ... quelle est la source de cette extrême inégalité des fortunes qui rassemble toutes les richesses en un petit nombre de mains ? Ne sont-ce pas les mauvaises lois, les mauvais gouvernements, enfin tous les vices des sociétés corrompues ? »
>
> ROBESPIERRE,
> *Discours sur le marc d'argent*,
> avril 1791 (2007 : 92).

Celui qui dispose d'argent le dépense ou s'abstient de le dépenser. S'il le dépense, il achète avec son aide des marchandises qui ont été produites, autrement dit il contribue, par sa demande, à soustraire du marché des marchandises qui y sont offertes. S'il ne le dépense pas, il peut le conserver sous son matelas, le thésauriser – et rien ne se passera. S'il le place, il le met à la disposition des marchés de capitaux. Là aussi, il ne se passera rien s'il n'existe aucune demande pour ces capitaux, et le résultat sera le même que s'il l'avait glissé sous son matelas. Ou bien il trouve emprunteur pour son argent, et il existe alors deux cas de figure : il s'agit d'un prêt à la production ou d'un prêt à la consommation.

Premier cas : celui du prêt à la production. Les sommes prêtées sont utilisées comme avances et permettent, combinées au travail, de créer des marchandises et un surplus économique (qui sera partagé comme intérêts revenant au prêteur, bénéfice allant à l'industriel et salaire revenant au travailleur). Une fois consenties les dépenses associées à sa vie quotidienne, chacun de ceux-ci aura alors – s'il lui en reste – le choix de dépenser cet argent en biens de luxe, de le thésauriser ou de le « placer ». Quoi qu'il en soit, des marchandises auront été produites. Le placement dans des prêts à la production génère des marchandises qui se retrouvent offertes à la vente sur le marché, à la recherche d'une demande.

Dans le second cas, celui d'un prêt à la consommation, la somme **est prêtée,** et celui qui en dispose l'utilise pour acheter un objet de consommation, c'est-à-dire, cette fois, pour soustraire du marché une marchandise qui y est offerte. Il remboursera la somme empruntée à partir de son salaire, et c'est donc comme si ce salaire avait été hypothéqué, dépensé de manière anticipée. Une partie de son salaire sera consacrée à rembourser le prêt, et une autre, supplémentaire, consacrée au versement des intérêts. Ceux-ci reviennent au prêteur, qui pourra alors (une fois consenties les dépenses associées à sa survie) à nouveau placer ces sommes soit comme prêt à la production, soit comme prêt à la consommation.

Il s'agit, on le voit, d'une mécanique subtile. Certains économistes considèrent que le système a tendance à s'équilibrer ; d'autres soulignent que seules des simplifications excessives dans sa modélisation conduisent à cette conclusion, et qu'il s'agit en réalité d'une machine infernale où de multiples tendances en sens contraire déboucheront nécessairement, à terme, sur une catastrophe. On devine en particulier qu'une trop grande concentration du capital (qu'engendre nécessairement le versement d'intérêts) débouche automatiquement sur une production de marchandises en quantités excédentaires, puisqu'elle génère d'énormes sommes d'argent qui ne pourront être dépensées entièrement (ni en biens de première nécessité, ni en biens de luxe). On devine aussi que le développement du crédit à la consommation débouche lui aussi sur une production de marchandises en quantités excédentaires, puisqu'une partie des salaires sera divertie en paiement d'intérêts, ce qui, d'une part, diminuera d'autant le pouvoir d'achat de celui qui achète à crédit, et, d'autre part, augmentera, chez celui qui reçoit ces intérêts, le montant des capitaux qu'il est susceptibles de prêter, soit, encore une fois, comme prêt à la production, soit comme prêt à la consommation.

L'argent appelle l'argent,
qui se concentre alors inexorablement

Le capital, nous l'avons vu, est une ressource qui fait défaut là où elle est nécessaire. Ce manque est pallié quand sont mis en présence un prêteur qui dispose de cette ressource et un emprunteur qui saura – dans le cas d'un prêt à la production – en faire bon usage : en créant, à partir de cette ressource, une richesse nouvelle (comme nous venons de le voir, le cas est différent quand il s'agit de crédit à la consommation), il retournera une part de cette richesse créée sous forme d'intérêts.

Or l'institution des intérêts comme compensation d'un prêt a pour inéluctable effet que l'argent appelle l'argent. Celui qui disposait d'argent surnuméraire, au sens où il n'en avait nul besoin pour sa consommation propre, le met à la disposition d'autrui. À maturité, à l'échéance du prêt, il possédera une somme supérieure au principal qui avait été prêté, puisqu'elle aura été augmentée d'une autre somme proportionnelle au montant du principal, fonction du taux d'intérêt convenu entre les parties et du temps écoulé entre le moment où le prêt a été accordé et son échéance.

Comme les intérêts n'ont pas pour origine une source extérieure au système monétaire, la somme d'argent qu'ils représentent se déplace de l'endroit où elle se trouvait pour s'ajouter à la fortune préexistante à l'origine du prêt. Le prêt à intérêt constitue donc un mécanisme contribuant de manière tout à fait automatique à la concentration du patrimoine.

Cette concentration fait que le prix des marchandises contient une portion toujours croissante constituée d'intérêts qui ont dû être versés à un stade ou à un autre de la production de ces marchandises. Il n'est certainement pas accidentel que les années 1929 et 2007 aient été aux États-Unis des années où la concentration des fortunes atteignit des sommets.

La concentration de l'argent d'un côté a pour effet induit son manque ailleurs. Ce manque est combattu par le transfert provisoire de là où il est en excès vers là où il fait défaut – en d'autres termes, ce qu'on appelle le mécanisme du crédit. Or le crédit génère des intérêts qui contribuent à renforcer encore la concentration de la richesse. Il fragilise aussi de manière générale tout le tissu économique d'une société par la constitution de longues chaînes de créanciers dont il suffit, comme l'avait déjà fait observer Keynes dans les années 30, que l'un fasse défaut pour que toute la chaîne à sa suite défaille à son tour.

La surproduction

Pour qu'une économie soit en bonne santé, pour que les prix restent stables, pour que le plein emploi soit assuré, il faut que la production s'établisse à peu près au même niveau que ce qui peut être consommé. L'argent, convergeant immanquablement vers le petit groupe de ceux qui détiennent déjà de la richesse, s'accumule au sein d'un nombre restreint de ménages, où il se retrouve bien en excès par rapport aux sommes que ceux-ci peuvent consacrer à la consommation, qu'il s'agisse de subvenir à leurs besoins quotidiens ou à leur consommation ostentatoire en produits de luxe. Cet argent qui ne servira pas à la consommation cherchera alors à se placer, ne serait-ce que pour ne pas se déprécier en raison de l'inflation – la dépréciation automatique de l'argent non utilisé dans les échanges du fait d'une augmentation des prix. Les détenteurs d'argent en excès le proposent sur les marchés de capitaux comme investissement (c'est-à-dire comme un moyen d'augmenter la quantité des marchandises offertes à la vente sur le marché) au lieu de le consacrer à l'achat de marchandises (c'est-à-dire comme un moyen, au contraire, de soustraire du marché des marchandises offertes à la vente), contribuant à recréer en permanence des conjonctures de surproduction.

Redistribué de manière plus équitable, cet argent se serait retrouvé dans le budget d'autres ménages moins fortunés qui l'auraient consacré à la consommation, alors qu'il se retrouve, dans le cas d'espèce, à financer de la production additionnelle qui risque de se trouver en excédent. Une tendance permanente à la surproduction est alors combattue par des efforts de propagande encourageant la demande, dont le moyen est la publicité et dont la réussite s'exprime par la dépendance généralisée de la population à l'égard de produits superflus, addiction appelée « consumérisme ». Pis encore, l'excédant d'argent chez certains ménages, dû à sa concentration excessive, le rend disponible pour des paris sur les fluctuations de prix qui non seulement accéléreront encore la concentration de la richesse – du fait que certains gagneront ces paris que d'autres perdront –, mais aussi contribueront à fausser le mécanisme de la formation des prix en provoquant des hausses et des baisses spéculatives. Pour ne rien arranger, les pertes essuyées par les parieurs qui auront perdu leurs paris créeront, au sein du système global, un risque de défaut susceptible de se généraliser par contagion : ce qu'on appelle le *risque systémique*.

*La concentration de l'argent d'un côté
a pour effet induit son manque ailleurs.
Ce manque est combattu par le crédit*

Dans le partage du surplus de type capitaliste, déterminé comme nous l'avons vu par le rapport de forces entre ces trois grands groupes socio-économiques que sont les investisseurs, les dirigeants d'entreprise (entrepreneurs) et les salariés, ce rapport est favorable aux deux premiers groupes, qui s'approprient la part du lion, ne laissant comme revenus aux salariés que des sommes qui s'amenuisent au fil des ans (voir Jorion 2007 : 123-132 ; 2009 : 121-131). Ces revenus ne suffisent plus à satisfaire les besoins, ni surtout, du point de vue de la machine économique dans son ensemble, à écouler les marchandises produites. Une industrie financière bienveillante tente alors de combler le déficit des ménages par l'allocation de crédits à la consommation, mais ceux-ci les forcent à hypothéquer leurs salaires à venir, lesquels seront grevés de surcroît par la ponction d'intérêts proportionnels aux sommes empruntées et au temps qu'il faudra aux salaires pour suppléer aux crédits obtenus.

Plus longtemps la dynamique du crédit a pu se poursuivre sans provoquer un effondrement économique, plus la crise devient sérieuse au moment où elle éclate. Vient un jour où l'effondrement est tel que le système ne pourra pas renaître une fois de plus de ses cendres : à ce moment, son effondrement signifie tout simplement sa mort.

Ce moment-là n'est-il pas précisément venu ?

*Capitalisme, économie de marché
et libéralisme rapprochés*

Tirons quelques conclusions provisoires de ce qui nous est apparu jusqu'ici concernant ces trois notions de capitalisme, d'économie de marché et de libéralisme, dont nous avons rappelé pour commencer que certains les interprètent à tort comme de simples synonymes.

Le capitalisme est un système de partage du surplus déséquilibré de deux manières que nous avons examinées : le premier déséquilibre est dû à l'absence de ressources là où elles sont nécessaires soit pour la production, soit pour la consommation ; le second déséquilibre découle du premier : le manque de ressources là où elles sont nécessaires génère le versement d'intérêts, créant une dynamique de concentration de la richesse. En outre, livré à lui-même, le capitalisme débouche inéluctablement, à terme, sur la surproduction, parce qu'il fait que, de manière tendancielle, des sommes de plus en plus grandes se libèrent, qui peuvent servir d'avances dans le processus de production, tandis que se restreignent en parallèle les sommes qui peuvent être consacrées, elles, à la consommation. En temps ordinaire, l'État est à même d'intervenir par une politique fiscale visant à contenir cette tendance ; en temps de crise, quand la surproduction devient par trop massive, l'État intervient d'une autre manière, en combattant par des mesures de relance la récession qui en a découlé.

L'économie de marché est elle aussi a priori déséquilibrée : quand elle est livrée à elle-même, les marchands les plus talentueux – certains diront « les plus chanceux » – éliminent les autres, et ceux qui surnagent augmentent leur marge de profit. En réponse, l'État se voit forcé d'imposer un degré de concurrence entre marchands tel que le profit se stabilise à un niveau où le prix des marchandises n'est pas hors d'atteinte des consommateurs.

Quant au libéralisme, du fait qu'il vise à réduire l'intervention de l'État au niveau qui produira un optimum entre exercice des libertés et protection collective de celles-ci, vient toujours un moment où la dérégulation – dont les effets liés n'apparaissent pas d'emblée en raison d'une certaine inertie dans le fonctionnement des institutions économiques – dépasse son objectif, permettant aux tendances au déséquilibre du capitalisme, d'une part, et de l'économie de marché, d'autre part, de se manifester pleinement.

Le capitalisme et l'économie de marché en tant que dysfonctions

Dans sa définition classique, le capitalisme est présenté comme un système économique à part entière. Or ce qui apparaît clairement, lorsqu'on l'examine, comme nous l'avons fait, en tant que principe de partage du surplus, c'est ce double déséquilibre qui le caractérise : absence des ressources, d'abord, là où elles sont nécessaires soit pour la production, soit pour la consommation – premier déséquilibre qui en génère un second par le mécanisme des intérêts, porteur d'une dynamique de concentration de la richesse. Si bien que, plutôt que d'envisager le capitalisme comme un système économique en soi, il paraît davantage justifié de le définir comme un *défaut structurel* que peuvent présenter certains systèmes économiques. Ce défaut étant que, dans bien des cas, voire dans leur majorité, les ressources sont absentes là où elles sont nécessaires, absence à laquelle pallie un mécanisme – le versement d'intérêts – qui ne peut qu'aggraver encore ce même défaut. Si le capitalisme se révèle être une tare de notre système économique plutôt qu'une forme de système économique à part entière, par quoi expliquer notre aveuglement face à cette évidence ? Probablement par la familiarité que nous en avons, et qui nous a rendus insensibles à ses insuffisances.

Le point de départ quelque peu paradoxal de mon ouvrage *Principes des systèmes intelligents* (Jorion 1990) était que nos faibles progrès en intelligence artificielle découlent de la trop haute idée que nous nous faisons des processus qui se déroulent quand nous pensons. Il m'était alors possible, en combinant quelques principes très simples, de reproduire des résultats qui nous apparaissent déjà très sophistiqués. L'équivalent d'un tel paradoxe, dans le cas qui nous occupe ici, serait de dire que des mots tels que « capitalisme » ou « économie de marché » ne renvoient en réalité qu'à des dysfonctionnements qui ne paraissent constituer de véritables systèmes qu'en raison des correctifs que nous apportons immanquablement à ces défauts. Là encore, ce serait une représentation un peu surfaite de ce que nous faisons et de ce que nous sommes qui nous induirait en erreur dans la manière dont nous traitons les problèmes survenant dans le cours de nos affaires au jour le jour.

Le capitalisme ne fonctionne dans cette perspective que parce que, dans un premier temps, nous compensons le fait que le capital constitue un ensemble de ressources manquant à la place où elles sont nécessaires et où elles doivent être mobilisées comme « avances » pour permettre la production ou la consommation. Si les ressources manquent là où elles sont nécessaires, nous compensons cette distorsion en important le capital de là où il est vers là où il manque, et nous récompensons, dans un cadre de propriété privée stricte et généralisée, celui qui consent à ce transfert en lui versant des intérêts. La pratique des intérêts produit cependant un effet secondaire : une concentration des richesses en découle immanquablement, qui fait qu'au bout d'un moment le capital cesse d'être là où il est nécessaire dans la quasi-totalité des cas, et le système dans son ensemble se grippe. On en a vu des exemples criants au moment où se dessinent les plus grandes récessions : ce fut le cas de l'Amérique en 1929 et également en 2007.

Il nous faut alors, dans un second temps, combattre cette concentration du patrimoine, qui finit par bloquer le système, par différents moyens redistributifs visant à la contrer, tels que l'impôt progressif, l'inflation délibérément provoquée ou, sur un mode involontaire, la guerre.

L'amorce du capitalisme, c'est l'hétérogénéité dans la distribution première des ressources que crée le droit du premier occupant. Le philosophe anglais John Locke, premier théoricien du libéralisme, l'a justifié en raisonnant sur l'exemple de l'Amérique, considérée par lui comme un continent « vide ». Le premier occupant acquiert le droit de propriété par son travail : « Le labeur qui fut le mien, les retirant de cet état commun qui était le leur, a fixé ma propriété en eux », écrit-il dans *An Essay Concerning the True Original, Extent, and End of Civil Government* (Locke 1690 : chapitre 5). Pourquoi ce rôle fondateur de la propriété assigné au travail ? Parce que, par son travail, l'homme fait d'une chose appartenant à la communauté, mais essentiellement sans valeur, une chose valant bien davantage : « ... si nous voulons estimer correctement les choses dont nous avons l'usage, et calculer leurs divers coûts, ce qui en elles est dû à la nature uniquement, et ce qui est dû au travail, nous trouverons que dans la plupart d'entre elles, quatre-vingt-dix-neuf centièmes doivent être entièrement attribués au travail » *(ibid.).* Locke puise son argument dans l'étymologie : dans le fait que le mot anglais désignant un terrain inoccupé (*wasteland*) signifie littéralement « terre gaspillée », *waste* voulant dire gaspillage.

Cette hétérogénéité dans la distribution originelle des ressources est ensuite renforcée par la pratique des intérêts, qui fait que l'argent appelle nécessairement l'argent.

Il en va pour l'économie de marché comme pour le capitalisme : son fonctionnement débouche automatiquement sur son dysfonctionnement : en effet, par un processus darwinien, les plus petits sont inéluctablement éliminés ou absorbés par les plus gros, qui monopolisent alors des positions dominantes en nombre de plus en plus réduit. Seul moyen de compenser ce mouvement inexorable : imposer une concurrence pénalisant les plus gros, qui restreindra leur marge de profit et protégera ainsi les consommateurs. Encore une fois, comme dans le cas du capitalisme, c'est un mécanisme dont le dysfonctionnement est inscrit dans son principe de base, combattu ensuite par une contre-mesure, qui constitue ce que nous appelons de manière un peu ronflante « un système qui marche ». Dans le cas de l'économie de marché, la situation se stabilise le plus souvent par l'action de deux forces contradictoires : celle, naturelle, qui élimine la concurrence, et celle, au contraire, qui s'efforce de la maintenir en vie par la mise en place d'une situation de compromis – une concurrence apparente mais feinte où les producteurs réalisent entre eux des ententes pour fixer les prix à des niveaux plus élevés que ceux qui résulteraient d'une authentique concurrence. Le consommateur est perdant dans ces situations de pseudo-concurrence dont on le convainc sans trop de mal qu'il s'agit, en réalité, de situations de concurrence parfaite.

Plutôt donc qu'à des « systèmes qui marchent », nous avons en réalité affaire à des systèmes bancals (c'est l'histoire à ses stades précédents qui a créé les hétérogénéités – les rentes, les « niches » –, facteurs de déséquilibres auxquels aucun remède ne fut jamais apporté) dont nous compensons les défauts par des moyens ad hoc, à l'aide de « rustines » qui ne manquent jamais d'engendrer leurs propres difficultés.

Ce qui conduit à penser que des systèmes comme le capitalisme *marchent*, c'est un double phénomène : premièrement, le fait qu'il est objectivement très avantageux pour un petit nombre, et que cette minorité dispose, de ce fait même, des moyens financiers qui lui permettent de promouvoir l'idée que « cela marche » (on pense ici au financement par des banques et par des mécènes milliardaires, aux États-Unis, de facultés de « sciences » économiques où l'on produit des « théories » justifiant le comportement des banquiers et des milliardaires), et, deuxièmement, le fait qu'aux yeux de la masse – à qui l'on réussit à cacher la quasi-impossibilité pour elle d'accéder au petit groupe des bénéficiaires du système –, son exclusion du nombre des élus peut paraître imputable à un simple « incident technique » aisément réparable, l'initiative de le réparer ne semblant relever que de la *volonté* individuelle : « Si je faisais un peu plus d'exercice… si je me levais un peu plus tôt le matin… » – autrement dit, le système tire parti de la prédisposition humaine à l'espérance.

Quelqu'un dira sans doute : « Mais voyez la richesse que le capitalisme a produite ! Voyez comme le communisme n'est pas arrivé, et de loin, à faire mieux ! » Il y a plusieurs choses à répondre à cette objection. La première, c'est que ce qu'on appelle *communisme* n'est

pas le *contraire* du capitalisme : si le capitalisme est un
« défaut » que présentent certains systèmes économiques,
le communisme en est tout simplement un autre – l'inefficacité d'un bureaucratisme autoritaire ayant remplacé la
philia aristotélicienne (Jorion 2010 : 71-72), la bonne
volonté générale à faire marcher les choses, par des réglementations tatillonnes et paranoïaques –, et il n'y a par
conséquent rien à tirer d'une comparaison entre capitalisme et communisme, aucune critique du communisme
ne pouvant déboucher sur une conclusion relative aux
qualités du capitalisme, ni inversement.

La deuxième chose que l'on peut dire, c'est que la
richesse qu'aurait pu autoriser l'absence du capitalisme
n'est pas connaissable : la seule chose qui soit palpable,
c'est l'inefficacité découlant du fait que le capital est
une ressource qui n'est pas à la place où elle serait utile,
et qu'on voit mal comment le fait de remédier à une
telle insuffisance, en faisant en sorte que les ressources
se trouvent là où elles peuvent servir, pourrait constituer
un désavantage quelconque.

Ce que l'on découvre aujourd'hui, c'est que la
logique de tels mécanismes, où les incohérences de
situations antérieures sont compensées de manière ad
hoc – sans volonté véritable de les résoudre avant de
passer à l'étape suivante –, les nouveaux grincements
aux jointures étant ignorés à leur tour, rencontre ses
limites quand la complexité continue de croître. Quand

on évoque la « main invisible » d'Adam Smith, assurant que la poursuite égoïste de leurs intérêts privés par des individus contribue au bien commun, on oublie deux choses : premièrement, qu'il s'agissait peut-être simplement d'un vœu pieux de la part du philosophe écossais ; deuxièmement, que même s'il s'agissait chez lui d'un mécanisme réellement observé en son temps, la complexité croissante intervenue entre-temps dans les sociétés humaines a dû entraîner sa disparition à un moment du passé difficile à situer avec précision.

Pourquoi passe-t-on à la suite sans résoudre véritablement les hétérogénéités qui ont créé les difficultés à la période précédente, alors que l'humanité dispose des moyens rationnels de le faire ? Parce que les privilèges acquis constituent un frein considérable, et qu'il vaut mieux ne pas s'y attarder si l'on ne veut pas y perdre trop de temps. Pour prendre un exemple parlant, le régime de Pol Pot au Cambodge (réaction – il faut le rappeler, même si cela ne lui offre en aucune manière des circonstances atténuantes – à une guerre déclarée à cette nation sans la moindre justification par la machine de guerre américaine) apporte la preuve que le prix à payer pour effacer les hétérogénéités d'une période qui s'achève avant de passer à la suivante est, dans tous les cas de figure, trop élevé.

II

L'effondrement du capitalisme

À partir du début de la crise, en 2007, une évolution s'est faite insensiblement dans les esprits quant à la représentation de ses causes premières. Au départ, en février, on a surtout été impressionné par sa soudaineté : le coup de tonnerre dans un ciel sans nuage. Et il est vrai qu'il avait été imprudent, aux États-Unis, de faire signer des contrats de crédit au logement d'une trentaine de pages, rédigés en anglais, par des emprunteurs latino-américains. Il est aussi vrai qu'il avait été malvenu de fixer le montant du prêt en comptant seulement sur la hausse du prix de l'immobilier due à une bulle, en se disant que si les choses tournaient mal, autrement dit si l'emprunteur ne pouvait rembourser, le prêteur pourrait se refaire facilement en opérant la saisie du logement et en remettant celui-ci en vente.

Mais enfin, cela relevait plus de l'esprit « tête de linotte » que du grand banditisme. Si quelqu'un évoquait la fraude, il était toujours rassurant de se dire – comme l'avait fait remarquer John Kenneth Galbraith à propos de la crise de 1929 – qu'on découvre énormément de fraude en période de crise parce que personne ne veut être le lampiste et que, du coup, les langues se délient : comme on est à la recherche de coupables, les chances augmentent sensiblement qu'on en découvre. Il ne s'agirait donc pas d'un regain de la fraude, mais d'une soudaine hypersensibilité à la possibilité même de la fraude.

Examinons les causes de la crise par-delà ces évidences un peu courtes.

La comptabilité

La comptabilité est généralement considérée comme un outil neutre de représentation de la circulation de flux financiers. Comme le suggèrent cependant les batailles qui se déroulèrent autour des règles comptables durant la crise, la comptabilité est bien autre chose qu'un outil neutre : elle définit et façonne le fonctionnement des systèmes économiques. L'exemple le plus parlant nous en a été offert en 2008, quand des règles qui conduisaient à brosser un portrait exagérément optimiste de la santé financière des entreprises, et à leur permettre de distribuer sous forme de dividendes la réalisation de châteaux en Espagne, se retournèrent soudain contre leurs auteurs en faisant apparaître l'ensemble des acteurs comme insolvables. La seule réponse envisagée alors fut la révocation immédiate de la règle coupable, coup de force qui ne manqua pas de faire très mauvaise impression sur l'opinion et assena un rude coup à la confiance que l'on pouvait avoir dans le bilan des sociétés.

Il existe une évolution clairement décelable dans la philosophie qui sous-tend la comptabilité des entreprises à partir du milieu du XIXe siècle. J'expose ici l'évolution des différentes étapes telle que l'a rapportée avec talent Jacques Richard (2010).

1) Pendant la première époque, l'accent est mis sur le fait que la création d'une entreprise est une opération coûteuse : l'investissement initial est comptabilisé pour les pertes immédiates qu'il occasionne ; la revente des biens appartenant à la société en situation de faillite est envisagée ; la liquidation est censée se faire dans de mauvaises conditions – le prix obtenu est un prix *à la casse* des biens, envisagés non comme composantes d'une entreprise constituant un tout, mais revendus individuellement comme éléments disparates. Un positif à proprement parler n'apparaît qu'une fois ce lourd passif neutralisé par des recettes d'un montant équivalent.

2) La nécessité d'attirer de petits investisseurs pour réunir le capital nécessaire à la réalisation d'énormes projets comme la création de lignes de chemin de fer ou le creusement des canaux de Suez (1859-1869) et de Panama (1880-1914) incite à reformuler les règles de comptabilité de telle sorte qu'il soit possible de verser à brève échéance des dividendes à ces petits investisseurs. L'accent est mis désormais sur les gains réalisés durant la période la plus récente ; les investissements initiaux, considérés dans la période précédente comme des pertes, sont « mis en quarantaine » en étant amortissables sur le long terme.

3) Les modifications d'inspiration essentiellement américaine introduites depuis les années 80 révèlent une nouvelle attitude vis-à-vis de l'entreprise, caractérisée par une mentalité d'authentique *pillage* permanent de sa trésorerie : seront distribués aux actionnaires non seulement les gains immédiats, comme dans la période antérieure, mais aussi ceux à venir. Ceux-ci ne sont bien entendu pas connus, mais une théorie qui s'est rapidement popularisée en « science économique », celle des *anticipations rationnelles* – sur laquelle je reviendrai quand je parlerai un peu plus loin de la *transparence* –, suppose l'infaillibilité dans la connaissance des gains futurs (la capacité des économistes à produire des théories satisfaisant les rêves les plus fous des financiers étant, comme on sait, infinie). L'approche « court-

termiste » qui caractérise les développements récents en comptabilité s'accompagne d'un dénigrement de l'autofinancement, l'effet de levier que permet la dette faisant de l'emprunt une formule prétendument plus rentable, encore qu'un « théorème » fameux de la théorie économique, le théorème de Modigliani-Miller, tende à prouver que le mode de financement par l'émission d'actions ou d'instruments de dette est indifférent pour ce qui touche à la valeur de la firme.

Au début de la crise, durant la période s'étendant de février 2007 à septembre 2008 – où elle n'est encore à proprement parler qu'une « crise des *subprimes* » –, certains commentateurs attirèrent l'attention sur le fait qu'une incitation majeure à la titrisation est la capacité qu'elle offre d'enregistrer comme « *gains on sale* », gains produits par une vente, des sommes qui ne se concrétiseront que beaucoup plus tard, et alors même qu'un recours est toujours possible par l'acheteur quant à la qualité de la collection de quelques milliers de crédits qui sont consolidés au sein du titre (Weil 2008). La justification en est que des corrections pourront être apportées ultérieurement, si nécessaire, mais c'est oublier que ces gains comptabilisés par anticipation servent de base, au moment même où ils sont enregistrés, au calcul des dividendes attribués aux actionnaires et aux bonus revenant aux dirigeants de l'entreprise. La compagnie Enron est entrée dans l'histoire à divers titres, dont l'un fut la façon dont elle exploita de manière optimisée les possibilités offertes par la comptabilité « nouveau style » d'anticiper des gains de type « châteaux en Espagne ». Ainsi, la signature du contrat relatif à la centrale électrique de Dabhol, en Inde, permit à Enron d'attribuer à deux de ses dirigeants des bonus de 54 millions (Rebecca Mark) et 42 millions de dollars (Joe Sutton), à valoir sur les gains postulés d'une usine qui n'entra jamais en service (Jorion 2003 : 125).

La philosophie de la « nouvelle comptabilité » trouve l'une de ses meilleures illustrations dans une publicité américaine des années 30 pour les grands magasins Julian Goldman, reproduite dans l'ouvrage classique de Lendol Calder consacré à l'histoire du crédit à la consommation aux États-Unis : « Il ne gagne que 3 000 $ par an… mais il vaut 112 290 $ », affirme le prospectus, comparant les revenus actuels de « Jim Jones » à ses revenus futurs cumulés selon les principes du calcul actuariel. « Ne serait-il pas sympathique, ajoute l'annonce, que Jim puisse utiliser immédiatement une partie de cette somme ? » (Calder 1999 : 205). Le monde occidental fit, de 1975 à 2007, ce qui était conseillé à Jim Jones : il succomba à la tentation de dépenser une richesse fondée sur le calcul actuariel, dont nous savons aujourd'hui qu'elle ne se matérialiserait jamais.

Le sauvetage du secteur bancaire

Boursouflé par une expansion colossale du crédit, le secteur bancaire s'est effondré au niveau mondial d'août 2007 à octobre 2008, tarissant les sources de financement des entreprises et des ménages, et provoquant une récession à l'échelle de la planète. Au lieu de reprendre en main ce secteur bancaire par sa nationalisation immédiate, et de s'offrir ainsi une chance de crever l'abcès, les États ont procuré aux banques suffisamment d'argent pour compenser les crédits défaillants et leur permettre d'échapper à l'insolvabilité – ou tout au moins d'en offrir l'apparence.

Pour ce sauvetage, à aucun moment les banquiers n'exprimèrent la moindre gratitude. Certains affirmèrent que l'aide qu'ils avaient reçue n'avait jamais été nécessaire et leur avait en réalité été imposée ; d'autres, ou les mêmes, investirent au nom de leur banque une partie de l'argent du sauvetage dans du lobbying visant à contrer une nouvelle réglementation de leur secteur d'activité.

Les sauveteurs ne parvinrent pas toujours à cacher leur amertume. Ainsi, Jean-Claude Trichet, président de la Banque centrale européenne, devait déclarer dans un entretien accordé en juin 2010 au *Welt am Sonntag* : « Elles auraient toutes disparu si nous ne les avions pas sauvées » – ajoutant qu'il était incompréhensible que le secteur bancaire ait cru pouvoir ensuite adopter à nouveau, comme si de rien n'était, le comportement qui était le sien avant la crise. Ce qui fut pourtant le cas. Mieux encore : la mise à jour de la réglementation du secteur bancaire aux États-Unis, connue sous le nom de *financial overhaul*, ou loi Frank-Dodd, remodela celui-ci conformément aux souhaits des banquiers, l'activité spéculative – la plus rentable – n'étant pas seulement préservée, mais *optimisée :* modernisée de fond en comble. La finance avait fait sien le premier principe des arts martiaux : laisse venir à toi l'adversaire et utilise contre lui la force de son élan pour le terrasser ainsi plus aisément.

Le prétexte pour ne formuler qu'un nombre considérable de mesures molles plutôt que quelques-unes seulement, mais vigoureuses, fut que les banques n'auraient en réalité pas été insolvables, mais auraient seulement souffert d'un *manque de liquidités*, autrement dit, que leur incapacité à accorder du crédit – et à se prêter entre elles, en particulier – n'était pas due au fait que le montant de leurs dettes dépassait désormais celui de leurs avoirs, mais à une difficulté passagère à transformer leurs actifs en liquidités, c'est-à-dire en argent. Comme s'il était plausible que les emprunteurs *subprime* paient un jour leurs traites ! Une telle absurdité est, faut-il le rappeler, cautionnée par la science économique dans sa version la plus communément admise, selon laquelle tout ce qui a une valeur marchande – un prix lui étant assigné – peut être considéré comme le strict équivalent du montant en espèces que ce prix indique, c'est-à-dire à une quantité d'argent connaissable à l'avance, quoique son règlement n'intervienne qu'ultérieurement. En réalité, cette équivalence n'existe qu'« à la liquidité près », c'est-à-dire à la condition, justement, que le prix indiqué puisse être transformé en espèces. En fait, la prétention à une somme d'argent spécifique dans l'échange que proclame le prix est en réalité soumise à deux conditions : 1) que cette transformation en argent ait effectivement lieu à l'occasion d'une vente, autrement dit, qu'il y ait une demande pour le produit ; 2) que la somme qui sera alors versée soit réellement celle indiquée par le prix. C'est un des mérites de la crise actuelle que d'avoir mis en évidence la conditionnalité de tout prix à valoir[1].

Les sommes avancées par les États étaient considérables, soit en débours immédiats, soit en garanties offertes dans la mesure où ils laissaient entendre que, quelles que soient les pertes essuyées, ils trouveraient le moyen de les éponger – autrement dit, que le prix actuel serait nécessairement le prix futur, tout risque de perte à l'occasion d'une vente étant pris en charge par l'État.

À l'instar des prêteurs sur gages, les États *prirent ainsi en pension* des produits financiers dépréciés, et offrirent, en contrepartie de ce collatéral dévalué, des fonds d'un montant proche de leur prix d'achat initial, valeur nominale qui avait pourtant perdu toute pertinence comme indication de leur valeur présente, en n'exigeant de l'emprunteur qu'un taux d'intérêt proche de zéro. Les banques utilisèrent ces fonds pour acheter des obligations d'État d'un rendement plus élevé, prêtèrent ces fonds au public à des taux beaucoup plus élevés, allèrent même redéposer ces fonds auprès de leur banque centrale, refermant la boucle et empochant la différence entre le taux proche de zéro auquel elles les empruntaient et la rémunération qu'elles obtenaient pour les prêter à nouveau.

Les États étaient en réalité complices de ces manœuvres : par ce moyen, ils offraient à leurs banques commerciales une machine à créer de l'argent, au dispositif très simple, pour leur permettre de se refaire une santé. Le danger que présentait cette manœuvre ne deviendrait évident qu'en 2010.

Lorsque l'accroissement de la dette des États causé par le sauvetage des banques fit croître pour eux le coût de leurs emprunts, les prêteurs – pas fous – augmentèrent la prime incluse dans le taux d'intérêt réclamé pour couvrir le risque croissant de non-remboursement. Par un effet induit, cela devait faire automatiquement baisser le prix des obligations déjà présentes dans leurs portefeuilles, le prix de celles-ci se recalculant pour refléter le fait qu'il existe désormais des obligations de même maturité (de même échéance de remboursement) ayant un meilleur rendement (un taux d'intérêt plus élevé). Cette dépréciation des obligations détenues en portefeuille par les banques réduirait d'autant les gains qu'elles avaient récoltés antérieurement. Pis encore, l'aggravation de la dette publique des États agiterait le spectre de leur défaillance éventuelle, laquelle déboucherait nécessairement sur une restructuration de cette dette, c'est-à-dire sur une négociation entre débiteur et créancier en vue de s'accorder sur sa décote ; un remboursement, par exemple, de « 73 centimes de l'euro ».

Cette dépréciation de la dette des États, consécutive à leur sauvetage du secteur bancaire, prouve – si la chose restait à prouver – que ce qui peut apparaître un jour comme une authentique *martingale*, une façon sûre de faire de l'argent, ne résulte alors en réalité que de l'existence d'un délai, d'un retard dans la réaction du système global à un changement intervenu dans sa configuration. En finance comme partout ailleurs, bien entendu, rien ne se perd, rien ne se crée.

Parallèlement, les autorités gouvernementales fermaient les yeux quand les entreprises prenaient des libertés avec leur comptabilité, voire les encourageaient à le faire – comme ce fut le cas aux États-Unis à propos des crédits au secteur immobilier commercial (bureaux, centres commerciaux, hôtels, hôpitaux, projets touristiques, etc.), quand elles firent savoir aux banques commerciales de faible et de moyenne importance – qui avaient accumulé de tels crédits dans leurs portefeuilles – qu'elles étaient autorisées à ignorer le fait qu'en raison de la baisse des prix dans le secteur la somme encore due était devenue, dans certains cas, supérieure à la valeur marchande du bien, et à ne pas passer la différence par profits et pertes.

Pendant ce temps, les bureaux des normes comptables relâchaient, sous la menace du Congrès, les règles présidant à l'évaluation des actifs (cf. Jorion 2009b : 20). Un consensus s'était instauré, au niveau des instances supérieures, autour du fait que les règles jusque-là en vigueur avaient cessé d'être applicables. S'il en avait été autrement, la mort du système aurait dû être constatée, ce qui était hors de question en raison des intérêts en jeu – et aussi, il faut le dire, faute d'une quelconque alternative.

On était entré dans l'ère du semblant. Nul ne savait comment on en sortirait. Pis : du fait que l'on s'accordait à dire que tout allait mieux, les dirigeants de banque et leurs employés payés à la commission se partagèrent immédiatement les énormes bénéfices que l'on prétendait faire à nouveau...

Comment les banques ont entraîné les États dans leur chute

La question qui commença à se poser en 2007, et dont les événements de 2008 ne firent que souligner l'urgence, était celle-ci : le système capitaliste est-il entré dans sa phase de destruction ? La réponse n'était pas claire, et le répit relatif que connut l'économie mondiale en raison d'importantes mises de fonds, dans le cadre de plans de relance, inclina même à faire penser que le système avait peut-être été sauvé. Cela, jusqu'à ce qu'on se rendît compte que le secteur bancaire avait entraîné les États dans sa chute.

Ce qui était pudiquement passé sous silence, c'est que, même dans ce contexte de faux-semblants, les États s'étaient beaucoup trop endettés. À leur insu, sans doute, les dépenses entraînées par la chute d'un système fondé essentiellement sur le crédit avaient été excessives. De plus, en raison de la récession, les rentrées étaient bien entendu en baisse.

Les banques étaient tombées. Les États s'étaient portés à leur secours et sombraient à leur tour. Banques, États, tous se retrouvaient forcés d'emprunter sur le même marché des capitaux aux côtés d'entreprises recourant de moins en moins à l'autofinancement afin de pouvoir accorder des dividendes plus élevés à leurs actionnaires. La concurrence se faisait trop vive entre eux tous, et les taux exigés par les investisseurs grimpaient. Mais les difficultés ne s'arrêtaient pas là : la santé de certains emprunteurs potentiels était chancelante, et, pour eux, à l'élévation des taux due à la rareté croissante des capitaux s'ajoutait la prime exigée par le bailleur de fonds pour compenser le risque qu'il courait de voir les fonds avancés ne jamais lui revenir. Les États menaçaient de faire à leur tour défaut. Seul le Fonds monétaire international, prêteur suprême de dernier ressort, était encore debout, ultime rempart, même si ses fonds à lui provenaient des cotisations d'États de moins en moins à même de les lui accorder.

En s'étant portés au secours du secteur bancaire et en ayant écarté comme solution envisageable le gel de la situation par la nationalisation, les États avaient déversé dans le puits sans fond des crédits qui ne seraient jamais honorés des sommes à ce point considérables que l'insolvabilité était désormais également la leur. Alors, en désespoir de cause, ils se tournèrent vers le citoyen ordinaire en tant que contribuable et en tant que futur retraité. On annonça l'austérité, qu'on appela aussi « rigueur », comme si les mesures qui seraient prises résultaient d'un impératif moral : on prendrait davantage au citoyen sous la forme de l'impôt et des cotisations sociales. Comme l'impôt avait cessé d'être progressif, l'argent que l'on ponctionnerait, l'État l'exigerait essentiellement de ménages qui, en général, dépensent la totalité de celui dont ils disposent. Ce qui voulait dire que le pouvoir d'achat et donc la consommation seraient affectés. Ceux qui avaient de l'argent à ne savoir qu'en faire, l'État s'abstiendrait de les importuner par l'imposition : il leur emprunterait leurs fonds et les gratifierait, en échange, d'intérêts à des taux qui, nous l'avons vu, seraient en hausse, leur permettant d'avoir au bout du compte encore plus d'argent à ne savoir qu'en faire.

En annonçant au citoyen ordinaire que la raison de l'austérité était qu'il avait à son insu, et depuis de nombreuses années, « vécu au-dessus de ses moyens », les gouvernements posèrent un acte dont ils ne mesuraient certainement pas toutes les conséquences, et en tout cas pas qu'il constituerait un tournant décisif dans la manière dont les opinions publiques recevaient – ou plutôt refusaient désormais d'accepter – les messages dispensés d'en haut. Car, durant cette crise-ci, les opinions publiques avaient été pleinement informées non seulement de ses origines, mais aussi, et en direct, de ses péripéties au jour le jour.

Alors que les invités des stations de radio et des chaînes de télévision avaient démontré semaine après semaine, et graphiques à l'appui, que la crise avait sa source dans la stagnation des salaires due à un détournement de plus en plus marqué au fil des ans du surplus économique au profit des investisseurs et des dirigeants d'entreprise, affirmer soudain, comme le faisaient les gouvernements, qu'elle était due en réalité au fait que ces mêmes salariés avaient vécu au-dessus de leurs moyens constituait, pour ceux-ci, un ultime outrage dont la marque resterait cuisante dans les esprits.

La perte de pouvoir d'achat impliquée par le rognage des avantages sociaux ferait que les États entreraient immanquablement en récession, retardant d'autant leur capacité à rembourser leur dette. La présence simultanée des banques, des entreprises et des États sur le marché des capitaux conduisait à une impasse totale : une reprise, une sortie de récession, exigeaient un pouvoir d'achat accru, mais l'urgence du remboursement de la dette ne pouvait que diminuer ce pouvoir d'achat.

On prit l'habitude de dire : « Il n'y a pas de bonnes solutions, seulement des mauvaises. » Mais il s'agissait là encore de l'expression d'un optimisme surfait : il n'y avait en réalité plus de solution du tout. La ministre français de l'Économie, Christine Lagarde, proposa que l'on parle à ce propos de *ri-lance* : un mot-valise combinant « rigueur » et « relance ». Deux interprétations de son propos étaient possibles : il s'agissait soit d'une marque d'indifférence au sort commun, qui rejoindrait dans l'histoire la fameuse brioche de Marie-Antoinette, soit d'une de ces manifestations d'humour noir auxquelles on ne s'abandonne que lorsqu'on a touché le fond.

La Grèce

La crise d'insolvabilité des États débuta dans la zone euro par la Grèce. Importateur net, ce pays s'était retrouvé à la remorque depuis son entrée dans la zone, en 2001. En octobre 2009, le parti socialiste PASOK gagna les élections, et son chef, Georges Papandréou, devint Premier ministre. Il dénonça aussitôt l'état financier dans lequel se trouvait le pays, accusant en particulier son prédécesseur, Constantin Karamanlis, du parti conservateur Nouvelle Démocratie, au pouvoir depuis 2004, d'avoir couvert une falsification systématique des données économiques relatives au pays. Le monde prit conscience de la mauvaise santé financière de la Grèce.

En décembre 2009, un article parut dans le magazine allemand *Der Spiegel*, évoquant la Grèce comme la « bombe à retardement de l'Europe ». La présence d'un tel article dans un périodique allemand n'était pas fortuite : on prenait soudain conscience en Allemagne que la chute de certains pays de la zone euro susciterait une mobilisation de la solidarité européenne, et que le plus riche d'entre eux se retrouverait automatiquement en première ligne pour être sollicité. L'article de *Der Spiegel* rappelait en particulier qu'en 2001, quand la Grèce avait voulu rejoindre la zone euro, qui existait formellement depuis 1999, le pays était dans l'incapacité de respecter les conditions exigées par le pacte de stabilité et de croissance européen imposant à la dette publique des pays de la zone un plafond de 60 % en points de PIB, et au déficit annuel, un plafond de 3 % du PIB.

Pour passer outre, permettre à la Grèce de respecter le pacte de stabilité, ou tout au moins d'en donner artificiellement l'apparence, on avait recouru à une manœuvre financière des plus douteuses ; un prêt fut consenti par la banque d'investissement Goldman Sachs, qui le déguisa en produit financier dérivé : un *swap de change* que l'on qualifie aujourd'hui pudiquement de *swap de change « off-market »*, pour rendre compte du fait que le taux de change utilisé lors de la signature du contrat n'était pas celui du marché ; il s'agissait, pour appeler les choses par leur nom, d'un produit financier trafiqué. Ben Bernanke provoqua quelques froncements de sourcils quand il prononça son verdict au printemps 2010 : il n'y avait rien à reprocher à Goldman Sachs pour ce qui était de la qualité du produit que la firme avait vendu à la Grèce en 2001 – un témoignage de plus, s'il en fallait, que la moralisation de la finance dont il avait été tant question en 2008 demeurait lettre morte deux ans plus tard.

La manœuvre avait permis de repousser dans le temps l'acquittement d'une partie de la dette de la Grèce, et de donner l'impression qu'elle respectait les termes du pacte de stabilité et de croissance. L'agence Eurostat, direction de la Commission européenne dont la vocation est de regrouper et d'analyser l'information économique, avait certes dénoncé le subterfuge, mais des pressions des autorités politiques souhaitant l'entrée de la Grèce dans la zone euro avaient fait taire ses scrupules.

Le taux qui s'attache à une obligation d'État se détermine par une adjudication où les candidats à l'achat émettent chacun une offre au taux qu'ils sont prêts à acquitter pour une dette de cette maturité. Une fois ces offres connues, l'État fixe le taux au niveau qui lui permet d'obtenir la totalité de la somme qu'il entendait emprunter, les candidats dont l'offre de taux était supérieure à ce niveau repartant les mains vides. La procédure décrite suppose évidemment que la demande excède l'offre, ce qui n'est pas toujours le cas : parfois, la demande est insuffisante et l'État concerné ne parvient pas à écouler suffisamment de dette pour obtenir l'entièreté de la somme qu'il envisageait d'emprunter.

Quand la dette publique d'un pays se détériore, les taux dont il doit s'acquitter pour des emprunts de diverses maturités s'élèvent. Il s'agit là de l'application d'un principe général qui vaut bien entendu pour tout emprunteur : État, société ou particulier. Cette hausse reflète une aggravation de ce qu'on appelle le « risque de crédit », l'expression désignant le risque de non-remboursement pour l'acheteur de la dette, c'est-à-dire le prêteur. Pourquoi ? Parce que, en raison du risque accru de non-remboursement, le prêteur inclut dans le taux qu'il attend de l'emprunteur une prime de risque : en réclamant un taux d'intérêt plus élevé qu'il serait normal s'il n'existait aucun risque de ne pas voir l'argent avancé lui revenir, le prêteur se constitue une cagnotte dont l'objectif est de couvrir statistiquement le risque qu'un jour l'un de ses emprunteurs ne puisse pas rembourser le principal, ou n'en retourne qu'une partie.

Or est intervenue au début des années 90 une innovation financière qui va changer la manière dont s'établit le taux réclamé par les candidats au prêt de dette souveraine, en l'occurrence un produit dérivé appelé *credit default swap* (CDS). Une rapide approximation permet de définir le CDS comme une assurance contre le « risque de crédit ». Le CDS se comporte en effet comme une assurance que peut contracter tout acquéreur d'un instrument de dette – autrement dit tout prêteur – qui craint de ne pas récupérer l'entièreté de la somme qu'il a avancée. Le montant de la prime se détermine comme pour tout contrat d'assurance : l'assureur calcule le risque qu'il court, à savoir le coût moyen du sinistre susceptible de se produire, multiplié par la probabilité qu'il ait lieu, qu'il majore de ses frais et de sa marge de profit. S'il vient à percevoir que le risque s'élève, il est conduit à majorer le montant de la prime.

Le CDS n'est cependant pas une assurance comme les autres : il est possible de la détourner de son but proclamé et d'en faire le support d'un simple pari, et cela parce qu'il n'est nullement requis de l'« assuré » qu'il possède le bien qu'il cherche à assurer. Le CDS permet en effet de s'assurer contre un risque que l'on ne court pas ; celui qui contracte un CDS alors qu'il ne détient pas l'instrument de dette contre le risque duquel il s'« assure » prend une position que l'on appelle « nue ». La manière imagée dont on rend souvent compte du mécanisme du CDS « nu », c'est de le présenter comme une « assurance sur la voiture du voisin ». Cette description humoristique attire l'attention sur ce qu'on appelle un « aléa moral » : un encouragement à l'abus – une incitation de fait à provoquer un événement dommageable pour en bénéficier.

Tout cela ne serait pas encore trop sérieux si la théorie économique dominante du « marché efficient », et des « anticipations rationnelles » qui l'accompagnent, ne supposait pas l'omniscience du marché. Une conception à laquelle quiconque a été formé aux sciences de l'homme a bien du mal à souscrire, en dépit de sa popularité parmi les économistes. Robert Skidelsky, le biographe de Keynes, a offert une explication sociologique convaincante, me semble-t-il, du pourquoi de cette croyance :

« ... l'histoire des "anticipations rationnelles" est [...] liée à la nature démocratique du rêve américain. Les marchés, représentant le verdict de millions d'individus poursuivant leur intérêt égoïste, produisent un savoir plus vaste et de meilleure qualité que celui dont disposent les gouvernements. Le consommateur américain est roi. Les partisans de l'hypothèse des anticipations rationnelles aiment à souligner le caractère démocratique du postulat de rationalité. Il est fondé sur la loi des grands nombres, qui veut que plus le groupe est vaste, plus il est probable que le choix moyen sera optimal. Il n'existe pas de moyen connu pour un gouvernement d'être plus avisé que la foule dans sa masse » (Skidelsky 2009 : 35).

C'est cette logique qui explique pourquoi la demande de CDS – le nombre de contrats souscrits – sera considérée par « le marché » comme une évaluation objective du risque encouru. Or la possibilité pour quiconque de parier sur la perte d'un émetteur de dette en prenant une position CDS « nue » conduit les spéculateurs à gonfler la demande pour ces produits, et ce gonflement de la demande sera interprété par le marché comme une preuve que le risque s'est objectivement accru, ce qui motivera alors une augmentation de la prime réclamée par l'assureur, laquelle sera lue à son tour comme le signe d'une hausse nécessaire du taux d'intérêt associé à l'instrument de dette sur lequel porte le CDS (ce qu'on appelle son « sous-jacent »). Or ce n'est pas le risque objectif qui a crû, mais simplement la demande portant sur une assurance contre un risque présumé, et alors même que certains de ces « assurés » – ceux dont la position en CDS est « nue » – ne courent aucun risque réel, mais tentent simplement de doper l'*apparence* de risque, sachant que celle-ci est autoréalisatrice, puisqu'elle provoque la hausse du taux de la dette de l'État emprunteur, ce qui accroît d'autant les difficultés financières de celui-ci, dont eux, en tant que « pseudo-assurés », ont tout à gagner. L'hypothèse des « attentes rationnelles » suppose qu'un comportement reflète nécessairement un savoir, elle ignore le fait qu'il peut être la mise en œuvre d'une stratégie ; elle trahit par là sa naïveté constitutive.

Dans le cas spécifique de la dette souveraine d'un État en difficulté, le spéculateur qui ne possède aucune obligation émise par celui-ci va donc contracter un CDS en position « nue » sur sa dette pour que s'élève le taux que cet État doit acquitter, ce qui rendra sa situation encore plus périlleuse et son défaut plus probable. Le spéculateur cherchera soit à revendre le CDS qu'il a acquis pour un prix qui se sera entre-temps élevé, soit à pousser carrément le pays au défaut sur sa dette pour toucher le montant de l'« assurance » que constitue le CDS. Le détenteur d'un CDS en position « nue » sur la dette d'un État spécule donc sur la détresse d'une nation et s'efforce de gagner de l'argent sur le malheur de sa population. Il n'a cependant rien à craindre, puisque la tolérance à son égard est quasi infinie ; quand, en mai 2010, l'Allemagne interdit les positions « nues » sur CDS, l'indignation est grande dans les milieux financiers : quoi ! un gouvernement s'en prend à la liquidité des marchés ? !

C'est dans ce petit jeu de la spéculation que la Grèce se trouva engouffrée. La rétrogradation par les agences de notation de la note de crédit de ses *swaps de change* trafiqués « off-market », qui intervint en février 2010, ne les situait plus qu'à un seul cran au-dessus du niveau où serait activé un *appel de marge*, c'est-à-dire un approvisionnement forcé des réserves que la nation serait bien incapable d'honorer. La spéculation sur un défaut devenu probable de la Grèce se mit alors en branle : les spéculateurs en position « nue » accrurent la demande de CDS dont la hausse de la prime généra à son tour une hausse proportionnelle du coupon exigé lors de l'émission de dette nouvelle par la Grèce, la pénalisant encore davantage. Une spirale mortifère s'enclenchait, que rien ne pouvait stopper. D'autres États de la zone euro s'alignèrent, du coup, comme autant de dominos : chaque fois que l'un ferait défaut, l'ensemble de ceux qui étaient encore indemnes seraient fragilisés par leurs tentatives de lui venir en aide, et la spéculation se porterait de manière instantanée sur le plus exposé d'entre eux après lui.

Les atermoiements des autres pays de la zone euro (dont la justification a posteriori fut la nécessité, selon eux, que la Grèce « prenne pleinement conscience du sérieux de sa situation ») permirent à la crise de s'aggraver considérablement, si bien que les sommes qu'il fallut en fin de compte mettre en garantie étaient de plusieurs fois supérieures à celles qu'il aurait suffi de mobiliser si la crise avait été gérée à son début.

Racler les fonds de tiroir permit de rassembler les 105 milliards immédiatement nécessaires comme fonds de garantie pour la Grèce, et les 750 milliards qui feraient bonne mesure comme réserves en cas de faiblesse généralisée de la zone euro. Il y eut alors un moment de répit, jusqu'à ce qu'on se rendît compte que le refinancement de la dette de l'Espagne et son défaut éventuel exigeraient des sommes environ quatre fois plus élevées que pour la Grèce, l'Irlande et le Portugal réunis.

C'est à cette époque que se firent entendre pour la première fois des rumeurs portant sur des plans prétendument mis au point d'éclatement de la zone euro en deux sous-zones distinctes qui fonctionneraient à deux vitesses : les pays riches d'un côté, les pays pauvres de l'autre, ces derniers condamnés à négocier une restructuration de leur dette lorsqu'ils mettraient leurs créanciers devant le fait accompli d'une trésorerie déprimée.

Ce qu'il restait de l'ordre monétaire mis en place à Bretton Woods en 1944, et qui s'était contenté de survivre sur sa lancée après le décrochage du dollar de l'étalon-or en 1971, s'effondrait à son tour à l'échelle de l'Europe.

L'Irlande

Dans la zone euro, l'État le plus affaibli, la Grèce, avait crié au secours. On avait créé tant bien que mal un fonds de garantie européen. On était en mai 2010, les choses semblaient se tasser. Or, cinq mois plus tard, avec un chômage s'élevant à plus de 13 %, dont 38 % de chômeurs de longue durée, un PIB en baisse de 3 % en 2008 et de 7,1 % en 2009, un déficit s'élevant à 14 % du PIB en 2009 et qui atteindra probablement les 32 % en 2010, l'Irlande se trouvait dans un état pire que la Grèce ne l'était en mai.

Ce pays entra en septembre dans la zone de tous les dangers. Le vendredi 17, le taux des obligations irlandaises fit un bond sur toutes les maturités (le « 10 ans » passant de 6,11 % à 6,38 % en une seule séance), tandis que le prix des *credit default swaps* (CDS) sur la dette irlandaise se renchérissait lui aussi, et que les actions de deux banques irlandaises partiellement nationalisées (à 25 %), Allied Irish Banks et Bank of Ireland, perdaient respectivement 11 % et 7,1 % de leur valeur. Une rumeur affirma que la Banque centrale européenne soutenait activement la dette irlandaise par des achats. Une autre rumeur corrigea la première en affirmant que ces achats ne portaient que sur quelques dizaines de millions d'euros. Une autre encore voulait que le gouvernement irlandais eût contacté le FMI dans la journée, rumeur que les deux parties concernées s'empressèrent de démentir.

Simon Johnson, ancien économiste en chef du FMI, avait de son côté jeté de l'huile sur le feu, dans la journée, en déclarant dans un entretien radio à l'agence Bloomberg que la Grèce, le Portugal et l'Irlande bénéficieraient sur le long terme de mesures destinées à restructurer leur dette le plus vite possible, tout atermoiement ne faisant qu'augmenter l'ampleur de leurs difficultés. Il n'y avait cependant pas feu en la demeure, puisque l'Irlande avait d'ores et déjà emprunté sur le marché international des capitaux des sommes suffisantes pour tenir jusqu'à la fin du deuxième trimestre 2011.

On imputait les événements de la journée du vendredi à un rapport de la banque anglaise Barclays affirmant que, si l'Irlande n'avait rien à craindre dans l'immédiat, ses options s'étaient à ce point amenuisées, au fil des mois, que le moindre imprévu pouvait faire capoter le pays vers le défaut de paiements et la restructuration de sa dette.

Deux autres événements avaient joué néanmoins un rôle beaucoup plus important dans la montée de l'inquiétude en Irlande. Le premier avait été la déclaration officielle, faite le 9 septembre, à propos du nouveau statut de la banque nationalisée Anglo Irish Bank. On pensait – et cela avait d'ailleurs été annoncé – que la banque serait scindée et que l'on créerait deux entités : une « mauvaise banque » (banque de défaisance ou de cantonnement) chargée de gérer et de vendre progressivement les actifs toxiques détenus par AIB, et une « bonne banque » qui reprendrait progressivement l'activité de prêt gelée depuis la nationalisation de 2009. Or, si la banque de défaisance était bien créée (*asset recovery bank*), le principe d'une « bonne banque » était, lui, abandonné : la banque qui serait créée (*funding bank*) se contenterait de gérer les dépôts de ses clients existants et de nouveaux déposants éventuels. Raison alléguée pour ce changement de plan : un coût trop élevé. La déclaration officielle expliquait en termes voilés que « le gouvernement est parvenu à la conclusion que ce plan, sous sa forme actuelle, n'offre pas la solution la plus viable et la plus durable pour assurer une stabilité constante au système bancaire irlandais ».

Autre facteur qui précipita la crise : un entretien du Premier ministre Brian Cowen à la radio, le mardi 14 septembre au matin, jugé calamiteux par l'opinion publique irlandaise. Le Premier ministre se vit reprocher par ses alliés d'avoir trop peu dormi la nuit précédente, et fut accusé par ses ennemis d'avoir trop bu, la seconde hypothèse ayant été plus ou moins confirmée par l'intéressé, qui parla de « maîtriser à l'avenir la quantité de "contacts sociaux" (*socializing*) qu'il aurait », référence à sa soirée de la veille qui ne s'était terminée qu'au petit matin. Le plus inquiétant, dans ses propos, était qu'il n'avait pas pu – ou n'avait pas voulu – préciser le coût final du sauvetage de l'Anglo Irish Bank, entre les 23 milliards d'euros déjà dépensés et les 70 milliards auxquels s'élèverait une liquidation pure et simple. Au total, le sauvetage de ses banques avait déjà coûté très cher au pays : 33 milliards d'euros, soit 20 % de son PIB.

Le rapport de Barclays Capital publié le vendredi 17 septembre affirmait : « Nous pensons que le gouvernement irlandais a dans son ensemble adopté jusqu'ici les politiques économiques et financières appropriées. Le problème est qu'en dépit de ces efforts [...] il ne reste que très peu d'options au gouvernement. » Malheureusement pour le pays, cette phrase résumait en effet parfaitement la situation de l'Irlande : le gouvernement de cette petite nation de 4,5 millions d'habitants avait déjà déboursé 34 milliards d'euros pour soutenir ses banques, et 12 autres milliards étaient encore débloqués. En 2010, le déficit de l'État représenterait 32 % de son PIB, un record dans la zone euro. Les pertes totales que les banques irlandaises encaisseraient éventuellement sur des prêts de mauvais aloi pourraient se monter à 150 milliards d'euros. Cette petite nation à propos de laquelle on aimait ajouter, jusqu'en 2008, qu'elle était « amicale aux milieux d'affaires », n'en menait pas large.

En novembre, à la suite d'une série de rebondissements provoqués par l'inquiétude grandissante du marché des capitaux, l'Irlande se vit contrainte d'accepter un paquet d'aides pour un total de 85 milliards d'euros, 50 étant destinés à ses finances publiques, et 35, à venir en aide à son secteur bancaire. Les diverses participations au fonds de soutien se ventilaient de la manière suivante : 17,5 milliards procurés par l'Irlande elle-même, puisés sur son fonds de pension (on en était là !), 22,5 milliards en provenance du Mécanisme européen de stabilisation financière, une somme identique venant du Fonds européen de stabilisation financière, et la même somme encore prêtée cette fois par le Fonds monétaire international.

Sitôt l'accord connu, le parti des Verts irlandais se retira de la coalition pilotée par le Premier ministre Brian Cowen, appartenant au parti Fianna Fail, et appela à des élections anticipées. Le principal parti d'opposition, le Fine Gael, fit immédiatement savoir que s'il devait accéder au pouvoir à la suite de ces élections il dénoncerait l'accord.

Lors de la chute des banques, les États s'étaient portés à leur secours. Le tour des États était maintenant venu. Le FMI resterait seul à tenter de sauver ceux-ci. Par la bouche de son président, Dominique Strauss-Kahn, il annonça le 26 février 2010 qu'il était prêt à assumer ce rôle. On comptait sur lui : le FMI constituait bien le dernier rempart.

LES BANQUES CENTRALES JOUENT LEUR VA-TOUT

Les premières étapes de la crise, en particulier son origine dans le secteur immobilier résidentiel américain, avaient été hautement prévisibles (cf. Jorion 2007 ; 2009a). Intervinrent ensuite différentes métastases, résultant toutes de l'insolvabilité bancaire. Les États avaient sauvé les banques en raison du *risque systémique*, du risque d'effondrement généralisé que leur chute aurait entraîné. La localisation de ces métastases suivait la ligne des solidarités entre les différentes composantes du système global.

Les étapes suivantes de la décomposition étaient quant à elles de moins en moins prévisibles. La raison en était simple : une pression croissante s'exerçait désormais uniformément sur l'ensemble du système toujours en place, et la résistance particulière de ses différentes composantes était pratiquement indéterminable.

La crise se propageait en remontant de la base. Tout en haut de l'édifice se trouvaient les banques centrales. Or celles-ci tiraient une à une leurs dernières cartouches. Elles avaient épuisé les moyens dits *conventionnels* de leurs interventions : ceux qui consistent pour elles à peser sur les mécanismes économiques ; elles utilisaient désormais les moyens *non conventionnels* : ceux qui consistent à interférer avec les mécanismes économiques spontanés et à les détourner de leurs comportements naturels. On entrait ici dans des eaux troubles : celles de manipulations qui pouvaient, à terme, déformer ces mécanismes, ce qui rendrait ensuite leurs réactions imprévisibles.

Rappelons que les moyens conventionnels consistent, pour les banques centrales, à peser sur un prix en modifiant les termes de l'offre et de la demande[2], en l'occurrence, en achetant et en vendant de la dette publique – les reconnaissances de dette émises par les États ; en tirant aussi parti de la prérogative attribuée aux banques centrales de fixer le niveau des taux au jour le jour. Même s'il s'agit, dans le cas de la fixation du niveau des taux courts, d'une interférence avec celui auquel ces taux se fixeraient par la simple rencontre de l'offre et de la demande, les moyens conventionnels laissent les mécanismes de marché intacts : lorsque cette interférence stoppe, l'offre et la demande reprennent leurs droits, et il n'existe donc ici aucun risque de destruction de ces mécanismes du fait qu'ils auront été momentanément perturbés.

Les moyens *non conventionnels*, eux, interfèrent avec les mécanismes économiques de manière si agressive que l'intégrité de ces derniers ne peut pas nécessairement être sauvegardée. Il en va ainsi de ce que l'on couvre du label rassurant d'*assouplissement quantitatif*, qui vise, pour les banques centrales, à injecter de l'argent dans le circuit monétaire, par exemple, comme on l'a vu à partir de l'été 2007, pour compenser une faible circulation des capitaux entre banques, conséquence de la défiance régnant entre elles, due à un réciproque soupçon d'insolvabilité. Or les banques ne peuvent se contenter de compter sur leurs fonds propres ou sur des opérations avec leur banque centrale ; elles doivent aussi, pour la conduite de leurs affaires au jour le jour et pour l'allocation de crédit à leurs clients, pouvoir se tourner les unes vers les autres.

Pour comprendre le mécanisme de l'assouplissement quantitatif, il faut d'abord savoir que les banques centrales – et elles seules – sont en charge de la création monétaire. Le principe présidant à cette création monétaire est simple : l'État émet de l'argent neuf en contrepartie d'une richesse qui a été créée indépendamment de par le monde et dont l'apparition a été constatée. Comme la valeur de ce nouvel argent a pour contrepartie cette richesse nouvellement créée, la richesse préexistante ne se déprécie ni ne s'apprécie : son prix reste stable.

La principale stratégie de l'assouplissement quantitatif est la « monétisation », qui consiste, pour une banque centrale, à racheter des instruments de dette (obligations, bons du Trésor, billets de trésorerie émis par des entreprises, etc.) détenus par des banques commerciales et à leur offrir en échange de l'argent frais au sens où il n'existait pas préalablement (la « planche à billets »). De l'argent est créé à cette occasion par la banque centrale, à charge pour elle de trouver ultérieurement le moment opportun pour le détruire. L'achat par elle de ces instruments de dette étant une opération à sens unique, la volonté de destruction de l'argent créé doit être ferme, associée à un calendrier précis, sans quoi ces sommes demeurent dans le circuit monétaire avec des conséquences éventuellement dommageables sur lesquelles je reviendrai [3].

Quand la banque centrale achète de la dette publique dans le cadre de l'assouplissement quantitatif, un processus de *phagocytage* en plusieurs étapes est à l'œuvre : l'État a besoin d'argent et émet de la dette, autrement dit emprunte à quelqu'un ; la banque centrale s'adresse à ce quelqu'un et lui dit : « Je vous rachète le prêt que vous avez accordé à l'État : j'ai créé ex nihilo tout l'argent nécessaire. » À un intermédiaire près (la banque centrale), tout s'est donc passé comme si, au lieu d'avoir emprunté l'argent dont il avait besoin, l'État l'avait tout simplement créé d'un trait de plume. Pourquoi une telle opération, sous sa forme directe, est-elle inacceptable ? Parce qu'il est par trop évident qu'un principe de base de la mécanique monétaire serait, dans ce cas-ci, enfreint, aucune richesse ne venant constituer la contrepartie de la monnaie nouvellement créée. Bien au contraire...

Lorsque les banques centrales achètent de la dette publique dans le cadre de l'assouplissement quantitatif et qu'elles créent à cette fin l'argent nécessaire à cet achat, ce qui a été acquis par la banque centrale n'est pas de la richesse, mais une reconnaissance de dette : une promesse de remboursement, c'est-à-dire, en réalité, l'*inverse d'une richesse* – le simple constat d'une somme d'argent qui manquait là où elle était nécessaire.

À quoi aboutit alors l'assouplissement quantitatif ? C'est simple : de l'argent a été créé en contrepartie d'une richesse qui manque plutôt qu'en contrepartie d'une richesse effective ; de l'argent pour lequel il n'y a aucune contrepartie dans une richesse existante est ainsi en circulation. Cet argent surnuméraire fait que le prix des produits s'adapte, augmente en fonction de la somme qui a été indûment ajoutée à la masse monétaire préexistante : il y aura *inflation*. Plus il y a d'assouplissement quantitatif, c'est-à-dire plus il y a d'argent créé non pas en contrepartie d'une richesse, mais en face d'une reconnaissance de dette, c'est-à-dire d'une richesse « négative », plus il y aura d'inflation, plus les prix augmenteront. Le mécanisme peut s'emballer, auquel cas on débouchera finalement sur l'*hyperinflation* telle que l'Allemagne l'a connue dans les années 1923 et 1924.

Derrière les banques centrales, que reste-t-il ?

La Federal Reserve, la Banque d'Angleterre, la Banque centrale européenne, pratiquent toutes, désormais, l'assouplissement quantitatif, même si le baroud d'honneur de Jean-Claude Trichet refusant d'en passer par là, au début de mai 2010, fut mémorable. Toutes promettent de retirer du circuit l'argent surnuméraire en temps utile. Or, après un retour à la confiance interbancaire, entre septembre 2009 et mai 2010, la méfiance s'est réinstallée à partir de juin, retardant le moment où ces retraits auraient lieu. Entre-temps, l'instabilité du système monétaire s'est accrue en raison de la présence dans le circuit de ces sommes d'argent sans contrepartie de richesse.

À l'heure où j'écris (décembre 2010), la crise de l'euro paraît stabilisée, mais est encore très loin d'être résolue : la Grèce est portée à bout de bras par la zone euro, le secteur bancaire privé espagnol est très affaibli, les rumeurs sur l'insolvabilité de telle ou telle banque portugaise doivent être démenties chaque jour. Les autres pays de la zone euro affirment que les débordements de leur dette publique sont maîtrisés, faisant cependant reposer leurs démonstrations sur des chiffres de PIB hors d'atteinte pour les années à venir. Le bilan des banques commerciales européennes est soumis à des *stress-tests*, des tests de résistance dont les résultats sont censés rassurer les marchés des capitaux, mais les scénarios de détresse envisagés minimisent le risque de défaillance des nations de la zone euro et la restructuration de leur dette qui s'ensuivrait, alors qu'il s'agit précisément du type d'événement que les marchés financiers redoutent et face auxquels ils voudraient bien connaître la robustesse des banques.

Si un ou plusieurs pays de la zone euro devait faire défaut, l'existence même de la monnaie unique serait remise en cause. Le dollar américain n'en sortirait pas pour autant triomphant : l'hyperinflation le guetterait pour les raisons que nous venons d'examiner, et toute la pression de l'ordre monétaire mondial s'exercerait dorénavant sur lui, alors que l'économie et la finance affaiblies des États-Unis ont cessé d'être la garantie suffisante d'une monnaie de référence. Les appels de la Chine et de la Russie à un nouvel ordre monétaire, qui se multiplient depuis 2009, seraient alors entendus. L'Europe ne pourrait qu'acquiescer. La mise sur pied d'un nouveau Bretton Woods deviendrait impérative.

La dette publique

Quand on est confronté à une question dont chacun affirme qu'elle est si complexe qu'elle passe pour pratiquement insoluble, il est toujours salutaire de la poser en termes simplifiés pour pouvoir commencer à l'analyser. Contrairement à une habitude invétérée de la « science » économique, il est néanmoins impératif de ne pas laisser les choses en l'état, mais de revenir sur cette simplification pour examiner ensuite le phénomène étudié dans toute sa complexité. C'est pourquoi je vais aborder la question de la dette publique en raisonnant initialement à grands coups de serpe. On ne m'en voudra pas : le cadre même de la question que j'essaie de résoudre est très général, et les détails, pour l'heure, y importent peu.

Monsieur X gagne tant d'argent. Le montant est tel qu'il est obligé de le dépenser entièrement pour subvenir à ses besoins quotidiens. Il n'est pas pauvre, mais, dès qu'il doit s'acheter un objet qui coûte plus de 1 000 euros, il doit avoir recours au crédit à la consommation. Monsieur Y gagne le double de M. X. Quand il achète une maison, il doit emprunter, mais, à part ça, il a suffisamment d'économies pour régler comptant l'achat d'une automobile. Monsieur Z gagne quarante fois autant que M. X, et il dépense tout son argent. Pour y parvenir, il va à l'Opéra tous les mois, possède un yacht, achète des bijoux dispendieux à sa femme et se constitue petit à petit une collection de peintures contemporaines. Il fait vivre des artistes et soutient l'industrie du luxe.

Monsieur AAA gagne cent fois autant que M. X (ah ! on passe aux choses sérieuses !). Il ne peut pas dépenser tout l'argent qu'il gagne, il faut qu'il en « place » une partie. Il en met une portion à la Bourse et consacre une autre portion à acheter des obligations, des emprunts d'État. Les actions qu'il possède lui donnent droit à des dividendes. L'argent que les firmes dont il achète des actions consacrent au versement de dividendes (de manière générale, une part en hausse constante du profit des sociétés est allouée à leurs actionnaires sous forme de dividendes[4]), c'est de l'argent qu'elles ne peuvent consacrer à leur refinancement. Sur les capitaux qu'elles doivent emprunter, elles verseront des intérêts – en particulier à Monsieur AA+, le cousin de M. AAA. Le montant de ces intérêts se trouvera reporté sur les consommateurs des marchandises produites par ces firmes et vendues à la foule des MM. et MMmes X sous forme d'une surcote de leur prix.

Ne vaudrait-il pas mieux, du point de vue de ce qui est « socialement utile » (pour utiliser la formule introduite par lord Adair Turner, je le rappelle, président de la FSA, le régulateur des marchés britanniques), que l'argent versé aux actionnaires sous forme de dividendes soit plutôt réinvesti dans la firme, diminuant d'autant sa dette[5] ?

Les obligations que possède M. AAA lui rapportent des intérêts : le « coupon ». Ces intérêts constituent ce qu'on appelle la « charge de la dette d'État », que nous contribuons tous à rembourser par l'impôt. La charge de la dette d'État en France est un poste budgétaire substantiel : du même ordre de grandeur que l'impôt sur le revenu, elle se situe entre le budget de l'Éducation nationale et celui de la Défense nationale.

L'argent que M. AAA consacre à acheter des obligations (un tiers de la dette française reste en France), c'est manifestement de l'argent qu'il a en trop, même après qu'il a consacré une partie de ses revenus à l'achat de biens de luxe. L'État lui verse des intérêts sur cette somme – contribuant à gonfler la dette publique dont on rappelle avec insistance au public quel grand souci elle cause, et au remboursement de laquelle il faut consacrer tout son effort, même au prix d'une réduction de la protection sociale.

Ne serait-il pas plus simple que ces sommes dont M. AAA dispose en trop par rapport à ses besoins, et qu'il peut prêter à l'État, l'État les perçoive plutôt sous forme d'impôt ? Il y aurait là un double avantage : la dette publique serait diminuée du montant de cette somme, et il n'y aurait aucun versement d'intérêts, aucune charge de la dette attachée aux emprunts qui auraient dû être émis à la place.

Les déclarations officielles sur la dette publique sont pleines de bon sens : « Le déficit public est une très mauvaise chose, et la dette publique, qui constitue la mémoire accumulée de tous les déficits passés, tolérés au fil des ans, est encore une bien plus mauvaise chose. Réduisons donc le déficit. Mieux : réduisons la dette, et tout ira beaucoup mieux. » Que reprocher à ce raisonnement ? La dette est indubitablement un boulet. La charge de la dette, on l'a vu, est en France du même ordre de grandeur que les recettes de l'impôt sur le revenu. Mais, sur cette question de la dette publique, il faut prendre de la hauteur, s'interroger sur son cadre général et se demander par exemple :

Pourquoi y a-t-il de la dette publique ? Autrefois, l'État n'était en déficit que quand il entreprenait une guerre dispendieuse ; pourquoi les États sont-ils désormais en déficit permanent ?

Pourquoi un État doit-il verser des intérêts quand il a besoin d'argent ? Est-il vraiment une entreprise, à l'instar de toutes les autres ?

À qui verse-t-il des intérêts ? En France, deux tiers des bénéficiaires du « service de la dette » (remboursement du principal et versement des intérêts) se trouvent à l'étranger. Que font-ils de cet argent ?

À qui l'État verse-t-il des intérêts en France ? À des banques, à des compagnies d'assurances, à des particuliers.

Pourquoi ne se pose-t-on jamais ce genre de question ? On dira : « Parce que c'est dans la nature des choses. » Ou bien : « On ne pose pas ce genre de question par manque d'imagination. » Mais le manque d'imagination s'assimile toujours au conservatisme : on se satisfait des choses telles qu'elles sont ; ce faisant, on confirme et renforce les structures de pouvoir dans leur état présent.

Cela dit, assiste-t-on véritablement, en ce moment, en Europe, à un retour à la normale de la situation économique et financière tel qu'il faille – après tant d'années d'insouciance et de laxisme – résoudre d'urgence le problème de la dette publique ? En réalité, ce n'est pas que la situation se serait améliorée, mais plutôt que la résolution du problème de la dette a gagné en urgence, le déficit s'étant alourdi de manière brutale par suite de la crise : les États se sont non seulement surendettés pour tenter de sauver leurs secteurs bancaires en difficulté, mais leurs recettes ont également été considérablement réduites du fait de la récession causée par la crise et de l'absence d'une reprise digne de ce nom. Il existe, du coup, une double pression sur le taux d'intérêt que tout pays emprunteur devra acquitter pour sa dette future, ce qui fait que tout retard supplémentaire dans la résolution du problème de la dette fera qu'elle se révélera plus coûteuse : le marché des capitaux exigera un taux plus élevé en raison, d'une part, de la prime de risque qu'il intégrera dans le taux réclamé, et, d'autre part, de l'augmentation de la demande sur le marché des capitaux, la concurrence accrue entre les pays en quête d'argent frais accroissant la pression sur le taux que le marché exige des emprunteurs. Aux pays qui voudraient ignorer l'urgence d'une résolution de la question de la dette publique, les exemples de l'Islande en 2009, de la Grèce et de l'Irlande en 2010 sont là pour illustrer les difficultés insurmontables qui guettent ceux qui sous-estimeraient l'urgence et l'importance de la question.

La réalité de ce que je viens de rappeler n'exclut cependant pas que l'empressement à vouloir soudain résoudre la question de la dette, non pas en étalant cette résolution sur un certain nombre d'années, mais de manière instantanée, soit éminemment suspect. N'y aurait-il pas une arrière-pensée cachée dans tant d'empressement ? Et, si oui, que pourrait-elle bien être ? La réponse est malheureusement évidente.

La crise a généré une pléthore de faits invalidant le bien-fondé de la déréglementation et de la privatisation prônées par le libéralisme radical qui s'est épanoui en Grande-Bretagne dans les années 70, puis aux États-Unis dans les années 80, avant de trouver son expression consommée en Europe dans le texte du traité de Lisbonne. Réduire la dette publique au cœur de la crise, c'est bien entendu agir à contretemps, mais l'erreur n'est pas commise de bonne foi : à défaut de pouvoir justifier la poursuite de la révolution ultralibérale au moment où sa nocivité a été amplement démontrée, on cherche des prétextes qui permettront de la proroger.

Car si le programme a trouvé sa réfutation dans la réalité, la volonté de le mener à son terme n'a pas faibli pour autant parmi ses partisans endurcis. Les faits comptent pour si peu, aux yeux des idéologues[6] ! On s'en est donc pris, sous couvert de rigueur, aux mesures de protection sociale qui avaient pourtant permis à certains pays – à la France en particulier – de s'en tirer bien mieux, dans les soubresauts de la crise, que bon nombre d'autres.

Le service de la dette croît avec le taux d'intérêt exigé par le marché des capitaux. On mesure la dette et le déficit public en points de PIB pour des raisons anecdotiques, d'ordre historique. En bonne logique, en effet, les dépenses devraient être comparées aux rentrées, et par conséquent aux recettes de l'État. Mais, en 1945 – époque où a été instauré l'usage de parler du déficit en points de PIB –, la plupart des nations se trouvaient dans une situation économique catastrophique, leurs recettes étaient impossibles à évaluer – en particulier pour les pays qui avaient été occupés –, et on a préféré mesurer leur dette publique par rapport à leur potentiel économique, comptant que ce dernier ne tarderait pas à se matérialiser avec le retour de la paix. La dette et le déficit étant évalués par rapport au PIB, leur chiffre augmente nécessairement au cours d'une récession, même si les sommes empruntées restent constantes.

Rien ne justifie non plus le fait que, dès lors que les finances d'un État se trouvent dans une mauvaise passe en raison d'une situation économique problématique, le déficit doive rester constant. Il est au contraire de bonne pratique qu'il augmente pour faire face aux problèmes de l'heure : pour utiliser le jargon macroéconomique, le déficit doit être « contracyclique ». Les interprétations de l'histoire économique en termes de « cycles » ne sont probablement pas valides, mais la notion de « mesure contracyclique » n'implique rien d'autre que la suggestion qu'il est parfois nécessaire, pour un État, de dépenser davantage alors que son financement s'amenuise. Il est ainsi parfois nécessaire de recourir à des mesures de relance coûteuses alors que la situation économique d'un pays se dégrade, et que les chiffres de sa dette et de son déficit publics exprimés en points de PIB croissent.

Dans le tableau que je viens de dresser, l'État qui accroît sa dette publique se subordonne délibérément – au nom de la communauté qu'il représente – au monde qui dispose du capital, c'est-à-dire au monde disposant d'argent en trop. Tout État endetté devrait prendre au sérieux le fait qu'il ne récolte pas par l'impôt tout l'argent qui lui est nécessaire, et en tirer les conséquences. Selon l'évaluation qu'il fera de son propre bilan, il aboutira à la conclusion soit que son endettement est injustifié – et il le réduira en conséquence en opérant les coupes budgétaires indispensables –, soit qu'il subventionne l'existence d'une classe qui possède de l'argent en trop, et qu'il rémunère sans nécessité, à titre de capital pour constituer les avances dont il a besoin, des sommes qu'il devrait plus logiquement percevoir par l'impôt.

Dans ce contexte de la dette publique, les citoyens ordinaires sont écrasés de trois manières différentes. Une première fois en étant surimposés, et cela même s'ils ne sont pas imposables : à travers la TVA, impôt non progressif qui les frappe par le biais de la consommation. Une deuxième fois par le service de la dette : 1) par le paiement d'intérêts sur les dettes qu'ils contractent personnellement ; 2) par le versement d'intérêts comme composante du prix des biens qu'ils acquièrent, autrement dit comme service de la dette contractée par les entreprises qui préfèrent emprunter plutôt que s'autofinancer en réinvestissant leurs bénéfices ; 3) dans la partie des charges diverses dont ils doivent s'acquitter et qui seront utilisées pour le service de la dette de l'État. Et une troisième fois, désormais, parce que, en vue d'équilibrer la dette de l'État, celui-ci réduira le montant des prestations sociales.

Cela alors même que l'État n'éprouve aucune difficulté à trouver preneur parmi ses propres citoyens pour les emprunts qu'il émet, prouvant par là qu'il existe des ressources inutilisées en abondance. Tant que des particuliers disposeront des moyens suffisants pour s'acheter des bons du Trésor, c'est-à-dire pour avancer des fonds à l'État alors que celui-ci doit, pour remplir ses obligations, emprunter, c'est qu'il se sera montré soit incapable de maîtriser son propre financement, si sa dette est injustifiée, soit, si celle-ci est justifiée, incapable de gérer sa fiscalité.

Les retombées de la crise des « subprimes » :
le « foreclosuregate »

En 2010, un vent de fronde se leva aux États-Unis parmi les propriétaires d'un logement menacé de saisie qui exigeaient désormais qu'on leur présente le titre de créance en possession de l'organisme qui leur avait accordé un prêt hypothécaire. La raison expliquant cette tactique dilatoire, c'est le fait que, dans le contexte, apparu au milieu des années 90, d'une titrisation de la grande majorité des crédits hypothécaires, le transfert de créance s'était fait par enregistrement électronique, le titre sur support papier restant bien souvent entre les mains de son premier détenteur. On parlait à ce propos de *foreclosuregate* – *foreclosure* étant le terme qui s'applique au processus de saisie, et la terminaison en *gate* étant là pour évoquer le complot du Watergate ourdi par Nixon et ses conseillers et dont la découverte signa la perte du président américain. Le *foreclosuregate* était remarquable en ceci qu'il n'était pas constitué essentiellement par ce qu'il était, mais davantage par l'identité de ceux qui en parlaient, et surtout par la manière dont ils en parlaient. Il était de ce point de vue révélateur d'un climat qui s'était singulièrement alourdi.

Commençons par rappeler les faits en quelques mots.

Dans le cas d'un crédit hypothécaire aux États-Unis, le titre de propriété d'une habitation demeure en possession de l'organisme prêteur jusqu'à ce que le principal ait été entièrement remboursé. Si le système légal américain exige toujours que le titre de propriété soit constitué d'un document sur support papier, le système financier, lui, est passé à l'enregistrement électronique en raison des transferts de créance multiples auxquels la titrisation des crédits hypothécaires est susceptible de donner lieu : les *mortgage-backed securities* (pour les prêts *prime*) et *asset-backed securities* (pour les prêts *subprime*), constitués de plusieurs milliers de crédits consolidés en une obligation unique se négociant sur un marché secondaire comme tout produit pouvant circuler par la revente.

Dans vingt-trois des cinquante États américains, la procédure exige que le titre de propriété soit présenté au tribunal pour que la saisie puisse avoir lieu. Pour faciliter la titrisation, les banques ont créé dès 1995 un système plus rapide et plus maniable de titres de propriété électroniques : MERS, pour Mortgage Electronic Registration

Systems (Systèmes d'enregistrement électronique des crédits hypothécaires). Au cours des années récentes, lorsqu'une banque envisage la saisie d'un logement pour non-paiement des échéances, elle a le choix entre retrouver le titre de propriété sur support papier ou bien reconstituer un document sur support papier à partir de l'information disponible sous forme électronique.

On avait donc affaire désormais à deux systèmes : le système lent à support papier, celui du droit, et le système rapide à support électronique, utilisé par la finance. Ils ne tardèrent pas à entrer en conflit : les incohérences entre eux débouchèrent sur de multiples erreurs, tandis que la perte de certaines informations encourageait certains établissements financiers à produire à la place des documents falsifiés, et que le nombre même des saisies les encourageait à traiter les dossiers de manière expéditive. Ainsi, des cabinets spécialisés dans le retraçage des transferts de créance furent pris la main dans le sac à forger des titres perdus et à faire tourner des « moulins à signatures » dont la célérité excluait que la validité des documents fût réellement vérifiée. Pis encore, le statut juridique des documents reconstitués fut mis en doute : MERS, compagnie privée, se demandait-on, était-elle véritablement habilitée à acter à titre quasi légal ?

Des accidents se produisirent, tels ceux qu'évoqua alors abondamment la presse américaine : telle famille dont le logement fut saisi alors qu'elle s'acquittait scrupuleusement du versement de ses traites, ou tel propriétaire chassé de sa maison de Floride alors qu'il avait réglé son achat au comptant. Les ménages menacés s'enhardirent, du coup, dans une guerre de harcèlement contre les banques qui tentaient de saisir leurs logements. Le 8 octobre 2010, Bank of America et GMAC (l'organisme de prêt de General Motors, faisant désormais partie du groupe Ally) jetèrent l'éponge en décrétant un moratoire sur les saisies en attendant que les incohérences résultant de l'existence des deux systèmes d'enregistrement parallèles soient réglées. Le 13 octobre, les procureurs généraux de l'ensemble des États-Unis prirent pour leur part la décision commune d'enquêter sur la validité de l'ensemble des méthodes utilisées par les banques engageant des procédures de saisie.

Prenant leurs désirs pour des réalités, certains ménages en rupture de paiement de leurs traites se convainquirent que toute impropriété avérée dans le dépistage du titre signifiait que la propriété du logement leur revenait pleinement – légende urbaine que les militants du *Tea Party* se complurent à colporter. Ceux-ci n'en étaient pas à leur coup d'essai, les milieux « libertariens » dont ils étaient issus répandant depuis de nombreuses années le bruit que la perception d'impôts par les autorités américaines au niveau fédéral tout comme au niveau des États était inconstitutionnelle !

Les contestations créaient un problème logistique pour les banques : leur coût était essentiellement dû au retard qu'elles causaient dans les procédures de saisie. Cela dit, le marché de l'immobilier était à ce point déprimé aux États-Unis qu'un étalement des ventes aux enchères résultant de ces saisies n'était pas forcément malvenu du point de vue des banques : à l'époque, l'engorgement était tel dans leur stock d'habitations qu'on comptait en décembre 2010 qu'il faudrait 107 mois pour l'écouler... Un retard supplémentaire ne pouvait donc sensiblement modifier la donne.

J'ai attiré l'attention, plus haut, sur un aspect du *foreclosuregate*, « constitué davantage par l'identité de ceux qui en parlent et par la manière dont ils en parlent ». À ce point de l'évolution de la situation, certains pensèrent en effet que le scandale déboucherait sur un blocage d'une durée indéterminée de ces saisies qui avaient déjà affecté 6,7 millions de foyers américains, et ils s'en réjouissaient bruyamment. Ce qui faisait la popularité du *foreclosuregate* dans la presse américaine, c'était en effet sa dimension « David contre Goliath », dans un contexte où le traitement scandaleusement déséquilibré des prêteurs et des emprunteurs par les instances dirigeantes, depuis le début de la crise, révulsait l'opinion.

On en était là quand on apprit que Fannie Mae et Freddie Mac, les piliers du système de titrisation américain – même s'ils étaient moribonds depuis l'automne 2008 –, qui avaient participé à la mise en place du système d'enregistrement MERS, s'étaient mis d'accord pour définir un robuste protocole de constitution d'un titre papier à partir d'informations purement électroniques. Bank of America et GMAC levèrent leur moratoire le 18 octobre. Et les saisies reprirent leur cours.

Il est donc bien possible que le *foreclosuregate* ait constitué le type même de l'affaire qui n'a jamais vraiment eu lieu. À ceci près qu'il a été crucial à au moins un titre : précisément l'importance qu'on lui attribua dans une fraction considérable de la classe politique américaine, de la gauche, représentée par le sénateur démocrate Alan Grayson, croisé émérite de la lutte contre Wall Street, et d'Yves Smith, influente blogueuse du site *www.nakedcapitalism.com*, à l'extrême droite, représentée, elle, par le très « poujadiste » *Tea Party*, devenu l'une des principales composantes du Parti républicain. Le fait est que dans ces divers courants représentant sans doute, mis ensemble, une majorité de l'opinion américaine, on en était venu à souhaiter ardemment qu'intervienne un événement qui, après deux ans de vaine attente, punisse enfin Wall Street de ses crimes. D'où l'espoir exagéré que suscitaient des péripéties telles que celles qui furent regroupées sous le nom de *foreclosuregate*, nom choisi à dessein pour suggérer l'existence d'un scandale d'une ampleur telle que, pareil à son célèbre prédécesseur, le Watergate, il modifierait radicalement la donne politique américaine.

Si l'opinion publique comptait désormais, pour punir Wall Street, sur un événement qui s'apparente à l'intervention de la justice divine, c'est qu'aucun doute n'était plus permis : la punition ne viendrait pas des hommes. Passons sur le fait que Goldman Sachs et Angelo Mozilo, ancien patron de Countrywide, avaient été condamnés à des amendes et à des restitutions se chiffrant à 550 millions de dollars pour la première et à 67,5 millions pour le second – ces montants demeuraient dérisoires par rapport aux pertes qu'ils avaient causées sans même avoir admis la moindre responsabilité de leur part –, et constatons que ni la justice, ni les régulateurs des marchés financiers, ni les représentants du peuple, ni l'administration, ni le gouvernement américain, qui disposaient pourtant, chacun, du pouvoir nécessaire et avaient eu de multiples occasions de mettre en accusation les coupables, voire de les punir, n'avaient jugé bon de le faire.

Les électeurs qui avaient élu Obama pensaient avoir voté contre Wall Street et ses méfaits. Ceux qui avaient voté McCain également, et à plus juste titre sans doute. Tous devaient cependant rapidement déchanter. Un raz de marée républicain aux élections de mi-mandat du 2 novembre 2010 ne devait, lui non plus, rien changer, et les cyniques allaient avoir beau jeu d'affirmer que la liberté du peuple américain se limitait à un choix très restreint : voter soit pour la chambre de commerce des États-Unis, soit pour Wall Street.

Plus sérieux sans doute du point de vue de l'avenir des banques était un autre mouvement de contestation qui se développait en parallèle et qui risquait, avec le *foreclosuregate*, de les prendre en tenailles. Il ne s'agissait pas cette fois d'emprunteurs tirant parti des incohérences d'un double système d'enregistrement, mais d'investisseurs ayant acheté MBS et ABS. Le nœud de l'affaire était que l'investisseur bénéficiait d'un recours si un prêt intégré dans l'un de ces titres se révélait frauduleux : il pouvait alors exiger de le faire remplacer au sein du titre par un crédit de bon aloi, voire se faire simplement rembourser.

Jusque-là, les plaintes ne rassemblaient que des « petits porteurs », dans ce que les Américains appellent des *class actions* : des plaintes déposées par des regroupements de consommateurs ; ces recours s'étaient enlisés dans un bourbier juridique. Tout changea à la mi-octobre, quand des plaintes furent cette fois déposées par d'authentiques poids lourds. Il s'agissait dans le premier cas d'une alliance entre PIMCO, le plus important fonds obligataire américain (membre du groupe d'assurances allemand Allianz), de BlackRock, gestionnaire de fonds, héritier en particulier de certains produits toxiques de l'assureur AIG (voir Jorion 2009c : 309), et de la Federal Reserve Bank of New York, sortant là de l'attitude de neutralité que l'on peut attendre d'une des composantes de la Federal Reserve, la banque centrale américaine. Dans le second cas, il s'agissait de rien de moins que de la Federal Housing Finance Agency, le régulateur des *government-sponsored enterprises*, Fannie Mae et Freddie Mac, qui avait contacté un cabinet d'avocats, Quinn Emanuel – dont on précisait qu'il n'avait pas de clients dans le secteur bancaire – en vue de se préparer à intenter des actions en justice.

La cible commune de tous ces intervenants : les banques qui avaient titrisé les crédits hypothécaires et qui demeuraient responsables de leur qualité, même lorsque ceux-ci avaient été regroupés en MBS et en ABS. Était visée tout particulièrement Bank of America, qui avait racheté au moment de sa chute, en juillet 2008, Countrywide, jusque-là principal dispensateur de crédit hypothécaire aux États-Unis. N'étaient pas épargnées non plus des banques à la réputation moins sulfureuse, telle Wells Fargo, la grande banque de San Francisco. L'évaluation du coût total, pour les banques, d'actions en justice intentées contre elles et couronnées de succès variait entre 55 et 179 milliards de dollars.

Les ennuis du *foreclosuregate* avaient déjà contribué à faire baisser la valeur des titres des principales banques émettrices de MBS et d'ABS ; la nouvelle offensive des poids lourds qu'étaient PIMCO, la Federal Reserve de

New York, BlackRock et les jumeaux maudits Fannie et Freddie leur assena un nouveau coup de bélier, celui-ci beaucoup plus sérieux : le titre Bank of America perdit ainsi près de 15 % de sa valeur en dix jours.

Pourquoi l'intervention de ces poids lourds modifiait-elle la donne ? Parce qu'il existait jusqu'ici un cercle vicieux : pour pouvoir affirmer qu'il y avait fraude, il fallait que le plaignant identifiât nommément les crédits frauduleux, ce qui était pratiquement impossible en l'absence d'un accès aux documents. Étant un régulateur, la Federal Housing Finance Agency avait cependant, elle, la possibilité d'exiger d'obtenir copie de tout document dont elle souhaitait avoir connaissance (procédure du *subpoena*).

La Federal Reserve Bank de New York se trouvait désormais dans une situation inédite : plaignante contre des banques commerciales américaines, elle était également par ailleurs – au titre de composante de la Fed – prêteur de dernier recours pour ces mêmes banques. Pourquoi la FRNY se retrouvait-elle en position de plaignante ? Parce que, quand fit faillite en mars 2008 Bear Stearns, à l'époque cinquième banque d'investissement de Wall Street (Lehman Brothers était la quatrième et devait tomber six mois plus tard), JP Morgan récupéra les restes de la firme, mais bénéficia d'une aide substantielle de la part de la Fed. Comme legs du sauvetage, la FRNY hérita du cadeau empoisonné que constituaient les produits financiers toxiques détenus par Bear Stearns : des ABS essentiellement. Le secrétaire au Trésor, Henry Paulson, avait déclaré à l'époque qu'un sauvetage comme celui de Bear Stearns ne pourrait être renouvelé, et il ne le fut pas pour Lehman Brothers, avec les conséquences que l'on sait. La vraie raison, on le comprit ensuite, c'était la qualité abominable des produits toxiques dont la FRNY avait hérité. Dès lors, on n'en parlait plus. Jusqu'à ce que la banque fédérale régionale décide de nous rappeler brutalement un vieil adage : La vengeance est un plat qui se mange froid.

Goldman Sachs :
la fin de l'intégrité du marchand

Le secteur financier avait refusé d'endosser pleinement ses responsabilités dans l'origine de la crise. Dans les mois qui ont suivi la chute de Lehman Brothers, il a tenté de reprendre le pouvoir qui lui avait brièvement échappé par une mise de fonds sans précédent : un million de dollars par membre du Congrès, si l'on en croit le président Obama.

Ayant lamentablement échoué dans son attaque frontale contre le milieu financier, l'administration américaine se tourna alors vers les seules tactiques offertes à celui pour qui le rapport de forces est défavorable : harceler l'ennemi par tous les moyens possibles.

Le résultat, on eut l'occasion de le voir lors de l'audition des dirigeants de Goldman Sachs devant la sous-commission d'enquête du Congrès américain, le 27 avril 2010 : Mr. Lloyd Blankfein, PDG de la firme, joua à l'anguille, tandis que, face à lui, et sans se démonter, Carl Levin, président de ladite sous-commission, posant nonchalamment le coude sur un énorme dossier, dit en substance à son interlocuteur : « Cause toujours, mon lapin : j'ai là 980 pages d'accusations. »

Une question se posait bien sûr à propos de l'épaisseur du dossier : s'agissait-il d'un cas de « faute à pas de chance », apparaissant sous un jour défavorable en raison d'une soudaine hypersensibilité – toute conjoncturelle – à la fraude, ou bien s'agissait-il d'une « faute à quelqu'un » ? Mais il n'y pas que la justice pour intenter des procès, il y a aussi – surtout aux États-Unis – les journalistes de la presse financière et les blogueurs : le seul fait de connaître l'épaisseur du dossier leur donna des ailes, et ils remplirent à la vitesse grand V les blancs dans nos explications. Leur acte d'accusation à eux devint rapidement beaucoup plus volumineux que celui de l'administration, et rien ne permet de penser que leur effort soit près de faiblir.

Lorsqu'il était devenu évident, en février 2007, qu'une crise de dimension cataclysmique s'ébauchait dans le secteur *subprime* de l'immobilier résidentiel américain, un sauve-qui-peut généralisé s'empara des banques américaines qui en possédaient des quantités substantielles en portefeuille. L'image que l'on s'en était faite était que ces produits financiers apparaîtraient aux yeux du public comme des placements de bon père de famille, et que des myriades de petits investisseurs se les partageraient. Dans la réalité, l'évaluation erronée du risque associé à ces produits par les agences de notation les a fait paraître d'un taux de rendement extraordinairement élevé par rapport au risque encouru, et ce sont les banques elles-mêmes qui, durant les années 2000-2006, les ont acquis en quantités colossales et accumulés dans leurs portefeuilles.

Rien, dans ce que nous savons a posteriori, ne suggère qu'il y ait eu, chez ces banques qui refilèrent à leurs clients les pertes qui s'annonçaient, face au cataclysme imminent, le moindre d'état d'âme : elles mirent au point en un rien de temps des produits financiers qui leur permettraient de parier, dans une configuration de profit optimale, sur la chute de ce qui apparaissait soudain comme un secteur du crédit condamné globalement, et elles se tournèrent vers leurs clients les plus fidèles, victimes toutes désignées qui leur permettraient, à elles, de se tirer d'affaire. La justification qu'elles se donnèrent pour agir de la sorte était simple : après tout, leurs clients étaient des intervenants « avertis » – *sophisticated* en américain – sur les marchés financiers, et s'ils achetaient les produits frelatés qu'on leur offrait, ce devait être en toute connaissance de cause. L'hypocrisie alla beaucoup plus loin encore : « Qui sait, se disait-on dans ces firmes, c'est peut-être eux, après tout, qui ont raison dans l'évaluation du marché ? » La fiction qui règne en maître dans toute entreprise, selon laquelle le client est roi, se transformait en farce.

Lorsque des commissions d'enquête se mirent en place aux États-Unis, en 2010, et qu'elles examinèrent les exactions auxquelles les banques d'investissement s'étaient livrées à l'encontre de leurs clients, la ligne de défense que les représentants des firmes incriminées adoptèrent – au premier rang desquelles se trouvait donc Goldman Sachs – fut différente. Le stade des tout derniers scrupules avait été dépassé, et les banques d'investissement affirmèrent avec une conviction apparemment inébranlable que leur rôle commercial de *market maker*, de « teneur de marché », ne requérait en réalité aucune loyauté envers le client, ni non plus un devoir moral lié au fait que celui-ci considérait son vendeur comme digne de confiance. À les entendre, le « teneur de marché » n'aurait été qu'un simple intermédiaire entre deux autres parties : des vendeurs et des acheteurs « sophistiqués », c'est-à-dire à même de juger tous deux en parfaite connaissance de cause de la qualité – ou, le cas échéant, de son absence – d'un produit.

Le teneur de marché, affirma-t-on, vend un produit financier à qui est disposé à l'acheter, et l'achète à qui est prêt à le lui vendre, faisant son bénéfice de la différence entre les deux prix sans avoir pour autant une opinion précise sur sa qualité, dimension qui n'est en l'occurrence pas pertinente. La qualité du produit est sans importance pour l'acheteur, puisque le niveau auquel le marché fixe son prix évalue celle-ci correctement. Il s'agit là, faut-il le rappeler, de l'un des mythes fondateurs de la « science » économique contemporaine, cautionné par un nombre impressionnant de Prix Nobel d'économie. Aussi, aux yeux des représentants de Goldman Sachs, les sénateurs qui les interrogeaient, tout comme d'ailleurs l'opinion publique, partageaient une conception surannée du marché où le client s'attend à ce que le produit qu'on lui vend soit de bonne qualité. Les acheteurs, déclara la firme, sont désormais des adultes avertis qui achètent du *risque*, et le fait est que c'est précisément cela qu'ils reçoivent en échange ; si leurs yeux devaient se révéler a posteriori plus gros que leur ventre, tant pis pour eux : le marché fait en sorte – du moins en principe – que le *coupon*, le taux d'intérêt alloué, reflète le risque effectivement couru. « Du moins en principe » : car si le marché n'est pas transparent, il y aura effectivement *mismatch* entre coupon et risque. C'est pourquoi les représentants de Goldman Sachs pouvaient s'indigner qu'on suggérât une régulation plus stricte : les marchés se passent de réglementation, puisque, dans la conception que les financiers partagent avec les économistes, la *transparence* est censée faire tout le travail (j'expliquerai plus loin pourquoi).

Cette alternative : *réglementation* ou *transparence*, pourrait symboliser le fossé qui existe désormais entre le monde ordinaire et celui des économistes et financiers. Mais il en est une autre qui apparut elle aussi en pleine lumière à l'occasion de ces dépositions : la distinction entre un instrument financier présentant une fonction assurantielle et un pari pur et simple, qui crée artificiellement un risque là où il n'en existait pas. Aux yeux des sénateurs américains comme à ceux du public, la différence entre les deux était flagrante, alors qu'aux yeux des financiers elle n'existait tout bonnement pas : transaction légitime et pari tombent pour eux dans la même catégorie du *transfert de risque*. Lors de l'audition du 27 avril, Mme le sénateur McCaskill rappela au patron de Goldman Sachs la différence existant entre une assurance et un pari. Lloyd Blankfein lui répondit que pour le *market maker* il n'y avait entre les deux aucune différence, à quoi elle répondit du tac au tac que pour l'Américain moyen le problème résidait probablement là.

Développement apparemment paradoxal, ce ne furent pas les régulateurs qui levèrent le lièvre, mais un livre : *The Big Short*, de Michael Lewis (Lewis, 2010), un auteur qui, vingt et un ans auparavant, dans un bestseller intitulé *Liar's Poker* (Lewis, 1989), avait dénoncé les mœurs des grandes banques d'investissement de Wall Street, et plus particulièrement de la firme Salomon Brothers, qui l'avait employé. Il expliqua, à propos de son premier ouvrage publié en 1989, soulignant d'ailleurs sa perplexité à ce sujet, qu'un livre qui constituait à ses yeux une dénonciation de comportements inavouables dans le monde financier avait au contraire été reçu avec enthousiasme par une génération de « jeunes loups » qui en avaient fait, dans le monde des banques d'affaires, le vade-mecum d'une élite de traders et de commerciaux aux dents longues !

Publié en avril 2010, le nouveau livre de Lewis relatait de façon détaillée la campagne entreprise par Wall Street quand il devint évident que les titres émis dans le secteur *subprime* sombraient, et que le seul espoir de survie, pour ceux qui les détenaient en grandes quantités – ce qui était le cas de Wall Street dans son ensemble –, résidait dans leur vente immédiate et, mieux encore, dans des paris portant sur leur perte, afin de réaliser un gain rapide pouvant rapporter des sommes plus élevées encore que le risque effectivement couru. La démonstration qu'offre le livre est brillante, démontant les mécanismes et mêlant les récits d'acteurs interrogés par Lewis à sa propre narration, où le cynisme des uns et des autres est mis en scène avec humour et talent. L'auteur a le sens de la formule, et certaines, c'est sûr, seront non seulement répétées, mais iront s'inscrire dans la mémoire que l'on gardera des années du Grand Tournant. Qui contestera par exemple que « la meilleure définition peut-être pour "investir" est "parier en ayant mis toutes les chances de son côté" » (Lewis 2010 : 256) ?

Après avoir constaté que, dans une belle unanimité de ses principaux protagonistes, Wall Street puisa dans la caisse, et que chacun – qu'il ait été de ceux qui parièrent sur l'effondrement du système financier ou de ceux qui conservèrent le secret espoir de son rétablissement jusqu'au 15 septembre, quand la chute de Lehman Brothers entraîna à sa suite le système entier – se retrouva donc quand même avec en poche quelques dizaines de millions de dollars au moins, Lewis pose la question qui s'impose : « Pourquoi des gens prendraient-ils des décisions financières intelligentes s'il n'y a pour eux aucun impératif à ce qu'il en soit ainsi, et s'ils peuvent devenir riches tout aussi bien en prenant des décisions stupides ? » (*ibid.*, 257). Pour finir sur un constat dont on découvrira a posteriori qu'il joua un rôle décisif dans ce Grand Tournant : « Les financiers les plus puissants et les mieux payés du monde avaient été entièrement discrédités. Sans l'intervention des gouvernements, chacun d'entre eux aurait perdu son poste ; et pourtant, ces même financiers utilisèrent les gouvernements pour s'enrichir encore davantage » (*ibid.*, 262). On avait attribué une expertise à ces financiers. Quand on découvrit que celle-ci était illusoire, on imagina que l'arrogance qui avait cette expertise pour excuse se serait évanouie avec le mirage. Il n'en fut rien, et l'évidence s'imposa : il n'avait jamais été question d'expertise, on n'avait jamais eu affaire qu'à un simple rapport de forces. Et celui-ci était maintenant pleinement visible, nu et glacé.

Une fois l'inéluctabilité de l'issue connue, Wall Street avait mis au point une double stratégie, selon les deux lignes d'approche que je viens d'indiquer : d'abord, se débarrasser des produits financiers toxiques ; ensuite, tenter de se refaire à l'aide de paris biaisés en faveur de la banque – la preuve étant faite qu'un tel biais n'existe pas seulement au casino !

Le moyen le plus expéditif pour se débarrasser des produits financiers toxiques adossés à des crédits hypothécaires *subprime* consistait à les reconditionner à l'échelle industrielle. On utilisa pour cela un instrument de dette appelé CDO (*collateralized debt obligation*). Un CDO rassemble sous un même emballage un ensemble de « tranches » d'ABS (*asset-backed securities*), qui sont des titres composés chacun d'une collection de quelques milliers de crédits, en particulier de crédits hypothécaires *subprime*. Une *tranche* – l'américain utilise ce terme français ; on dit aussi *certificat* – est, comme son nom l'indique, une découpe du flux financier qui alimente le CDO en différentes parties caractérisées par un risque de non-remboursement et de paiement anticipé spécifique, et par un taux d'intérêt reflétant ce risque ; cette découpe regroupera différemment, par exemple, les versements d'intérêts, les sommes qui correspondent à l'amortissement du principal, les remboursements anticipés, etc. Les émetteurs de CDO, en partenariat avec certains de leurs clients qui parièrent par ailleurs sur la très mauvaise performance de ces titres, s'arrangeaient pour y regrouper les crédits hypothécaires dont la probabilité qu'ils ne seraient jamais remboursés était la plus élevée. Cette sélection négative intentionnelle n'était bien entendu pas signalée aux acheteurs éventuels de ces produits.

Accusée de duplicité dans une plainte déposée en avril 2010 par la SEC (Securities and Exchange Commission), le régulateur des marchés financiers américains, la banque Goldman Sachs devait affirmer, lorsqu'elle serait poursuivie pour fraude, que cette sélection négative des crédits titrisés ne constituait pas une information pertinente qu'il aurait fallu notifier aux clients potentiels. La ligne de défense était, comme je l'ai dit, que la banque se contentait d'intervenir en tant qu'intermédiaire entre acheteurs et vendeurs. L'affaire allait se régler, pour la firme, en juillet 2010, par une amende de 300 millions de dollars et par le versement de 250 millions additionnels en compensation à deux banques lésées : Royal Bank of Scotland (pour avoir racheté la banque néerlandaise ABN-AMRO, la véritable victime) et IKB, la première banque à tomber dans la crise des *subprimes* en Allemagne, en juillet 2007. Cette somme de 550 millions, la presse le souligna d'emblée, ne représentait, pour la firme, qu'environ une semaine de bénéfices. Il ne s'agissait cependant pas, pour la SEC, de l'abattre en lui infligeant une amende colossale – si l'on avait voulu la pénaliser de manière majeure, il aurait été plus simple de lui interdire pour un temps un certain type d'activité –, mais, en lui faisant admettre une faute, de donner le feu vert à quiconque voudrait la poursuivre en justice pour des pertes subies du fait d'un produit qu'elle vendait.

L'accusation ne portait que sur un cas bien précis, celui du CDO intitulé ABACUS 2007-AC1, mais la reconnaissance par Goldman Sachs, dans la publication judiciaire, d'une erreur de son fait permettait que des plaintes fussent déposées par des firmes se considérant comme lésées dans des cas apparentés, non seulement contre Goldman Sachs, mais aussi bien contre tous autres établissements financiers qui auraient agi de même manière dans le même type de contexte.

Qu'il ait fallu la publication d'un livre révélant ces abus pour que les régulateurs interviennent, voilà qui soulignait à quel point le rapport de forces avait été défavorable à ceux-ci dans la période précédant le déclenchement de la crise, soit qu'ils aient choisi de rester silencieux alors que la situation leur était connue, soit qu'ils n'en aient rien su alors que leur fonction était pourtant le contrôle et la surveillance de ces activités – activités qu'un essayiste parvenait sans difficulté à se faire expliquer, dans leurs tenants et leurs aboutissants, par une dizaine de témoins au moins.

Voilà pour la première stratégie possible, celle consistant à se débarrasser aussi vite que possible de produits financiers toxiques et à donner éventuellement un coup de main à un client disposé à parier sur leur dépréciation ; l'ampleur du désastre en gestation conduisit cependant les grandes banques de Wall Street à vouloir faire davantage. Elles ne se contentèrent pas de parier sur la perte d'un produit financier qu'elles vendaient par ailleurs à leurs clients – en utilisant à cette fin les CDO –, elles mirent au point un nouvel instrument financier permettant de démultiplier les gains que la dépréciation d'un CDO était susceptible d'occasionner : le CDO *synthétique*.

Contrairement à un CDO, un CDO synthétique n'est pas un instrument de dette, ce qui veut dire qu'avec lui il n'existe pas, comme avec un CDO, de flux financiers alimentés par des emprunteurs payant des traites. Un CDO synthétique constitue un pur pari sur la valeur d'un CDO. Les sommes qui seront versées ne sont donc pas des flux financiers provenant des emprunteurs, ce sont les sommes promises par ceux des parieurs qui perdront le pari à ceux qui le gagneront.

D'un point de vue purement technique, un CDO synthétique est donc un produit dérivé d'un CDO : la référence d'un CDO synthétique, ce qui définit son rendement, c'est le comportement d'un CDO sous-jacent. Le moyen par lequel s'opère cette « dérivation », c'est le produit dérivé appelé CDS, le *credit default swap* dont il a déjà été longuement question à propos de la crise de la dette publique en Grèce.

Je rappelle qu'un CDS peut être assimilé à une assurance où celui qui s'assure paie une prime à l'assureur, et où celui-ci, en échange, s'engage à compenser l'assuré pour toute dépréciation que pourrait subir le produit assuré. La différence essentielle avec une assurance proprement dite – et elle est de taille –, c'est que le détenteur d'un CDS ne doit pas nécessairement être propriétaire de l'objet qu'il « assure ». Je rappelle également l'image souvent utilisée à propos du CDS pour souligner l'*aléa moral* qu'il comporte : « Assurer contre le vol la voiture du voisin » – l'aléa moral étant l'incitation à l'abus inscrite dans une situation de ce type.

Un CDO synthétique est un CDS portant sur un CDO ; on écrirait en mathématiques :

$$\text{CDO synthétique} = \text{CDS (CDO)}$$

Qu'est-ce à dire ? Cela signifie qu'un CDO synthétique est une « assurance » contre la dépréciation d'un CDO, mais, celle-ci étant déconnectée entièrement – aussi bien pour l'« assureur » que pour l'« assuré » – de la propriété du CDO sous-jacent (autrement dit, des flux financiers auxquels ce CDO donne droit), le CDO synthétique est un pur et simple pari.

Le vocabulaire utilisé pour les CDO synthétiques semble un peu traître en ce qu'il est contre-intuitif. On serait tenté de dire que l'« assureur », celui qui encaisse la prime et qui compensera l'« assuré » pour sa perte éventuelle, est un vendeur – étant celui qui « vend » une police d'assurance –, et que celui qui s'assure est un acheteur, puisqu'il « achète » une police d'assurance ; et c'est en effet en utilisant les termes de cette manière-là que la presse a rendu compte des CDO synthétiques tout au long de la crise, usage que Michael Lewis adopte lui aussi dans *The Big Short*. Or le vocabulaire financier technique inverse les rôles : il appelle l'assureur « acheteur », et l'assuré, « vendeur ». La raison en est la suivante : l'analogie utilisée dans le cas du CDO synthétique n'est pas empruntée au domaine de l'assurance, mais à celui de la Bourse et des marchés à terme. À la Bourse, l'acheteur bénéficie du fait que le prix de l'action est à la hausse ; or, dans le cas du CDO synthétique, celui qui bénéficie quand le prix du CDO sous-jacent est à la hausse, c'est l'« assureur », puisque, à l'inverse, quand le prix baisse, il doit débourser. Donc l'« assureur » est appelé « acheteur », et l'« assuré », par opposition, « vendeur ».

Dans un pari, il n'y a de limite ni au nombre de parieurs, ni au montant des enjeux : le nombre de parieurs convaincus que Belle de mai gagnera dans la quatrième à Saint-Cloud est potentiellement illimité, et il en va de même pour les sommes qu'ils sont prêts à parier. Le même principe vaut pour les CDO synthétiques. Celui qui achète le produit financier qu'est un CDO n'obtiendra, lui, jamais des sommes supérieures au flux financier constitué par l'ensemble des traites payées mensuellement par les emprunteurs dont les crédits constituent le titre. Au contraire, la somme que peut potentiellement gagner le « vendeur » d'un CDO synthétique est en principe illimitée : elle dépend seulement de la quantité de paris qu'est prête à accepter la partie adverse, les « acheteurs », en échange des primes qui leur sont versées.

On comprend maintenant comment les firmes de Wall Street, quand elles réalisèrent l'ampleur du cataclysme en gestation dans le secteur des titres adossés à des crédits hypothécaires *subprime*, jugèrent qu'elles pourraient se refaire en se portant « vendeuses » de CDO synthétiques, c'est-à-dire en s'assurant contre une dépréciation des CDO servant de référence à ces CDO synthétiques. Et elles s'efforcèrent de se trouver le plus grand nombre possible de contreparties disposées à jouer le rôle d'assureurs en échange du versement d'une prime. Se porta volontaire dans cette fonction, loin devant les autres, la compagnie d'assurances American International Group (AIG), dont le sauvetage par l'État américain devait coûter 182,5 milliards de dollars en débours et garanties diverses, mais aussi un ensemble de compagnies plus petites, appelées *monoline*, dont la niche, avant qu'elles ne s'aventurent sur ce terrain miné des CDO et autres titres adossés à des crédits douteux, consistait essentiellement à assurer les emprunts émis par les *munis*, les autorités locales américaines.

On devait ainsi faire la grimace, le 3 mai 2010, chez Goldman Sachs, en ouvrant au matin le *Wall Street Journal* et en y découvrant un article signé Carrick Mollenkamp et Serena Ng, intitulé « Senate's Goldman Probe Shows Toxic Magnification » : « L'enquête du Sénat portant sur Goldman Sachs révèle une démultiplication de la toxicité ». Le sous-titre de l'article était encore plus explicite : « Les banques de Wall Street reconditionnaient les mêmes obligations en de multiples titres, disséminant l'infection dans de nombreux CDO ».

Le *Wall Street Journal* montrait sur un exemple particulier comment une « tranche » d'ABS (*asset-backed security*) composée de crédits *subprime*, appelée Soundview Home Loan Trust 2006-OPT5 M8, se retrouva comme objet de pari au sein de trente CDO synthétiques distincts, ainsi que dans la base de calcul du fameux indice ABX, créé conjointement par Goldman Sachs et Deutsche Bank, et dont j'ai rapporté en détail les aventures dans *L'Implosion* (Jorion 2008a : 108 à 128). Un certificat représentant 38 millions de crédits hypothécaires parvint ainsi à faire perdre 280 millions de dollars à des clients de Goldman Sachs et de la banque japonaise Mizuho International lorsqu'il s'effondra.

Comment une telle démultiplication de la toxicité est-elle possible ? C'est que, comme nous l'avons vu, si un CDO est véritablement constitué d'un portefeuille de titres, un CDO synthétique est, lui, un simple pari sur ce portefeuille par le biais d'un CDS (*credit default swap*). De même pour les paris à l'aide d'un CDS sur les quatre indices ABX correspondant à différentes notations (AAA, AA, etc.), dont chacun mesurait la performance d'un panier de vingt ABS. Ce sont ces multiples paris sur les fluctuations du prix de Soundview Home Loan Trust 2006-OPT5 M8 qui expliquent pourquoi les pertes dépassèrent de beaucoup le montant réellement exposé (de la même manière que le montant des paris sur l'évolution de l'indice CAC 40 peut rapidement dépasser la somme du prix des 40 actions au sein du panier constituant l'indice, si les parieurs sont nombreux).

En multipliant, dans une tentative désespérée pour se refaire rapidement, les paris sur la dépréciation des titres adossés à des crédits *subprime*, Goldman Sachs ne s'était pas contentée de jouer un rôle passif dans la crise, mais en avait délibérément démultiplié les effets ravageurs. Les sénateurs américains en feraient la remarque à de multiples reprises aux représentants de la firme qu'ils interrogèrent lors de l'audition du 27 avril 2010. Était offert à la face du monde le spectacle inédit d'une industrie financière précipitant sa propre perte en pariant sur celle-ci, et démarchant fébrilement, pour leur faire accepter le pari, des contreparties éventuelles moins pessimistes qu'elle, ces dernières ignorant pour leur part la détermination du secteur bancaire à gagner coûte que coûte, fût-ce au prix de sa perte, et étant privées du coup de cette information cruciale quant à leurs propres chances de l'emporter. La stratégie adoptée ne paraît invraisemblable que si l'on suppose qu'il existerait un intérêt collectif de cette industrie financière. Or, dans le climat de sauve-qui-peut généralisé qui s'était développé, il ne s'agissait plus, pour chacune des banques impliquées, que de tirer son épingle du jeu avant l'effondrement final.

J'ai défini plus haut l'aléa moral comme étant l'incitation à l'abus inscrite de manière constitutive dans un certain type de situation. Or le déroulement de la crise a mis en évidence une multitude de configurations impliquant un aléa moral. Ainsi, la titrisation implique en soi un tel aléa moral. Dans la titrisation, l'émetteur du titre, ayant accordé les crédits qui sont reconditionnés par paquets de plusieurs milliers selon des critères qu'il a lui-même définis, se défait du risque de non-remboursement en le transmettant à l'acheteur du titre. Son propre intérêt dans l'opération, ce sont les commissions qu'il prélève au passage. N'étant plus exposé au risque, mais bénéficiant directement de tout accroissement du volume de la titrisation, il est incité à relâcher les critères utilisés dans la décision d'accorder ou non un crédit.

Durant la crise, l'aléa moral a souvent pris la forme suivante : alors qu'une situation est déjà mal engagée, il existe de facto, pour les acteurs impliqués, une incitation – en général financière – à l'aggraver encore. L'exemple type est celui des firmes définies comme *too big to fail* – trop importantes pour qu'on les laisse faire défaut en raison du *risque systémique* que leur défaillance entraînerait, à savoir une contagion de leur défaut à l'ensemble du système économique. Dans un tel contexte, les opérations les plus risquées de ces firmes sont encouragées de fait, puisque, d'une part, ce sont celles qui débouchent sur les plus gros profits (et aussi, bien entendu, sur les pertes les plus sévères), et que, d'autre part, le risque pour elles est neutralisé du fait que, s'il devait se matérialiser, l'État interviendrait automatiquement pour se porter à leur secours. Dans la situation née de la mise au point du CDO et du CDO synthétique, l'aléa moral atteignit son comble, puisqu'il devenait avantageux pour les banques américaines de parier sur l'effondrement de l'industrie du crédit dans le secteur de l'immobilier résidentiel, avec les conséquences que cela pouvait avoir sur l'économie dans son ensemble. De manière révélatrice, quand, en juillet 2010, les parlementaires et sénateurs américains votèrent conjointement un ensemble de lois censées réformer la finance, le *financial overhaul*, ou loi Frank-Dodd, du nom de ses promoteurs, long de quelque 2 300 pages, aucune des mesures comprises dans le projet de loi ne visait à prévenir ce type de comportement suicidaire pour l'industrie financière…

*La corruption des marchés boursiers
et la perte de confiance qui en résulte*

Au moment où la crise éclate, en 2007, l'épargne des ménages américains se partage en gros de la manière suivante : 60 % environ sont constitués de capital captif dans le logement dont ils sont propriétaires – pour ceux qui le sont –, 40 % environ, d'actions de sociétés cotées en Bourse. Dans un contexte où la progression du prix de l'immobilier était considérée comme l'équivalent d'une « loi naturelle », les Américains avaient pris l'habitude de s'acheter une maison plus vaste que celle correspondant à leurs besoins afin de maximiser le gain réalisé à la revente, le fameux « effet de levier » d'un crédit hypothécaire – qu'il partage d'ailleurs avec toute opération financière effectuée à l'aide de sommes empruntées. Parvenus à l'âge de la retraite, ils revendraient cette maison pour en acheter une autre correspondant cette fois à leurs besoins réels, et vivraient ensuite du pécule représenté par la différence entre le prix de l'ancienne habitation et celui de la nouvelle[7]. La prétendue « loi naturelle » d'une grimpée constante du prix de l'immobilier fut balayée par la crise : à l'instant où j'écris (décembre 2010), le prix a baissé de 28 % depuis son plus haut, en juillet 2006, et le mouvement à la baisse n'est sans doute pas terminé.

Reste alors aux ménages, pour se refaire, la Bourse.

Bien que la possession d'un portefeuille d'actions par les ménages soit beaucoup plus commune aux États-Unis que dans la plupart des autres pays, ceux qui n'en possèdent pas ont cependant généralement accès, par leur employeur, à une forme de pension par capitalisation appelée « 401 (k) », dont l'une des composantes au moins est constituée d'actions. Le nom rébarbatif, *401 (k)*, renvoie à l'article mentionnant la formule dans le Code des impôts américain. Le détenteur d'un plan 401 (k) y cotise, et la firme qui l'emploie y contribue aussi plus ou moins généreusement selon les cas, en général sous forme d'une allocation d'actions de la firme elle-même.

Lorsque la crise éclata pour être immédiatement suivie d'une récession brutale, la part des plans 401 (k) constituée d'actions ou de Sicav se déprécia considérablement. Les pertes d'emplois obligèrent aussi certains ménages à puiser dans cette cagnotte. Ceux d'entre eux qui possédaient un portefeuille boursier s'en débarrassèrent souvent, soit pour minimiser leurs pertes, soit pour consacrer à des dépenses plus urgentes les sommes ainsi réalisées. Quoi qu'il en soit, en l'absence de tout espoir de reprise sur le marché immobilier et de toute autre alternative, une remontée de la Bourse apparut aux autorités en place comme un moyen privilégié de regonfler le patrimoine des ménages.

À partir de mars 2009, la Bourse américaine connut une reprise, avec d'ailleurs une constance et une régularité qui semblèrent éminemment suspectes aux acteurs des marchés financiers. Si bien que la rumeur se répandit que la Federal Reserve intervenait régulièrement sur les marchés boursiers pour en soutenir les cours. Il existe en effet aux États-Unis une équipe appelée Working Group on Financial Markets (Groupe de travail sur les marchés financiers), plus souvent mentionnée sous son sobriquet de *Plunge Protection Team* (« équipe de protection contre la plongée »), constituée des principaux responsables du système financier, et dont la fonction officielle est de proposer des mesures visant à assurer la bonne marche de celui-ci. La suspicion plane cependant sur le rôle effectif de cette équipe, et d'aucuns pensent qu'elle outrepasse à l'occasion ses fonctions officielles, assez vagues, en intervenant sur les marchés. Un ancien membre du conseil de la Federal Reserve a affirmé d'ailleurs un jour qu'il n'y aurait après tout pas de mal si la banque centrale américaine tentait de temps à autre de stabiliser les cours de la Bourse en achetant des contrats à terme portant sur les indices boursiers. Cette déclaration fut interprétée à l'époque comme signifiant que la Fed orchestrait bel et bien des opérations de ce type, ce qui lui est formellement interdit par ses statuts.

Rappelons ici qu'un contrat à terme sur un indice boursier se valorise quand les cours montent, et que son achat est donc un témoignage de confiance dans le fait que la tendance est haussière. Comme de nombreux intervenants (humains ou, le plus souvent aujourd'hui, automatisés) opèrent des *arbitrages* entre le marché à terme et le marché au comptant, autrement dit tirent parti des différences de prix entre ces deux marchés, l'optimisme instillé par des achats de contrats à terme sur indice boursier se propage immanquablement au marché au comptant, à savoir à la Bourse elle-même.

LE CAS ÉTRANGE DE SERGUEÏ ALEYNIKOV

Un bizarre incident survenu au cours de l'été 2009 contribua à renforcer le soupçon de manipulation des cours de Bourse. Un mathématicien russe nommé Sergueï Aleynikov avait travaillé chez Goldman Sachs, où il programmait les logiciels de systèmes automatisés d'achat et de vente d'actions sur les marchés boursiers. Ces programmes, appelés *algos* du fait qu'ils sont constitués d'algorithmes mathématiques (des ensembles de règles, en langage de programmation, définissant une stratégie globale complétée de tactiques particulières), président aujourd'hui, aux États-Unis, à un volume d'opérations près de trois fois supérieur aux ordres passés par des investisseurs humains. Aleynikov avait quitté Goldman Sachs et s'apprêtait à travailler pour une petite firme, Teza Technologies, quand il fut arrêté et accusé d'avoir emporté avec lui le code (ou une partie du code) du programme sur lequel il travaillait chez son ancien employeur. L'incident aurait été banal si le programmeur n'avait été inculpé dans le cadre d'une procédure d'urgence et ne s'était retrouvé devant un tribunal un 4 juillet, jour de la fête nationale américaine. Une telle urgence, dont l'équivalent serait, en France, que l'on décide de faire siéger un tribunal un 14 juillet pour juger un voleur de pommes, ne manqua pas de suggérer qu'Aleynikov se trouvait en réalité au centre d'une véritable affaire d'État. L'assistant du procureur général aggrava cette suspicion en déclarant malencontreusement à la presse, ce même 4 juillet, que « la banque [Goldman Sachs] n'a pas écarté la possibilité qu'il existe un risque que quelqu'un sachant utiliser ce programme puisse l'utiliser pour manipuler malhonnêtement les marchés ». Cette déclaration maladroite, d'une part confirmait que des banques telles que Goldman Sachs produisaient bien, comme on le soupçonnait, des logiciels capables de manipuler les marchés, et, d'autre part, suggérait involontairement, par son étrange « malhonnêtement » ajouté en bout de phrase, qu'il existait, aux yeux des autorités, une distinction entre des manipulations des marchés « honnêtes » et d'autres qui seraient au contraire « malhonnêtes ».

En août 2010, la firme Nanex, spécialisée dans la collecte de données boursières, rendit publiques certaines opérations qu'elle avait enregistrées et dont la seule interprétation possible était qu'il s'agissait de tentatives de manipulation des cours à l'aide de ces fameux *algos*.

La figure ci-après montre un exemple d'opérations enregistrées par la firme Nanex le 14 juillet 2010. Il s'agit d'une multitude d'opérations ultrarapides, comme l'indique l'échelle de temps : toutes celles qui sont représentées ont en effet eu lieu dans l'espace de la même seconde. Comme nous le verrons plus loin, la quasi-totalité de telles opérations est immédiatement annulée, l'offre ayant uniquement pour but de « tâter le terrain », de cartographier l'offre en sens inverse présente sur le marché, en sorte que l'*algo* pousse le cours dans la direction souhaitée (presque toujours à la hausse). On parle à ce propos en américain de *quote stuffing* : farcir (le marché) de cotations.

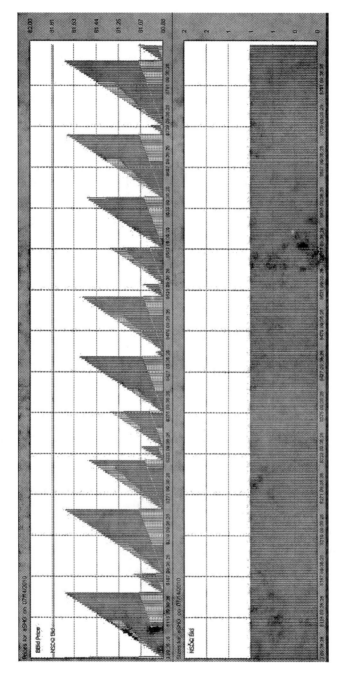

Sans cesse alertés par les opérateurs qui dénoncent des manipulations de prix, les régulateurs sont bien entendu assis entre deux chaises : d'une part, ils sont requis par le mandat qui leur est confié de traquer la fraude, et, d'autre part, par raison d'État, de ne rien faire pour entraver une grimpée des prix favorable à l'économie, en particulier au budget des ménages. Du coup, ils font la sourde oreille, complices d'une ultime tentative pour sauver un système corrompu et condamné à terme.

Les *dark pools*

Plusieurs innovations technologiques ont concouru, au fil des ans, à rendre les manipulations de la Bourse de plus en plus aisées. La première a pour nom *dark pool* ; la seconde, *high frequency trading*. Le mot *pool* signifie soit une pièce d'eau de faible surface, une mare ou une piscine, soit une collection de choses du même type, par exemple les *pools* de plusieurs milliers de crédits hypothécaires consolidés en un même titre dans la titrisation des *mortgage-backed securities*. Le *dark* (sombre), dans *dark pool*, renvoie à l'ombre propice aux choses que l'on veut maintenir secrètes. Les *dark pools* ont été créés pour répondre à plusieurs préoccupations liées à la publicité non seulement des transactions, mais aussi de l'offre et de la demande sur les marchés. Traditionnellement, l'offre et la demande potentielles à chaque niveau de prix et pour tel volume – ce qu'on appelle les « ordres » – sont connues ou en tout cas connaissables. Du coup, la tentation existe en permanence, pour un courtier recevant un ordre important d'achat ou de vente émanant d'un client, d'utiliser une tactique appelée *front running* (course en tête), consistant à faire précéder l'exécution de l'ordre qu'il a reçu par des opérations personnelles bénéficiant de sa connaissance de la tendance que prendra le cours en raison des achats ou des ventes de son client. Il existe pour lui une opportunité de gain pratiquement certaine, puisque, étant chargé de l'exécution de l'ordre de son client, il sait que l'opération requise suivra nécessairement la sienne. Le *front running* est bien entendu une variété du délit d'initié.

En raison de la visibilité qui caractérisait traditionnellement les marchés, lorsqu'un investisseur américain important – disons un fonds de pension – passait un ordre de vente ou d'achat, de nombreux intervenants se tenaient aux aguets, essayant de se placer, cette fois, dans son sillage. Il existait même des firmes garantissant le succès à des candidats au *day-trading*, paris spéculatifs en temps réel dont le seul atout consistait à leur fournir l'accès aux informations relatives aux opérations des gros investisseurs. Les *dark pools* ont offert à ces derniers la possibilité d'agir dans l'ombre, les opérations s'y passant à l'abri des regards indiscrets. À tout instant, dans un *dark pool*, les seules informations disponibles pour un marché particulier sont le prix auquel a eu lieu la transaction la plus récente – sans indication du volume qui a effectivement été échangé –, le prix le plus élevé proposé désormais à l'achat (*bid*), et le prix le plus bas exigé à la vente (*ask*) – une fois encore sans aucune indication de volume. Les transactions au sein des *dark pools* ne donnent lieu à aucune publicité : il s'agit d'opérations de gré à gré où ne sont impliqués et informés que les vendeurs et les acheteurs. Alors que l'un de leurs rôles principaux consiste à assurer la transparence des marchés pour assurer la « vérité des prix » (il s'agit, comme on le verra, d'une notion mythique, mais soit), là aussi les régulateurs sont restés cois devant la dérive par laquelle on est passé de transactions sur des marchés organisés transparents vers ces opaques marchés de gré à gré que constituent les *dark pools*.

Le *high frequency trading*

Passons au *high frequency trading* (HFT), la réalisation d'opérations ultrarapides grâce à des ordinateurs surpuissants placés à proximité immédiate des Bourses électroniques – et qui représente aujourd'hui 60 % des opérations effectuées sur les marchés américains. Le HFT vise dans le meilleur des cas soit à mettre en œuvre une stratégie que l'on appelle « scalper » – miser sur le volume d'opérations ne réalisant que des bénéfices minimes se chiffrant en centimes –, soit à récolter les primes offertes par les organisateurs de marchés aux intervenants qui leur procurent de la liquidité (on verra plus bas, à propos du « krach éclair » du 6 mai 2010, que cette offre de liquidité par le HFT est en grande partie illusoire). Dans le pire des cas, le *high frequency trading* s'assimile – comme nous l'avons vu précédemment – à une manipulation des marchés, puisqu'il permet, par des opérations ultrarapides très nombreuses, de « pousser » le prix dans la direction souhaitée par l'intervenant (des mouvements de 10 % ont ainsi été observés par le collecteur de données Nanex mentionné plus haut). Un trait propre aux firmes pratiquant le HFT est, rappelons-le, que la quasi-totalité des offres d'achat ou de vente est annulée avant de se matérialiser. Cette énorme proportion d'opérations annulées est une nouveauté sur les marchés boursiers. Un autre trait typique est que les firmes qui pratiquent le HFT se dégagent rapidement de leurs positions, si bien que le constat d'un grand nombre d'opérations ne signifie pas nécessairement qu'un grand nombre d'échanges auront eu lieu sur les marchés boursiers, ni qu'il y aura eu création d'un grand nombre de nouveaux contrats sur les marchés à terme. Il faut savoir, à ce propos, qu'une transaction sur un marché à terme consiste dans la création ou la destruction d'un contrat rassemblant deux intervenants, l'un en position *acheteuse* (qui bénéficiera d'une hausse du prix), un autre en position *vendeuse* (qui bénéficiera, lui, d'une baisse du prix). Il faut se représenter un contrat à terme comme un pari mettant face à face deux parieurs dont – à l'échéance – l'un aura gagné et l'autre aura perdu. Le volume d'un marché à terme se mesure en nombre de contrats existants, ce qu'on appelle en anglais l'*open interest*, l'« intérêt manifesté ».

Le « krach éclair » du 6 mai 2010

La fragilité des marchés boursiers sous leur nouvelle forme, viciés par les manipulations qu'autorisent les *dark pools* et le *high frequency trading*, est apparue en pleine lumière à l'occasion de ce que l'on a appelé le *flash crash*, le « krach éclair » du 6 mai 2010, dont furent victimes les marchés boursiers américains au comptant et à terme. Au cours de la séance, le prix moyen des actions baissa soudainement de près de 10 %, soit 862 milliards de dollars, dont 5 % sur un laps de temps de quatre minutes, avant de rebondir et de terminer en clôture avec une baisse moyenne de 3 %. Le prix de certaines actions individuelles frisa brièvement la valeur zéro.

Il s'agissait à première vue d'un krach de facture classique, aucune anomalie flagrante n'étant décelable dans le mouvement de baisse qui atteignit donc, au plus fort, près de 10 %. La seule chose qui semblait requérir éventuellement une explication était le rebond particulièrement robuste qui permit de récupérer en peu de temps 7 de ces 10 points perdus. Il n'est pas exclu que ce furent les ordres d'achat, associés à des prix anormalement bas, qui relancèrent alors la machine, et c'est apparemment à partir de cette hypothèse optimiste – même si ses membres ne la formulèrent jamais explicitement – que raisonna la commission d'enquête aussitôt mise en place.

Rien d'anormal ne semblait s'être passé alors qu'une tendance baissière se dessinait sur les marchés : les ventes s'étaient accélérées en raison, d'une part, de manifestations en Grèce qui avaient viré à l'émeute et s'étaient soldées par la mort de trois personnes, scènes tournant en boucle sur les écrans de télévision présents dans les salles de marché des banques, et, d'autre part, du refus de Jean-Claude Trichet, président de la Banque centrale européenne, de recourir à l'*assouplissement quantitatif* réclamé par les milieux financiers pour répondre à la crise grecque. Les prix baissaient, le mouvement s'accélérant du fait d'une liquidité de plus en plus raréfiée à mesure que l'on s'éloignait, à la baisse, du prix à l'ouverture de la séance. Les ordres à l'achat et à la vente sont en effet toujours massés à proximité du dernier cours, si bien que, quand une baisse brutale intervient, le prix entre dans des régions faiblement peuplées d'ordres préexistants, la probabilité qu'il se déplace vers ces régions étant a priori fort mince ; il peut du coup décrocher, l'écart entre cours successifs pouvant alors être important.

Dans la déposition qu'il fit devant la commission d'enquête réunie le 11 mai, cinq jours après l'incident, Gary Gensler, président de la Commodity Futures Trading Commission (CFTC), le régulateur des marchés américains à terme, parla de « turbulences » semblables à celles qui viennent gâter certains voyages aériens. L'expression « trous d'air » est aussi souvent utilisée pour décrire ces chutes brutales entre différents niveaux de prix, que vient seulement interrompre la présence d'ordres postés très bas pour profiter d'occasions à saisir en raison de baisses excessives, ces ordres faisant alors repartir le prix à la hausse.

Participaient également à cette audition du 11 mai de la sous-commission du Congrès américain pour les services financiers Mary Schapiro, présidente de la SEC, le régulateur des marchés boursiers américains, et Robert Cook, directeur des opérations boursières à cette même SEC.

Le plus étonnant, dans ce genre d'audition devant des commissions d'enquête, est de constater la mécompréhension du profane devant les mécanismes boursiers dans leur fonctionnement le plus habituel. Elle transparut dans les questions posées par certains des parlementaires américains. Ainsi : « La chute de 10 % résulte-t-elle d'un acte terroriste ? » – question à laquelle les déposants durent répondre sans rire : « Non. » Résulte-t-elle de la confusion par un opérateur de chiffres en millions avec des chiffres en milliards ? Non : aucun doigt gourd à incriminer. Était-elle due au *high frequency trading* ? En tout cas, pas du fait que ces programmes *scalpent*, comme nous l'avons vu, des centimes ; au surplus, quand les prix bougent de manière significative, comme ce fut le cas le 6 mai, ils devraient être sans objet.

On a affaire, avec la Bourse, à un mécanisme que l'on s'est ingénié à raffiner, pendant cent cinquante ans d'essais et d'erreurs, pour s'assurer que les cotations varient le plus possible et que la jouissance des parieurs soit ainsi maximale ; et l'on s'étonne qu'il puisse advenir un jour que tous les joueurs parient sur le même cheval, ou – comme ce fut le cas le 6 mai 2010 – que, vu la catastrophe qui menaçait alors l'euro, tous s'accordent à penser que la meilleure stratégie, dans les dix minutes qui suivent, est de vendre. Que ces parieurs soient des êtres humains ou des machines programmées pour qu'elles jouent de la même manière que des hommes est bien entendu indifférent. J'ai eu un jour l'occasion de montrer, à l'aide d'une simulation (Jorion 2006), qu'un marché boursier n'évolue dans une zone de stabilité que dans un seul cas de figure : quand une proportion extrêmement proche de 50 % des intervenants pense que le prix est à la hausse et qu'il faut acheter, et quand l'autre moitié pense qu'il est à la baisse et qu'il convient de vendre. Une telle condition était, on l'imagine bien, difficile à remplir au point culminant du drame grec, en mai 2010.

Quelques mois plus tard, le 30 septembre, dans un rapport conjoint, la SEC et la CFTC (SEC & CFTC 2010) rendirent public leur verdict sur l'enchaînement des événements qui avait conduit, selon elles, au « krach éclair » du 6 mai.

Comme on l'a vu, le rapport préalable et l'audition du 11 mai devant la sous-commission du Congrès américain pour les services financiers avaient émis une multitude d'hypothèses allant de l'erreur humaine à l'attentat terroriste ; cette fois, une cause unique était retenue : un ordre de vente portant sur un grand nombre de contrats, sur un marché à terme dont les ramifications expliqueraient l'ampleur que devait connaître la crise – une baisse des cours de près de 10 %, dont 5 % en seulement quatre minutes, suivie d'un rebond.

Mettre en évidence un facteur unique participait bien entendu d'un effort des deux régulateurs visant à rassurer les intervenants sur ces marchés en leur confirmant que la cause du krach avait été déterminée sans aucune équivoque et que seraient prises des mesures destinées à prévenir le retour du même type d'accident. La rentabilité de ces marchés en dépendait, car ils subissaient depuis le 6 mai une désaffection qui allait en s'accélérant, un grand nombre d'intervenants étant convaincus non seulement que le risque qu'un même genre de « krach éclair » se reproduise n'était pas écarté, mais aussi, et de manière plus générale, que ces marchés

étaient désormais corrompus par la manipulation, le
« krach éclair » ayant joué de ce point de vue un rôle de
révélateur. Le feu était en la demeure, puisqu'on compta
qu'entre le deuxième et le troisième trimestre de l'année
2010 le volume des transactions sur les Bourses américaines avait baissé de 25 %.

Cela dit, l'explication du « krach éclair » par une
cause unique fit long feu, dans la mesure où cette
cause ne faisait sens que dans un contexte où – si l'on
excepte les plus fantaisistes – un grand nombre
d'autres facteurs qui avaient aussitôt été mentionnés
comme d'éventuels coupables devaient également être
mobilisés dans l'explication.

La version officielle était la suivante : dans un
contexte de marché baissier (l'inquiétude relative à un
défaut éventuel de la Grèce sur sa dette publique étant
grande), une firme dont le nom n'était pas mentionné,
mais en laquelle chacun reconnaissait aisément Waddell & Reed Financial Inc., un fonds de type Sicav,
cherchant à se couvrir contre cette baisse, avait lancé
un ordre de vente de 75 000 contrats sur le marché à
terme du E-Mini, l'un des produits du Chicago Mer-
cantile Exchange (CME), reproduisant le panier de
titres composant l'indice boursier S&P 500 (intégrant
les résultats de 75 % du marché boursier américain). Il
s'agissait d'un ordre important à l'échelle de ce marché, auquel n'était associée aucune instruction relative

au prix exigé. Les ventes des premiers paquets de contrats avaient rapidement satisfait les ordres d'achat présents sur l'autre versant du marché à des niveaux proches du cours initial. Les ventes portant sur de nouveaux paquets de contrats n'avaient pu se satisfaire qu'en trouvant, en face, des ordres d'achat de plus en plus rares et à des niveaux de prix de plus en plus bas.

Il s'agissait donc jusque-là de l'anatomie d'un krach classique : le nombre des vendeurs submerge celui des acheteurs potentiels, et les offres d'achat qui existent encore se situent à des niveaux de prix de plus en plus bas – le cours s'effondre.

Les opportunités d'« arbitrage » entre marchés à terme et au comptant (la Bourse), autrement dit la possibilité de tirer parti de petites différences de prix entre un sous-jacent (le produit tel qu'il est coté au comptant en Bourse) et un produit dérivé (le cours du même produit tel qu'il est coté pour vente immédiate avec livraison à différentes échéances futures sur le marché à terme), assurent l'interconnexion de ces marchés. Le krach sur le marché des E-Mini – un marché à terme portant sur un indice boursier – gagna alors par contagion les marchés au comptant du New York Stock Exchange (NYSE) et du NASDAQ, où se traitent à titre individuel les actions de chacune des 500 compagnies composant le « panier » qu'est l'indice boursier S&P 500.

L'ordre de vente automatisé lancé par Waddell & Reed Financial Inc. faisait l'impasse sur le prix demandé et n'était soumis qu'à une contrainte portant sur le volume : vendre par paquets de contrats représentant 9 % du marché. Dans leur rapport, la SEC et la CFTC considérèrent que cet ordre de vente immédiate était irresponsable, précisément en raison de ces deux particularités. Selon les régulateurs, vendre à tout prix trahit la panique, ce que la baisse initiale du marché ne justifiait pas, et vendre en fonction du volume du marché revient à ignorer le fait que le volume ne reflète pas nécessairement la liquidité (en l'occurrence, la présence d'une offre à l'achat et d'une offre à la vente à un niveau proche).

L'explication offerte était donc relativement banale : un acteur avait agi de manière irrationnelle sur un marché particulier, et avait entraîné dans sa perte l'ensemble des marchés interconnectés. L'accent était mis, dans le rapport, sur le fait que le E-Mini était rapidement reparti à la hausse après que le marché eut été interrompu pendant cinq secondes seulement, ce court laps de temps permettant à chacun des intervenants de « reprendre ses esprits ». La réponse apportée par les régulateurs depuis le 6 mai avait été la multiplication de tels coupe-feu : des interruptions momentanées du marché, de durée proportionnelle à la chute enregistrée.

Où était l'erreur dans une explication qui semblait pourtant convaincante ? Où se situait le talon d'Achille dans le raisonnement ainsi proposé ? D'abord, dans le reproche adressé à la vente « à tout prix ». Pourquoi une firme respectable recourrait-elle à une stratégie trahissant la panique si le marché n'était pas précisément déjà en proie à la panique ? Et, s'il s'agissait d'un krach de facture très classique, pourquoi montrer du doigt une firme en particulier (même si son identité n'était pas officiellement révélée) ? Le reproche visant la vente de paquets de contrats calibrés en fonction du volume du marché constituait une autre anomalie : pourquoi, en effet, cela aurait-il posé problème ? Ne s'agissait-il pas, au contraire, d'une excellente démarche : calculer quelle est la proportion optimale de contrats qu'un marché pourra absorber sans « slippage » – sans modification du cours contre soi, due à ses propres opérations de vente ou d'achat –, et moduler le nombre de transactions en fonction de ce chiffre ?

Or il se fait que la vente calibrée en fonction du volume avait effectivement constitué une erreur et avait été à l'origine du krach, pour une raison sur laquelle la commission passait bien rapidement, comme s'il s'agissait d'un détail dénué d'importance, alors que c'était non seulement le facteur déclenchant de la crise, mais aussi celui qui allait empêcher les investisseurs de revenir sur les marchés tant que la question posée n'aurait pas été résolue. Au cœur du problème, il y avait le fait que le volume des transactions constituait traditionnellement un bon indicateur de la liquidité d'un marché, mais qu'il avait cessé de l'être pour une raison que j'ai mentionnée précédemment : du fait de l'introduction du *high frequency trading*, le volume des opérations cesse d'être un indicateur de liquidité en raison du nombre d'opérations annulées, et une stratégie de ventes calibrée sur le volume risque de se retrouver en porte à faux, comme ce fut le cas pour celle décidée par Waddell & Reed Financial.

Le rapport conjoint de la SEC et de la CFTC signalait que :

> « Les [firmes] de HFT se mirent à acheter rapidement les contrats, puis à se les revendre les unes aux autres – générant un effet de volume de type "patate chaude", du fait que les mêmes positions s'échangeaient rapidement dans les deux sens. Entre 14:45:13 et 14:45:27 [soit 14 secondes], les [firmes] de HFT échangèrent 27 000 contrats, soit 49 % du volume des opérations, alors que l'augmentation nette du nombre de contrats n'était que de 200. »

Ce qui signifie, en d'autres termes, que la cause de la catastrophe n'avait pas été la vente par Waddell & Reed Financial, mais le fait que sa stratégie de vente impliquait qu'elle ait cru à l'existence des 27 000 contrats « fantômes » échangés de manière instantanée par les HFT, alors que seuls 200 d'entre eux jouissaient d'une réalité « solide ».

Quand le rapport mentionne un « effet patate chaude », cette patate que chacun tente de refiler au plus vite à son voisin, c'est pour attirer encore l'attention sur un autre aspect des opérations HFT : outre leur caractère ultrarapide, elles sont mises en œuvre par ces *algos* dont j'ai eu l'occasion de parler à propos du programmeur russe Sergueï Aleynikov. Les *algos* de firmes concurrentes, lancés sur les marchés, se livrent à des duels conduisant à des escalades, finissant par activer les ordres de vente à 100 000 dollars et les ordres d'achat à 1 cent que les *market makers* (les « teneurs de marché »), obligés contractuellement d'offrir simultanément un prix d'achat et un prix de vente, laissent traîner dans les *books* d'ordres comme une façon d'éviter de prendre le moindre risque.

Une boucle de rétroaction Skynet

Quand un *algo* rencontre un autre *algo*, au contraire d'êtres humains, ils prennent des décisions sans connaître la peur. Du coup, il leur faut beaucoup moins de temps qu'à nous pour mettre un marché à sac. Le vrai responsable du « krach éclair » n'avait donc pas été la firme Waddell & Reed Financial, c'était, comme le fit alors remarquer un commentateur, une *boucle de rétroaction Skynet*, du nom de l'ordinateur qui a pris le pouvoir dans le monde postapocalyptique de la série de films *Terminator*. Pour faire revenir aux États-Unis les intervenants sur les marchés boursiers au comptant et à terme, les régulateurs se devaient de les convaincre que les robots n'y avaient pas pris le pouvoir. Or on était là aussi entré dans l'ère du semblant, et les intervenants, plus particulièrement les petits porteurs que la crise avait étrillés, n'étaient pas prêts à se réaventurer sur des marchés boursiers dont il était clair qu'ils s'étaient transformés en immense village Potemkine, tels ceux dont la légende prétend qu'ils étaient mis en scène par le fameux général pour convaincre la Grande Catherine que tout allait pour le mieux dans l'Empire russe.

La transparence

On vante universellement les vertus de la *transparence des marchés* : c'est elle, en effet, qui est censée assurer la *vérité des prix*. Sauf que, chaque fois que quelqu'un réclame qu'on communique au public une certaine information sur les marchés, les autorités le lui refusent sous prétexte de protéger les faibles contre la prévisible cruauté des marchés à leur endroit, voire de protéger les marchés eux-mêmes contre leur propre cruauté.

Le contexte est le suivant. Quand l'opinion publique a réclamé le retour à une meilleure réglementation des marchés, étant donné la responsabilité manifeste de la déréglementation dans le déclenchement de la crise, les autorités ont répondu avec un bel ensemble : « Ce n'est pas davantage de réglementation qu'il faut, c'est davantage de *transparence !* » Pourquoi cette réponse qui peut sembler a priori curieuse ? Parce que, dans le cadre de la théorie économique dominante, il n'y a rien dans une réglementation – par nécessité contraignante – qui ne puisse être obtenu tout aussi bien, voire beaucoup mieux, par la transparence, laquelle est, par nature, non contraignante. L'explication réside dans cette théorie des « anticipations rationnelles » que j'ai déjà eu l'occasion de mentionner et que j'avais alors qualifiée de théorie de l'« omniscience des marchés », selon laquelle, en particulier, dans une situation d'*information complète*, le prix objectif peut être connu non seulement à l'instant même, mais à tout moment à venir. Les tentatives de vérification empirique de la théorie ont été décevantes, mais, comme toujours dans ces cas-là, de nombreuses excuses ont été trouvées à cette absence de confirmation, et on a continué de croire aux « anticipations rationnelles » sans plus s'inquiéter de devoir prouver leur véracité.

Par ailleurs, chacun sait non seulement que la seule assurance de profit est celle qu'offre précisément l'absence de transparence créant une *asymétrie de l'information*, dont on voit la manifestation, quand il en est tiré parti, dans le « délit d'initié », mais encore que la transparence peut être dommageable, raison pour laquelle, comme nous l'avons vu précédemment, les autorités n'ont pas interdit l'innovation des *dark pools* quand ceux-ci sont apparus. Je rappelle qu'au temps où ces *dark pools* n'existaient pas la transparence pénalisait les gros investisseurs : leurs courtiers s'adonnaient au *front running*, la *course en tête*, plaçant leurs propres ordres en sachant qu'ils bénéficieraient de l'ordre de leur client venant ensuite, tandis que la foule des *day-traders* se situait, elle, dans le sillage de ces ordres importants. Les gros investisseurs ont voulu créer, à la place de la transparence, l'ombre complice des *dark pools*, et les autorités les ont laissés faire.

Le plus célèbre exemple de refus de communiquer de l'information a été celui du Trouble Assets Relief Program (TARP), le plan de sauvetage des établissements financiers aux États-Unis de 2008 à 2010 ; les autorités avaient alors affirmé qu'elles ne révéleraient le nom des banques bénéficiaires que si une décision de justice les y contraignait. La justification qu'elles avançaient pour leur refus : révéler les noms stigmatiserait les bénéficiaires des aides et fausserait donc les lois de la concurrence ! Entre transparence et jeu non biaisé de la concurrence, il fallait apparemment choisir, et c'est la concurrence non biaisée qui devait manifestement l'emporter, la transparence étant, elle, sacrifiée de gaieté de cœur.

Un autre exemple, en octobre 2010, fut le refus de la Banque centrale européenne de communiquer les informations relatives aux fameux *off-market swaps* qui avaient permis à la Grèce de remplir les conditions nécessaires pour entrer dans la zone euro. Justification, ici, selon Jean-Claude Trichet, président de la BCE : « un marché très vulnérable dans la conjoncture actuelle » ; ou encore : l'explication de ce qui s'est passé « ajouterait à la volatilité et à l'instabilité ». Quelles que soient ses vertus, la transparence était une médecine trop brutale pour la Grèce et pour les marchés européens en général.

Dans le premier cas, celui du TARP, certaines banques américaines n'étaient pas suffisamment robustes pour supporter la transparence ; dans le second, c'étaient les marchés européens ou le traitement que ces marchés réservaient à la dette des États qui présentaient des faiblesses. Comme ce que la transparence apporte en principe, c'est la *vérité des prix*, cela signifie qu'aux yeux des autorités certaines banques américaines, certains États européens, voire les marchés dans leur ensemble, n'étaient pas assez robustes pour supporter la vérité des prix. Ou encore, traduit en langage clair – à moins qu'il existe une autre traduction possible qui ne me vient pas à l'esprit : « ... sont insolvables ».

Addendum

Le 1ᵉʳ décembre 2010, les autorités américaines se plièrent aux injonctions du *financial overhaul*, encore appelé loi Frank-Dodd, en divulguant le nom des bénéficiaires non seulement du programme TARP, mais d'un ensemble d'autres programmes de même nature dont la finalité avait été de relancer la machine financière de 2008 à 2010. Seule réelle surprise : le montant des sommes qu'avaient dû emprunter à de multiples reprises les deux survivantes parmi les grandes banques d'investissement de Wall Street, Goldman Sachs et Morgan Stanley. Si l'on avait voulu protéger la réputation de certains établissements financiers en refusant de communiquer les informations relatives aux fonds distribués par les programmes, il s'agissait donc bien de ces deux-là. Ce qui apparaissait cependant clairement, au vu des informations divulguées, c'est qu'il existait certains faits d'une autre nature que l'on aurait préféré voir rester dans l'ombre, et d'abord le volume total de l'aide dispensée. On avait en effet parlé de 700 milliards de dollars comme budget du programme TARP ; or la somme totale distribuée au plus fort de la crise avait été de 3 300 milliards de dollars, autrement dit près de cinq fois le montant annoncé. Une somme aussi colossale ne pouvait signifier qu'une chose : que, devant le trou qui se creusait, on avait dépensé sans compter, déversant de l'argent en quantité illimitée, jusqu'à ce que la situation se stabilise. Cela voulait aussi dire que le système avait été beaucoup plus près de l'effondrement total qu'on n'avait voulu l'admettre, et que les autorités avaient répondu à la crise sans véritable méthode, déversant simplement des tombereaux d'argent jusqu'à ce que les choses aient l'air de se tasser. Ce niveau d'impréparation n'augurait rien de bon pour le cas où une nouvelle crise viendrait à éclater.

Autre point révélateur : les autorités persistaient à cacher une partie de l'information réclamée par la loi Frank-Dodd, à savoir la nature et la valeur des titres que les établissements financiers avaient offerts en collatéral pour l'obtention des prêts qui leur avaient été accordés. La presse suggéra d'emblée la cause de ce mutisme : un traitement privilégié avait été accordé à certaines banques. Une autre explication était cependant possible : celle que l'on mit au jour lorsque fut révélée la nature des gages dont avait hérité la Federal Reserve Bank of New York à la suite du sauvetage de la banque d'investissement Bear Stearns, en mars 2008, à savoir que, dans le contexte économique nouvellement créé, la valeur de ce collatéral était désormais quasi nulle, raison qui avait fait dire à l'époque au secrétaire au Trésor Henry Paulson que l'opération ne pourrait pas être renouvelée – ce dont Lehman Brothers devait en effet faire les frais quelque six mois plus tard.

Le désordre monétaire mondial

Keynes s'était déjà penché plusieurs fois sur la question monétaire avant que n'éclate la Deuxième Guerre mondiale. Son premier livre, en 1913, est consacré à la devise indienne : *Indian Currency and Finance*. En 1930, il publie le *Treatise on Money*. Il se cantonne cependant jusque-là à l'analyse, sans s'aventurer sur le terrain de l'application des conclusions auxquelles il aboutit.

Quand la Grande-Bretagne et la France déclarent la guerre à l'Allemagne, en 1939, Keynes participe dans son pays à la réflexion sur la transition vers une économie de guerre. Lorsque les hostilités éclatent, en 1940, les Américains restent prudemment en retrait : ils n'interviennent pas lorsque le Danemark et la Norvège sont attaqués, en avril, ni ne s'engagent aux côtés de la Grande-Bretagne et de la France lorsque le Benelux et celle-ci sont envahis, en mai. La raison en est simple : l'opinion publique américaine ne suivrait pas Franklin D. Roosevelt s'il se rangeait à leurs côtés. Les rangs du Parti républicain comptent une importante minorité de membres d'origine allemande, demeurés favorables à leur mère patrie, tandis que les rangs du Parti démocrate comptent, eux, des gens de gauche aux yeux de qui la politique impériale de la Grande-Bretagne ne vaut guère mieux que le national-socialisme allemand. La vente par l'Amérique d'armements en grande quantité à la Grande-Bretagne, dont un tiers ne parviendra jamais à l'acquéreur, les navires étant coulés par les U-boots, permettra à Roosevelt de préparer l'opinion. Lorsque intervient l'attaque japonaise sur Pearl Harbor, en décembre 1941, le peuple américain tout entier est désormais prêt à l'entrée en guerre, et le président a derrière lui, pour le soutenir, une opinion quasi unanime.

La position des Britanniques durant la période qui va de mai 1940 à décembre 1941 est que leur pays constitue le front avancé d'une alliance antifasciste implicite. Durant ces dix-neuf mois, on pense à Londres qu'une intervention des États-Unis est inéluctable à terme, on y suppose que cette conception est partagée par le cousin américain et on en attend des avances financières pour son effort de guerre. Keynes en particulier considérera toujours une telle solidarité comme allant de soi. Cette conviction inébranlable, associée à sa légendaire confiance en lui-même, explique l'aplomb dont il aura fait preuve durant les négociations avec les Américains.

Quand ces négociations débutent pour la mise en place du grand programme d'avances des États-Unis à la Grande-Bretagne qu'on appellera le *Lend-Lease*, Keynes a déjà en tête une formule dont la finalité est de faire en sorte que son pays émerge de la guerre pratiquement sans dette, et que l'on retrouve alors le même équilibre des forces entre les États-Unis, d'un côté, et la Grande-Bretagne, complétée de son empire, de l'autre, que celui qui prévalait avant l'entrée en guerre, et ce en dépit du fait que celle-ci se retrouve saignée à blanc au moment où s'achève la bataille d'Angleterre (début 1941), quand il est désormais quasiment acquis qu'Hitler ne cherchera plus à l'envahir.

Keynes cherche à mettre au point une formule originale qui aille bien au-delà du prêt pur et simple, impliquant en particulier la mise sur pied d'un ordre monétaire original, susceptible de réunir en un système équilibré des partenaires aussi peu comparables qu'une Amérique qui parviendra peut-être à se maintenir à l'écart du conflit et qu'une Grande-Bretagne associée à un empire, mais d'ores et déjà à la limite de l'effondrement (avec un grand réalisme, la formulation initiale du *Lend-Lease* précise qu'en cas de capitulation de la Grande-Bretagne devant les forces de l'Axe les États-Unis hériteront de la totalité de sa flotte).

Keynes n'a qu'une piètre opinion du système monétaire classique de l'étalon or, où chaque devise dispose de sa propre parité avec le métal précieux. Il s'est opposé au rétablissement de la parité or de la livre sterling par Churchill, en 1925, et a interprété la dépression industrielle qui s'est ensuivie comme une confirmation par les faits de son antipathie en grande partie instinctive envers l'étalon or. Il considère que la répartition de l'or entre nations est arbitraire et pénalise injustement celles qui en sont privées (même si la Grande-Bretagne a accès à l'or d'Afrique du Sud, mais dans un rapport plus complexe que celui de la simple prédation qu'imaginent les Américains, écrit Keynes de Washington à ses correspondants à Londres), et estime surtout que l'or ne peut que favoriser les déséquilibres entre nations. Ainsi, si dans la relation entre deux nations l'une est un exportateur net, donc a priori dans une position de force, et l'autre un importateur net, donc a priori en position de faiblesse, une pression supplémentaire s'exercera encore sur le plus faible, forcé de tenter de redresser sa situation mais ne disposant pas nécessairement de la capacité d'abaisser suffisamment le prix de ses produits d'exportation pour y parvenir. À l'inverse, aucune pression ne s'exerce sur l'exportateur net, lequel se trouve en position de force et contribue à maintenir le déséquilibre sans que rien ne vienne lui rappeler que sa posture n'est pas plus généralisable que celle de son infortuné challenger. Ou, pour le dire dans les termes mêmes de Keynes : l'ajustement est « *obligatoire* pour le débiteur et *volontaire* pour le créancier » (Skidelsky 2000 : 204).

Keynes envisage du coup la mise au point d'un système entièrement neuf : pourquoi, se demande-t-il, ne pas synthétiser les enseignements de toutes les recherches que j'ai entreprises sur la monnaie, non pas sous la forme d'une utopie au sens classique, mais sous celle de ce qu'on pourrait appeler une « utopie pratique » : un projet réellement pragmatique, quand bien même sa formulation tout à fait originale la rapprocherait d'une utopie en raison de sa nouveauté. « Utopique », dit-il, au sens où « elle suppose un degré de compréhension, d'esprit d'innovation téméraire, de coopération internationale et de confiance dans son succès supérieur à celui qui est assuré ou qu'il est raisonnable de supposer » (*ibid.*, 205).

Ce qui est propre à cette conception neuve, c'est son cadre global visant, comme dit Keynes, à « assurer la pacification des relations économiques ». Où une pression visant à ce que l'on change ses habitudes ne s'exerce pas seulement sur l'importateur net en position de faiblesse, dont nous avons parlé tout à l'heure, mais aussi sur l'exportateur net qui, dans le cadre de l'étalon or, peut se contenter de triompher insolemment sans avoir à se soucier de modifier sa façon de faire. Au sein du monde qu'envisage Keynes, il n'y a pas, comme aujourd'hui, d'un côté une Grèce et une Irlande humiliées, et, de l'autre, une Chine et une Allemagne drapées dans ce qu'elles considèrent comme leur vertu. Il n'y a, au contraire, que des nations aspirant à découvrir entre elles un modus vivendi où chacune maintiendrait son originalité et ses spécificités, mais où elles auraient cessé de se partager en deux camps : celui des brutes insensibles et celui des souffre-douleur.

Keynes rejetait tous les totalitarismes : « Il n'y a en réalité que deux [idéologies] : les États totalitaires [...] et les États libéraux. Ces derniers mettent la paix et la liberté individuelle au premier plan, les autres ne les mettent nulle part », écrivit-il à un correspondant (*ibid.*, 33). Avant la guerre, en 1936, lorsqu'il avait tenu à reformuler, dans sa *Théorie générale de l'emploi, de l'intérêt et de la monnaie*, la question du rapport entre production et consommation, de manière à contrebattre dans l'imaginaire de la population britannique les deux tentations symétriques du fascisme et du communisme, Keynes avait placé au centre de la problématique économique – que ses contemporains, et bon nombre de ses successeurs, n'entendaient résoudre que selon une froide logique copiée sur celle de la physique – un impératif moral : celui du plein emploi. De même, lorsqu'il se mit à réfléchir aux conditions d'une « utopie pratique » pacifiant les rapports économiques entre nations, l'impératif qu'il se fixa fut celui d'un système dont serait écarté par construction le phénomène qui, à ses yeux, signifiait la mort de toute économie : la déflation. Pour lui, la déflation constituait le mal absolu. Avec elle l'économie se fige d'abord – toute dépense est reportée au lendemain, puisqu'elle sera moindre –, avant de s'enfoncer dans un trou : le chômage monte en flèche, la population entière s'appauvrit.

Le système que Keynes a en tête implique que les échanges entre nations, le règlement de leurs importations et de leurs exportations, se fassent tous par l'intermédiaire d'une chambre de compensation internationale et par le moyen d'une monnaie internationale : le *bancor*. Un système de récompenses et de pénalités fera en sorte que les nations – ou les ensembles de nations – constituant la zone économique correspondant à une devise soient encouragées à maintenir un équilibre entre leurs importations globales et leurs exportations globales, non pas tant vis-à-vis de chacune des autres nations, comme ce serait le cas dans le cadre d'une série d'accords *bilatéraux*, mais vis-à-vis de l'ensemble de toutes les autres, dans une optique *multilatérale*.

Résoudre le déséquilibre de leurs échanges par le protectionnisme et les tarifs douaniers appartiendrait alors au passé. Deux types de monnaies coexisteront : l'une, globale, le *bancor*, servant d'unité de compte aux échanges internationaux, et les autres, locales, ayant une parité fixe, mais révisable annuellement par rapport au *bancor*, semblables aux devises actuelles utilisées quotidiennement dans le cadre d'unités économiques constituées de manière à être cohérentes, et de présenter, dans cette perspective, un bilan nul en termes d'export et d'import globaux. Les banques centrales des nations ou des groupes de nations se partageant une monnaie commune achèteront ou vendront leurs devises locales pour régler les débits ou les crédits de leurs comptes à la chambre de compensation multilatérale.

Les nations ou les zones disposant d'une devise commune disposeront d'une marge de découvert en *bancors* auprès de la chambre de compensation multilatérale ; son montant initial équivaudra – en chiffres absolus – à la moitié de la somme moyenne de leurs importations et de leurs exportations au cours des trois années précédant la mise en place du système (un quota équivalant donc à leur poids économique). Leur performance sera évaluée annuellement, tout déséquilibre (importateur net ou exportateur net) sera financièrement pénalisé selon un barème tenant compte de l'ampleur de la déviation, et un déséquilibre massif sera résolu par un réajustement de leur devise : une réévaluation par rapport au *bancor* pour les exportateurs nets délinquants, une dévaluation pour les importateurs nets délinquants. Ce réajustement périodique permettra à chaque nation de repartir l'année suivante sur une base assainie.

Dans les premiers temps de l'existence du système, le *bancor* (et donc chacune des devises locales) aura une parité avec l'or, mais le métal précieux sera petit à petit repoussé hors du cadre monétaire général en raison d'une asymétrie délibérément introduite dans le fonctionnement global du système : si les nations peuvent se procurer du *bancor* en échange d'or auprès de la chambre de compensation multilatérale, un surplus en *bancor* ne pourra pas, lui, s'échanger contre de l'or. La réserve d'or qui s'accumulera de cette manière sera utilisée dans le cadre de l'aide internationale.

Cette progressive mise sur la touche de l'or n'est pas sans rappeler un autre projet « utopique » de Keynes, celui qu'il avait introduit dans sa *Théorie générale de l'emploi, de l'intérêt et de la monnaie* pour neutraliser la nocivité des intérêts à l'intérieur du système financier : ce qu'il avait choisi d'appeler cruellement en anglais l'« euthanasie des rentiers », formule que le traducteur français, Largentaye, avait choisi d'édulcorer :

> « Cet état de choses serait parfaitement compatible avec un certain degré d'individualisme. Mais il n'en impliquerait pas moins la disparition progressive du rentier et, par suite, la disparition progressive, chez le capitaliste, du pouvoir oppressif d'exploiter subsidiairement la valeur conférée au capital par sa rareté. L'intérêt ne rémunère aujourd'hui aucun sacrifice véritable, non plus que la rente du sol. Le détenteur du capital peut obtenir un intérêt parce que le capital est rare, de même que le détenteur du sol peut obtenir une rente parce que le sol est rare. Mais, tandis que la rareté du sol s'explique par une raison intrinsèque, il n'y a aucune raison intrinsèque

qui justifie la rareté du capital » (Keynes [1936] 1942 : 192 ; 375-376 de l'original anglais).

Le fléau de la déflation sera vaincu par la mise en place conjointe du *bancor* et de sa chambre de compensation multilatérale. Mais un autre fléau qui afflige les systèmes économiques sera lui aussi éliminé : dans leur cadre, l'évasion fiscale deviendra impossible, ainsi que l'existence même de nations jouant le rôle de paradis fiscaux.

Un principe fondamental doit toujours être respecté, affirme Keynes en 1941 dans une série de documents préparatoires à ce qu'il appelle l'*Union monétaire internationale* (Keynes 1941) : distinguer soigneusement les capitaux flottants, à la recherche d'une opportunité quelconque de se placer, et ceux qui constituent un authentique investissement permettant de mieux tirer parti des ressources mondiales ; distinguer également les mouvements de capitaux en provenance de pays excédentaires en direction de pays déficitaires, susceptibles de contribuer à un retour à l'équilibre, des mouvements de capitaux spéculatifs ou de l'évasion des capitaux d'un pays déficitaire vers un pays excédentaire, ou entre deux excédentaires.

Les mouvements de capitaux spéculatifs sont en conséquence prohibés dans le cadre d'un système placé sous l'égide du *bancor*. Keynes écrit dans ses *Proposals for an International Currency Union* (Propositions pour une Union monétaire internationale) :

« Aucun pays ne pourra désormais autoriser sans risque la fuite des capitaux pour des raisons politiques, pour échapper à l'impôt ou dans l'anticipation d'une évasion fiscale. De même, aucun pays ne pourra accueillir sans risque les capitaux en fuite, constituant une importation inacceptable de capital, ni ne pouvant être mobilisés sans risque en vue d'un investissement » (*ibid.*).

Un pays peut bien entendu choisir de se situer délibérément en dehors de l'Union monétaire internationale, de même qu'il peut en être expulsé pour manquement grave, mais il est alors livré à lui-même, sans contact avec ceux qui y participent – un simple pirate au sein du contexte mondial. Les paradis fiscaux se trouvent aujourd'hui déjà, de jure, dans cette situation-là, mais, comme l'on sait, des nations ayant pignon sur rue recrutent de tels pirates pour mener à biens leurs propres exactions, cautionnant de facto leur existence.

La fin de l'ordre monétaire en vigueur

Pourquoi cette entrée en matière ? Parce que l'existence même de l'euro est désormais menacée. L'éclatement de sa zone ne représenterait bien sûr, pour le dollar, qu'une victoire à la Pyrrhus : toujours monnaie de référence, il serait aussitôt menacé d'hyperinflation au cas où l'argent créé de manière irresponsable, sans création de richesse équivalente, par la méthode « non conventionnelle » du *quantitative easing* (de l'assouplissement quantitatif), se retrouverait finalement un jour dans l'économie. La Chine pousserait alors plus que jamais à la mise en place du *bancor* et de sa chambre de compensation multilatérale. Désemparés et humiliés, les Européens n'auraient cette fois d'autre issue que de soutenir l'initiative. Examinons comment on en est arrivé là.

MONNAIE DE RÉFÉRENCE
ET « DILEMME DE TRIFFIN »

Stagnation des salaires exacerbant la dépendance de l'économie par rapport au crédit, complexité croissante, comptabilité toujours davantage axée sur des gains non encore réalisés : les causes de la crise financière qui a commencé en 2007 paraissent nombreuses si l'on remonte, en amont, la succession d'événements qui conduisirent initialement à la « crise des *subprimes* », avant de déboucher sur les multiples rebondissements qui culminèrent dans l'effondrement brutal du système financier, à l'automne 2008, dans le sillage de la faillite de Lehman Brothers. Il existe une autre cause à laquelle il n'est pas exclu que l'histoire attribue un jour un rôle plus essentiel encore : il s'agit du déséquilibre qui résulta précisément du choix malencontreux fait en 1944 à la conférence de Bretton Woods (New Hampshire, aux États-Unis) quand il fallut choisir entre la proposition de Keynes, représentant le gouvernement britannique, et celle que défendait Harry Dexter White au nom du gouvernement américain, et quand cette dernière fut adoptée en raison du rapport de forces existant entre nations alors que la Deuxième Guerre mondiale touchait à sa fin, et que les États-Unis, seules parmi les grandes puissances à avoir pu éviter la guerre sur leur territoire, et ayant bénéficié des commandes que leur passait l'Angleterre, firent désormais figure de puissance hégémonique. Les autres grandes nations émergeaient exsangues du conflit mondial alors que les États-Unis en sortaient enrichis par l'industrialisation que le conflit avait induite. L'ordre né à Bretton Woods devait mourir en 1971 quand Nixon, acculé par les exigences de conversion de dollars en or présentées par la Suisse et la France, mit fin unilatéralement à la parité dollar-or. Cet ordre n'en devait pas moins poursuivre encore sur sa lancée pendant trente-sept ans, avant que ses contradictions croissantes ne le terrassent enfin – ces trente-sept années de vie supplémentaires sous une forme « zombie » contribuant à creuser un peu plus la tombe du capitalisme.

En 1944, le projet d'ordre monétaire international présenté par White à Bretton Woods au nom du gouvernement américain l'avait aisément emporté. Le mécanisme suivant fut mis en place : une seule monnaie, le dollar américain, serait ancrée à l'étalon or selon une parité de 35 dollars pour une once de Troyes du métal fin. Les autres monnaies se définiraient par rapport au dollar selon une parité fixe.

Une grossière erreur avait cependant été commise. Il fallut attendre 1959 pour que l'économiste Robert Triffin ne la relève et n'explique ce qu'elle avait été [8]. Le principe qui avait été enfreint était pourtant évident. Pour comprendre cette erreur, il convient de reprendre les choses en amont.

Pour que la création monétaire par une banque centrale n'altère pas la stabilité des prix au sein de la zone économique où cette devise est monnaie légale, il faut qu'elle reflète fidèlement la création de richesse au sein de cette zone. Si trop de monnaie est créée, il en existera trop par rapport aux biens échangés, les prix grimperont et il y aura inflation. Si trop peu de monnaie est créée, il faudra bien que les prix baissent pour que les marchandises puissent continuer d'être échangées, et il y aura déflation.

Dans le contexte de 1944, le dollar, seul ancré à l'or, devint monnaie de référence dans les échanges internationaux, mais automatiquement aussi monnaie de réserve, du fait que le niveau des exportations d'un pays fluctue par rapport à celui de ses importations, et que les pays autres que les États-Unis se constituèrent donc des réserves en dollars, devise que chacun adopta volontiers pour gérer les fluctuations au jour le jour de ses échanges commerciaux. Si le pays est un importateur net, si, d'une manière générale, il importe davantage qu'il n'exporte, il ne parviendra à constituer des réserves que durant de très brèves périodes ; s'il est au contraire un exportateur net, s'il exporte davantage qu'il n'importe, alors, sur le long terme, ses réserves se mettront à gonfler.

Si le dollar devient monnaie de réserve pour la communauté internationale, il va de soi que sa quantité en circulation doit excéder celle que nécessitent les échanges au sein même des États-Unis. Pour que cela soit possible, il faut que des dollars quittent le pays pour se répandre dans le reste du monde (les dollars circulant à l'étranger portent un nom spécifique : on les appelle, pour des raisons historiques, « eurodollars »). Cela veut aussi dire qu'il faut que les achats en dollars des Américains à l'étranger dépassent en montant les achats faits par les autres nations aux États-Unis, ou, pour utiliser l'expression introduite auparavant, il faut que les États-Unis se maintiennent de manière permanente en position d'*importateur net :* pour que le dollar puisse assumer son rôle de monnaie de référence, il faut que la balance commerciale des États-Unis soit en permanence déficitaire. Ce qui ne présente cependant pas, pour ce pays, que des inconvénients, bien au contraire. Pour répondre à la demande mondiale en dollars, les Américains en imprimeront. Ils en imprimeront – notons-le bien – pour un montant supérieur à ce que représente la richesse créée aux États-Unis. L'excédent représentera la demande en dollars du monde (exception faite des États-Unis) pour se constituer des réserves dans une monnaie universellement acceptée, autrement dit, représentera une partie de la richesse créée dans le reste du monde.

Cela signifie la chose suivante : le pays dont la monnaie est monnaie de référence pour le reste du monde, l'Amérique, est soumis à la contrainte de devoir créer de la monnaie en deux quantités différentes, l'une correspondant à la création de richesse au sein de la zone économique que les États-Unis constituent en soi – et ce, pour y assurer la stabilité des prix en évitant aussi bien les écueils de l'inflation que ceux de la déflation –, l'autre correspondant à une partie de la richesse créée dans le reste du monde, équivalant à la quantité que constituent les réserves en dollars de l'ensemble des autres pays. Mais aucune nation n'a bien évidemment la capacité de créer de la monnaie en deux quantités différentes. C'est cette impossibilité que Robert Triffin fut le premier à souligner et qui fut qualifiée alors de « dilemme » ou de « paradoxe de Triffin » : l'impossibilité, pour une monnaie, d'être à la fois la mesure de la richesse du pays qui l'émet et celle d'une partie de la richesse créée dans les autres. Dans son ouvrage intitulé *Gold and the Dollar Crisis*, Triffin évoquait à ce propos, en 1961, « les absurdités associées à l'usage de devises nationales comme réserves internationales » (Triffin, cité par Costabile 2010 : 2).

Pourquoi le système mis en place en 1944 à Bretton Woods est-il cependant resté en place aussi longtemps, et – question peut-être encore plus pertinente – pourquoi n'est-il mort que pour des raisons incidentes, du fait de certaines de ses implications indirectes ? Pour répondre à ces deux questions, il faut distinguer deux périodes : la première va de 1944 à 1971, alors que le système mis en place à Bretton Woods est encore en vigueur, autrement dit tant que la parité or du dollar est maintenue et que les pays qui le souhaitent peuvent échanger, quand ils le veulent, leurs réserves en dollars contre de l'or ; la seconde s'étend de 1971 à aujourd'hui, alors que le système ne se perpétue que grâce à la confiance dans la capacité du dollar à s'acquitter de son rôle de monnaie de référence sur la base, non d'une convertibilité, mais du simple *fiat*, selon l'expression consacrée.

Durant la première période, les États-Unis sont conscients du fait que toute quantité de dollars circulant à l'étranger et se retrouvant en possession de la banque centrale ou d'un *fonds souverain* (fonds de placements financiers détenu par un État) d'une autre nation est susceptible de pouvoir être échangée un jour ou l'autre contre son équivalent or ; cette contrainte de convertibilité agit comme un frein sur leurs velléités de création monétaire. Durant la seconde période, cette contrainte est levée : rien ne s'oppose plus à ce que de la monnaie soit créée *ad libitum* par la Federal Reserve, la banque centrale américaine, si ce n'est la dévaluation du dollar qui résulterait du fait qu'il se retrouve en quantité trop importante sur les marchés. Mais, d'une part, cette dévaluation peut avoir un aspect positif pour les États-Unis, en ce qu'elle favorise leurs exportations, et, d'autre part, il sera dans l'intérêt des nations qui possèdent du dollar sous forme de réserves d'en protéger la valeur en soustrayant du marché les quantités qui assureront sa stabilité de change.

Les amateurs de dollars hors des États-Unis sont bien entendu les otages de la politique de création monétaire de la Federal Reserve. La situation ne s'inverse, ou plutôt ne s'équilibre, que dans le cas où une nation en vient à posséder seule une proportion à ce point considérable de dollars qu'elle dispose désormais du privilège d'influer sur le taux de change de la devise américaine en en conservant davantage ou en en libérant une part plus importante sur les marchés. Il en va aujourd'hui ainsi de la Chine. Dans un cas comme celui de la Chine et des États-Unis, les deux nations se sont prises mutuellement en otage, ou, si l'on préfère, leurs sorts sont devenus indissolublement liés. C'est cette situation que j'ai décrite il y a quelques années comme le « tango » de la Chine et des États-Unis (Jorion 2008a : 243). La symbiose entre les deux nations est encore accentuée par le fait que la monnaie chinoise, le yuan ou renminbi, est alignée sur le dollar américain. Depuis 2006, le yuan est certes autorisé à varier par rapport au dollar, ce qui a été le cas, mais dans une très faible mesure. Les Américains qualifient volontiers de manipulation du yuan le fait que la parité ait peu varié. Le maintien d'une parité fixe constitue en réalité le seul moyen dont disposent les Chinois pour rétablir un certain équilibre entre les deux devises, les Américains devant tenir compte du fait que toute tentative de dévaluation compétitive de leur monnaie vis-à-vis du yuan se trouvera automatiquement neutralisée par l'ancrage de celui-ci au dollar. Les Américains ne s'en sont pas moins braqués durant de longs mois sur cette question de la réévaluation du yuan, qu'ils ramenèrent infatigablement à la table des négociations de chacune des grandes réunions internationales. La situation ne devait évoluer que le 22 octobre 2010, lors d'une réunion préparatoire du G20 à Séoul, lorsque le secrétaire au Trésor américain, Tim Geithner, déclara qu'une pacification des relations économiques entre nations exigeait que la problématique se déplace du plan des devises à celui d'un équilibre des comptes courants des nations, et proposa que ceux-ci ne puissent désormais dévier de plus de 4 % en termes de PIB, qu'il s'agisse d'un excès d'importations ou d'exportations. Ce faisant, il redéfinissait bien sûr la problématique dans les termes qu'avait proposés John Maynard Keynes en 1944 : on faisait enfin retour à la bifurcation qui s'était produite autrefois à Bretton Woods, pour s'engager résolument dans la voie qui avait alors été négligée.

En fait, les réserves en dollars que se constituent les autres nations ne sont bien sûr pas conservées sous forme de devises : elles les utilisent à acquérir de la dette américaine sous toutes ses formes, ce qui leur permet de collecter des intérêts. Cela induit ce qu'on appelle une *stérilisation* de la dette : les dollars créés en excès de ceux qui sont nécessaires à la circulation domestique (équivalant à la richesse créée localement) reviennent au pays sous la forme d'un financement de la dette américaine par les nations qui utilisent le dollar comme monnaie de réserve. D'où un effet pervers que Jacques Rueff a bien décrit dans un échange avec Fred Hirsch :

> « Lorsqu'un pays dont la devise est une monnaie de référence connaît un déficit de sa balance des paiements – à savoir, par exemple, les États-Unis –, il règle la nation créancière en dollars qui finissent par aboutir à sa banque centrale. Mais ces dollars ne sont d'aucune utilité à Bonn, Tokyo ou Paris. On les retrouve le jour

même à New York sur le marché des capitaux, si bien qu'ils sont de retour sur leur lieu d'origine. La nation débitrice n'a donc pas perdu ce que la nation créditrice a gagné. Du coup, la nation débitrice ne ressent à aucun moment les effets d'un déficit de sa balance des paiements. »

Et Rueff d'ajouter de manière imagée :

« S'il existait entre mon tailleur et moi un accord tel que tout l'argent que je lui verse me revient le jour même comme un prêt qu'il m'accorde, je n'aurais jamais aucune objection à lui acheter davantage de complets » (Rueff & Hirsch 1965 : 3 ; cité dans Costabile 2010 : 8-9).

Une nation dont la devise a le statut de monnaie de référence en l'absence d'une parité avec l'or, comme c'est le cas des États-Unis depuis 1971, dispose donc du privilège exorbitant de pouvoir créer à volonté de la monnaie pour régler ses dettes extérieures. Elle est, de fait, en possession d'une machine à créer de l'argent. À ceci près que – comme nous l'avons déjà noté – le système finit par se dérégler si cet argent supplémentaire ne trouve pas de contrepartie dans une richesse effectivement créée. Si le dollar a pu obtenir en 1944 le statut de monnaie de référence, c'est parce que l'État américain était à même, en raison de sa richesse, de garantir la convertibilité du dollar en or. La chose était possible dans la mesure où les dollars en circulation à l'extérieur des États-Unis ne représentaient pas un montant démesuré par rapport à ceux circulant à l'intérieur du pays. Mais lorsque la parité a cessé d'exister et que les États-Unis ont simplement entendu tirer parti de la machine à faire de l'argent qu'ils avaient à leur disposition, seul le *fiat* – à savoir la confiance dans leur capacité de pouvoir le faire que leur accordent les nations utilisant le dollar comme monnaie de réserve – peut en décider ou non. C'est ce que M. Bernanke, président de la Fed, fit en 2009 à hauteur de 1 750 milliards de dollars, et c'est ce qu'il s'apprête à faire encore pour un nouveau millier de milliards de dollars à l'heure où j'écris ces lignes (décembre 2010). La question qui se pose, de mon point de vue, dans l'après- « après-Bretton Woods », est de savoir si la devise américaine vaut encore ce que suppose M. Bernanke au nom des États-Unis, ou plutôt ce que le reste du monde en décide.

Autrement dit, la question pratique qui se pose, pour une monnaie de référence, est de savoir de combien peuvent s'écarter les deux branches du dilemme de Triffin : être la mesure de la richesse du pays qui l'émet, et être celle d'une partie de la richesse créée en d'autres pays. La difficulté intrinsèque attachée à ce « combien » est qu'on ne pourra en découvrir le chiffrage qu'a posteriori : après que le système entier se sera effondré. Le capitalisme trouve là aussi une de ses limites. Seule la mise en place d'une monnaie internationale distincte des monnaies nationales peut prévenir une telle catastrophe. Si la monnaie internationale prend la forme du *bancor* proposé par Keynes, la question se simplifie d'ailleurs radicalement, puisque l'existence d'une chambre de compensation multilatérale pour régler les échanges entre nations supprime toute nécessité, pour un pays, de constituer des réserves en une autre devise que la sienne.

David McNally (2009) est allé le plus loin dans l'établissement d'une connexion entre le choix fait à Bretton Woods et la crise qui a commencé en 2007. Il met l'accent sur le désordre monétaire qui naît lorsque Nixon abolit la parité or du dollar. Le taux de change des monnaies est désormais flottant, alors que le dollar maintient sa position de devise de référence, mais que le déficit croissant des États-Unis et de leur balance des paiements sape de plus en plus la position censée justifier leur prédominance. À partir de ce moment, toutes les nations engagées dans le commerce international doivent se protéger contre la volatilité des taux de change. Le *swap de change* est inventé comme instrument de couverture : à chaque échéance, chacune des deux parties versera à l'autre une certaine somme préalablement définie, l'une dans une devise, l'autre dans une seconde devise (voir Jorion 2010 : 283). Le *swap de taux* sera ensuite inventé sur le modèle du *swap de change*, et les produits dérivés prendront leur envol, conclut McNally.

Si la connexion établie par McNally entre désordre monétaire et invention du *swap de change* est sans doute exacte, plus nombreux qu'il ne le suggère sont les facteurs requis pour expliquer l'évolution du marché des produits dérivés.

Le spéculateur contre l'économie

> « L'expression "marché à terme" comprend deux genres d'opérations bien distinctes : les unes effectives, les autres fictives et qui ne sont autre chose qu'une forme de jeu et de pari. »
>
> MARÉCHAL,
> *Les Marchés à terme.*
> *Conditions. Validité.*
> *Exception de jeu*, 1901 : 19.

L'excès d'argent chez certains, dû à sa concentration, le rend disponible pour des paris sur les fluctuations de prix qui tout à la fois créent du risque systémique et accentuent encore cette concentration.

Un reproche auquel on s'expose automatiquement quand on s'en prend à la spéculation est le suivant : « Pourquoi s'en préoccuper aujourd'hui et aller même jusqu'à réclamer son interdiction alors que cela a toujours existé ? »

Il y a plusieurs raisons à cela : la première, c'est que la spéculation n'a jamais été une bonne chose ; elle est au banc des accusés en France depuis la faillite de John

Law, en 1724, quand un arrêt interdit toutes les opérations à terme, les marchés au comptant demeurant seuls licites ; la seconde, c'est qu'il peut venir un moment où une chose qui a été tolérable à d'autres époques cesse de l'être, la raison en étant et ayant pour nom, nous l'avons vu déjà à plusieurs reprises, le *risque systémique* – le risque d'un effondrement total de l'économie.

On peut certainement combattre la spéculation pour des raisons morales et placer le débat sur un terrain éthique, mais ce n'est pas même nécessaire, car il existe des raisons purement économiques pour réclamer son interdiction : la spéculation fragilise les systèmes économiques, elle ponctionne et détourne des ressources qui sont indispensables ailleurs.

Le principal argument de ceux qui justifient la spéculation est qu'elle apporte de la liquidité. C'est vrai, mais, d'une part, cette liquidité est-elle bien utile ? Et, d'autre part et surtout, ne s'obtient-elle pas à un prix excessif ? Première observation à faire : étant donné la présence massive des spéculateurs sur les marchés (environ 80 % sur les marchés à terme), la liquidité qu'apporte un spéculateur n'est le plus souvent utile qu'à un autre spéculateur. Seconde observation : les spéculateurs apportent de la liquidité, mais à des niveaux de prix qui sont – la chose est logique, bien entendu – nécessairement *spéculatifs*. Ces prix spéculatifs constituent-ils une contribution positive aux marchés ? La réponse est résolument non.

Un argument souvent mentionné – il a été proposé par David Thesmar dans le débat qui nous a un jour opposés dans le cadre d'un article de *Philosophie Magazine* (Jorion & Thesmar 2010) –, c'est que le spéculateur ramène le prix vers son fondamental. Qu'est-ce à dire ? Toute chose ayant un prix aurait en fait un véritable prix que l'on appelle le *fondamental*, autre nom peut-être pour ce qu'on appelle aussi la « valeur ». En fait, quand on évoque le « fondamental », on renvoie le plus souvent à une théorie « additive » du prix : on envisage les différents ingrédients qui, combinés, reproduiraient le produit lui-même, on additionne le prix de ces éléments séparés et l'on obtient ainsi le « fondamental » du produit constitué à partir d'eux (Jorion 2008a : 178 ; Jorion 2010 : 58, 111). Il est de cela d'excellents exemples en finance, où de nombreux « produits dérivés » peuvent être décomposés comme une combinaison particulière de positions sur les marchés au comptant et d'options (on peut ainsi reproduire l'équivalent d'une option *call* à un certain niveau de prix d'exercice en combinant une position *long* sur le marché sous-jacent avec une option *put* au même prix d'exercice). Souvent, cette décomposition en différents éléments demeure très théorique, dans la mesure où il serait extrêmement malcommode de reconstituer le produit par une combinaison de ses différentes composantes élémentaires. Ainsi, si l'on pense à une action d'une société cotée en Bourse, on peut considérer que son fondamental est la valeur actuelle (ou plutôt « actualisée », c'est-à-dire la valeur, à la date d'aujourd'hui, d'un versement qui aura lieu dans un avenir plus ou moins lointain, à supposer que la somme aujourd'hui déposée soit susceptible de générer un intérêt) de tous les futurs versements de dividendes auxquels sa détention donne droit, augmentée d'une fraction de la valeur à la casse de la compagnie au prorata du nombre d'actions émises. Bien que cette conception « additive » du prix d'une action soit correcte d'un point de vue technique, il va de soi qu'il serait extrêmement compliqué de la décomposer en ses composantes, à savoir le droit aux dividendes de la société sur un nombre considérable d'années.

Alors, que vaut l'argument selon lequel l'activité du spéculateur tend à ramener le prix vers son fondamental ? Il y a là, à mon avis, une confusion entre l'une des motivations possibles du spéculateur et son comportement effectif. Expliquons cela.

Le spéculateur peut raisonner de la manière suivante : le prix actuel s'écarte peut-être du fondamental ; s'il lui est inférieur, le produit est sous-évalué et son prix ne tardera pas à remonter ; à l'inverse, s'il lui est supérieur, le produit est surévalué et il y aura correction, autrement dit le prix baissera. Cela peut être la base d'un calcul de sa part en vue de déterminer s'il vaut mieux acheter ou vendre, mais sa motivation se situe en réalité ailleurs. Sa motivation est tout simplement de vendre plus cher qu'il n'a acheté, et il lui est loisible de le faire dans des contextes où le prix est en réalité très éloigné de son fondamental, situations que l'on caractérise de manière significative en disant que le prix est alors « spéculatif ».

Quand un prix spéculatif est à la hausse, il croît imperturbablement, s'éloignant de plus en plus de son fondamental. Inversement, quand un prix spéculatif est à la baisse, il baisse inexorablement, s'éloignant là aussi de plus en plus de son fondamental.

Dans le premier cas, il y a davantage d'acheteurs que de vendeurs ; dans le second, plus de vendeurs que d'acheteurs. Leur comportement se contente d'être moutonnier, sans considération du fondamental. Chacun se contente de suivre la tendance. Le fait que le prix s'éloigne du fondamental n'empêche cependant pas que des gains substantiels puissent être obtenus aussi longtemps que la tendance ne s'inverse pas.

On aura compris que ce qui intéresse le spéculateur, c'est la variation de prix en soi : son profit, c'est l'écart entre le prix d'achat et le prix de vente, et plus cet écart est grand, mieux c'est de son point de vue. Par conséquent, le fait que son comportement ramène le prix vers le fondamental lui est en réalité parfaitement indifférent : ce qui l'intéresse, c'est la variation de prix, et il encouragera du coup le développement de tendances, à la baisse tout aussi bien qu'à la hausse, puisqu'il peut y gagner dans un cas comme dans l'autre, et comme celles-ci peuvent rapidement s'inverser par l'épuisement des réserves d'acheteurs quand le prix baisse, et des réserves de vendeurs quand le prix monte, son action provoque des alternances de tendances – dont la variation de prix est la plus ample possible –, et donc une volatilité du prix.

Revenons alors à cette idée selon laquelle les spéculateurs produisent de la liquidité. C'est vrai, mais ce n'est pas spécifiquement en tant que spéculateurs, c'est simplement parce qu'ils constituent, sur les marchés, des acheteurs ou des vendeurs additionnels par rapport à ceux qui ont une justification professionnelle à s'y trouver, parce qu'ils sont producteurs d'une marchandise (producteurs de pétrole, par exemple) ou consommateurs de cette marchandise (compagnies de distribution à la pompe, par exemple). Leur nombre fera que la probabilité de trouver des acheteurs et des vendeurs potentiels à un niveau de prix particulier augmentera. Mais est-ce en soi une bonne chose ? On nous dit invariablement que oui, mais est-ce vrai ? Est-il bien utile, par exemple, que l'offre potentielle et la demande potentielle soient importantes, loin du fondamental ? Non, et pis encore, que le prix sur lequel on s'accorde lors de transactions soit précisément un prix spéculatif peut constituer une nuisance majeure.

Donnons-en un exemple : la situation des marchés à terme en juillet 2008. À cette époque, une sévère récession bat son plein et la consommation de produits pétroliers plonge. Pourtant, en quelques mois, le prix du baril de pétrole passe de 43 à 147,50 dollars. Que se passe-t-il ? Il y a spéculation sur les matières premières à l'échelle internationale. Le prix spéculatif est-il intéressant pour le vendeur ? Certainement ! Pour l'acheteur ? Non, pas du tout : ce sont les consommateurs à la pompe qui paient [9]. Cette divergence, sans rapport avec la rencontre de l'offre et de la demande, est rendue possible par la spéculation. Ne vaudrait-il pas mieux que le prix se fixe en fonction de la rencontre de l'offre et de la demande, même s'il faut sacrifier pour cela la liquidité qu'offrent les spéculateurs ? Si, bien entendu !

Quelle est la différence entre un prix qui se fixe en l'absence de spéculateurs et un prix qui se fixe en leur présence ? Le prix se détermine toujours comme l'effet d'un rapport de forces : dans le premier cas, le rapport de forces entre producteurs et transformateurs ou distributeurs ; dans le second, entre acheteurs et vendeurs dont le seul souci est le développement d'une tendance. Or le développement d'une tendance est une préoccupation financière ; le rapport de forces entre producteurs et transformateurs ou distributeurs est, lui, d'ordre économique.

L'interdiction des paris
sur les fluctuations de prix[10]

> « *Or quels sont les moyens de réprimer ces abus ? On prétend qu'ils sont impraticables, je soutiens qu'ils sont aussi simples qu'infaillibles ; on prétend qu'ils offrent un problème insoluble, même au génie, je soutiens qu'ils ne blessent ni l'intérêt du commerce, ni les droits de la propriété.* »
>
> ROBESPIERRE,
> *Sur les subsistances*
> (2 décembre 1792), 2007 : 146.

REVENIR À LA BIFURCATION DE 1885

La « financiarisation » de l'économie observée au cours du dernier demi-siècle est la conséquence d'une concentration excessive de la richesse. On constate à un bout de l'échelle sociale un manque de ressources, et, à l'autre, des ressources en excès qui cherchent à se placer et qui, n'arrivant pas à le faire dans le secteur de la production, en raison d'une constante menace de surproduction, se consacrent, du coup, à des paris sur les fluctuations de prix. Il faut interdire de tels paris, qui non seulement ponctionnent des sommes astronomiques sur l'activité de l'« économie réelle » (ponctions qu'alimentent les consommateurs quand le prix spéculatif est à la hausse, et les producteurs quand il est à la baisse), mais fragilisent aussi son fonctionnement en créant de longues chaînes de créances où le défaut d'un maillon quelconque entraîne la défaillance tout du long. La finance dite « d'investissement » aura alors été ramenée à sa taille naturelle, sa taille *humaine*, soit une fraction de ce qu'elle est aujourd'hui, libérant les ressources nécessaires à une multitude d'objectifs positifs comme le bien-être des ménages dont les revenus sont constitués de salaires, ou la remise en état de l'environnement.

De la même manière que le retour à un ordre monétaire mondial, prélude à une pacification des relations économiques entre nations, nous force à revenir à la bifurcation qui s'offrit à Bretton Woods en 1944, quand le monde eut à choisir entre la proposition de Harry Dexter White, présentée au nom des États-Unis, et celle de John Maynard Keynes, représentant la Grande-Bretagne, et à nous engager résolument dans la voie qui ne fut pas empruntée à l'époque, de même, la question de l'interdiction des paris sur les fluctuations de prix nous oblige à revenir à une autre bifurcation : celle, beaucoup plus ancienne, qui apparut dans la plupart des pays et en 1885 pour ce qui concerne la France, quand l'article 1965 du Code civil exempta de l'« exception de jeu » les paris sur les fluctuations de prix, c'est-à-dire admit comme recevables les plaintes relatives au non-paiement des enjeux de ces paris.

Dans ce cas aussi, il nous faut emprunter la voie qui fut ignorée en son temps. Pour comprendre pourquoi elle doit être empruntée aujourd'hui, il ne suffit pas de vanter les mérites de la meilleure approche, il nous faut encore comprendre pourquoi un mauvais choix fut fait autrefois. La raison de ce choix malheureux fut l'incapacité, pour les acteurs de l'époque, de distinguer la rationalité des marchés à terme, d'un point de vue économique, du caractère nocif de diverses pratiques, venues d'horizons historiques différents, qui leur semblaient être inextricablement liées au bon fonctionnement de ces marchés : paris purs et simples, ventes à découvert et débouclage de contrats par « paiements de différences » (ce qu'on appelle aujourd'hui « compensation »). Cette incapacité n'était pas liée à un état particulier du développement de la théorie économique, mais à une insuffisante réflexion, d'une part sur l'importance de la ponction qu'opère la spéculation sur la richesse créée, d'autre part sur la nature de la menace associée à ces pratiques dans une perspective de risque systémique pour l'économie entière. L'image s'est simplifiée par décantation, pourrait-on dire, et nous n'avons plus aucune difficulté à distinguer les pratiques qui accroissent le risque global de celles qui le réduisent en en opérant contractuellement le partage, à savoir ce que nous appelons fonction *assurantielle* des instruments financiers.

Le choix qui fut fait en France en 1885 était frappé au coin du bon sens ; mieux encore : il paraissait, comme nous le verrons, réparer une injustice – quand les opérations financières tournaient mal, les pauvres tombaient sous le coup de la loi, alors que les riches étaient épargnés. Une fois encore – c'est là une constante de l'histoire humaine –, l'enfer était pavé de bonnes intentions.

On pourrait faire remonter l'histoire [11] – ou plutôt la préhistoire – de notre affaire aussi loin dans le passé qu'on le souhaiterait, par exemple à la première formulation en droit français de l'*exception de jeu :* une ordonnance de 1629 qui « déclare toute dette de jeu nulle, et toutes obligations et promesses faites pour le jeu, quelque déguisées qu'elles soient, nulles et de nul effet et déchargées de toutes obligations civiles et naturelles » (Maréchal 1901 : 19). Au début du siècle suivant, l'attention de ceux que nous appellerions aujourd'hui les régulateurs des marchés se porta sur une pratique particulière : la *vente à découvert*.

LA VENTE À DÉCOUVERT

L'ordre des agents de change est créé en 1723 dans un but précis : il s'agit avant tout de régler la question des ventes fictives d'« effets publics » visant à en faire baisser le prix. La société anonyme est reconnue pour la première fois dans le Code de commerce de 1803. Tels que définis plus tard, au début du XXe siècle, les *effets publics* sont « les fonds d'État, inscriptions de rentes, bons du Trésor, actions et obligations de certains canaux, chemins de fer et compagnies garanties par l'État, titres émis par les villes, les établissements publics et les sociétés anonymes » (Maréchal 1901 : 8). Ces « ventes fictives » visant à faire baisser les prix, ce sont les *ventes à découvert*.

La vente à découvert n'est pas alors, comme maintenant, une stratégie complexe qui force le vendeur à découvert à d'abord emprunter des titres qu'il rendra plus tard, à les vendre aussitôt et à les racheter ultérieurement sur le marché en espérant que le prix en aura entre-temps baissé, pour empocher la différence entre la vente initiale et le rachat qui sera intervenu ensuite. Non : dans la vente à découvert, à cette époque, aucune autorité ne demande à voir les titres, et le vendeur ne possède aucunement ce qu'il vend, ce qui justifie l'expression, qu'on lui applique, de « vente fictive ». Le vendeur n'achètera lui-même l'effet (pour autant, comme nous le verrons, qu'il l'achète jamais) qu'au moment où il doit le livrer, espérant – là aussi – que le prix en sera alors moindre qu'au moment où il l'a prématurément vendu. Le vendeur à découvert est un simple parieur à une époque où les paris à la hausse ou à la baisse du prix d'effets publics sont formellement interdits, tout comme ils le seront au XIXe siècle par les articles 421 et 422 du Code pénal :

> *Article 421* du Code pénal : « Les paris qui auraient été faits sur la hausse ou la baisse des effets publics seront punis des peines portées par l'art. 419. »

Le juriste Pothier (1699-1772) avait défini le pari comme un « contrat aléatoire et intéressé de part et d'autre par lequel deux joueurs conviennent que celui d'entre eux qui sera le perdant donnera une certaine somme à celui d'entre eux qui sera le gagnant » (Périn 2003).

Les peines mentionnées à l'article 419 du Code pénal sont lourdes : un mois à un an de prison, et une amende de 500 à 10 000 francs. Parmi les peines complémentaires, la mise sous surveillance des coupables par la haute police pendant une durée de deux à cinq ans (Bittard des Portes 1882 : 3). Quant à l'article 422, il stipule :

> « Sera réputé pari de ce genre toute convention de vendre ou de livrer des effets publics qui ne seront pas prouvés par le vendeur avoir existé à sa disposition au temps de la convention, ou avoir dû s'y trouver au moment de la livraison. »

Jusqu'au 28 mars 1885, date à laquelle les articles 421 et 422 seront abrogés, les paris sur les fluctuations de prix sont donc interdits en France.

L'objet de l'article 422 est ce que l'on appelle aujourd'hui la vente à découvert « nue » : *nue* pour souligner l'absence des titres ou de la marchandise qui sont vendus. Le souci du législateur, on l'aura compris, est que nul ne vende ce dont il n'est pas propriétaire. Le vendeur, lui, ne partage pas ce souci : il achètera en temps utile ce qu'il s'est engagé à vendre. Le problème réside dans le fait que la seule garantie qu'il le fasse réellement, c'est son intention. Or une intention est beaucoup plus difficile à établir qu'un fait tangible comme un titre de propriété.

Pour autant, certains ne voient pas malice dans la vente à découvert ; ainsi « Boscary de Villeplaine, adjoint au syndic des agents de change de Paris, que l'Empereur consultait sur la validité des opérations à terme pour lesquelles Napoléon Ier se sentait fort peu de sympathie : "Sire, lorsque mon porteur d'eau est à ma porte, commettrait-il un stellionat [12] en me vendant deux tonneaux d'eau, au lieu d'un qu'il a ? Certainement non, puisqu'il est toujours certain de trouver à la rivière celui qui lui manque ; eh bien, sire, il y a une rivière de rentes !" » (Bittard des Portes 1882 : 5).

Le souci essentiel, toutefois, celui qui a attiré les foudres du législateur, ce n'est pas tant, bien entendu, la fragilité de l'intention, mais le fait que la vente à découvert est une tactique utilisée par ceux qui tentent de faire baisser la valeur des « effets publics ». Napoléon en particulier n'avait aucun égard pour eux. On rapporte ceci à son sujet :

> « Un jour, c'était vers le milieu de 1801, M. Mollien [Nicolas François Mollien, comte d'Empire qui, cinq ans plus tard, deviendra ministre du Trésor public et le restera jusqu'en 1814, pour l'être à nouveau durant les Cent-Jours] fut invité à se rendre à la Malmaison pour s'entretenir avec lui. Il s'agissait d'une idée suggérée à Napoléon par le désappointement de spéculateurs à la hausse qui avaient accès auprès de sa personne. Pour la première fois, M. Mollien paraissait devant l'homme qui déjà intimidait le monde. En profitant des notions excessives qu'avait Napoléon au sujet de l'étendue des attributions de l'autorité, on avait réussi à lui faire accroire que spéculer à la baisse par des marchés à terme faits à la Bourse était un acte d'hostilité flagrante contre le gouvernement. [...]
> Le Premier Consul [...], passant au sujet qui le préoccupait – "ne doit-on pas, dit-il, considérer comme des malveillants ceux qui, pour avilir les effets publics, s'engagent à en livrer dans un délai convenu des quantités considérables à un cours plus bas que celui du jour ? L'homme qui offre de remettre dans un mois à 38 francs des titres de rentes qui se vendent aujourd'hui au cours de 40 francs ne proclame-t-il pas et ne prépare-t-il pas le discrédit ? ne montre-t-il pas au moins que personnellement il n'a pas confiance dans le gouvernement, et le gouvernement ne doit-il pas regarder comme son ennemi celui qui se déclare tel lui-même ?" [...] M. Mollien, avec la modération qui lui était propre et l'urbanité

exquise dont il possédait si bien le secret, tint tête à celui dont la volonté était si promptement obéie par tout ce qui l'approchait. Il lui remontra qu'il n'appartenait pas à l'autorité d'intervenir dans des transactions entièrement libres, qui avaient besoin de rester telles, et le seraient toujours, quoi que l'on tentât pour les dominer ; que vainement on avait interdit les marchés à terme par l'arrêt du conseil de 1786, qu'on ne les avait pas empêchés, et qu'on ne les empêcherait pas. Il exposa comment le vendeur à la baisse devient malgré lui promoteur de la hausse quand arrive le moment de livrer, car alors il faut bien qu'il achète » (Chevalier 1856).

Mollien avait eu l'occasion, au cours d'un exil de cinq ans en Angleterre (après avoir été emprisonné durant la Terreur), de se familiariser avec les travaux d'Adam Smith, dont il était devenu un fervent admirateur. Chevalier, qui rapporte cette conversation, ajoute une remarque charmante sur les incompatibilités qui pouvaient exister entre la pensée d'Adam Smith et la manière napoléonienne de concevoir l'exercice du pouvoir : « M. Mollien était, et ne s'en cachait pas, un disciple d'Adam Smith. Napoléon n'était pas de cette école et affectait encore plus de ne pas en être. [...] Adam Smith, lorsqu'il a été conduit à indiquer les limites qu'il convient de tracer à l'action de l'autorité, l'a circonscrite dans un cercle extrêmement étroit ; il laisse par conséquent presque tout à faire à l'initiative des particuliers. L'autorité telle qu'il la conçoit serait réduite à un rôle exigu. [...] Napoléon, qui était d'un tempérament essentiellement dominateur, et chez qui d'ailleurs s'offrait avec tant de développement et de puissance la réunion des facultés nécessaires pour gouverner jusque dans le dernier détail, n'aurait pu, en quelque pays qu'il eût été placé, se résigner à n'avoir que des attributions tronquées » (*ibid.*).

Le « paiement de différences »

La question du licite et du non-licite en matière d'opérations financières faisait intervenir au XIXe siècle un second élément : le « paiement de différences ». Comme celui qui vend à découvert ne possède pas la chose qu'il vend au moment où il la vend, il ne pourra la livrer à l'échéance que s'il l'acquiert entre-temps. Indépendamment de toute question de propriété ou de possession des titres ou de la marchandise, il peut cependant avoir gagné à l'échéance son pari à la baisse. Il est alors tout à son avantage – pour pouvoir s'éviter l'embarras de devoir acheter lui-même les titres ou la marchandise qu'il a vendus à terme – qu'à l'échéance la livraison du produit soit remplacée par un simple règlement en espèces de la somme gagnée ou perdue par lui. Là non plus, certains n'y voient pas malice. Ainsi Jules Léveillé en 1868 :

> « En liquidation, toute vente m'assure, si je le veux, les titres que j'ai achetés et auxquels j'ai droit. Sans doute,

il se peut que je n'exige pas, en résultat, livraison matérielle des titres ; mais la convention de livrer, qui caractérise la vente, a du moins existé lors du contrat, et j'en puis toujours réclamer le bénéfice lors de la liquidation. Si mon vendeur ne me fournit pas lui-même les titres qu'il m'a promis et que j'aie besoin de les chercher sur la place, en déboursant peut-être un prix plus élevé – j'ai acheté, au cours de 500 F, des titres qui, lors de la liquidation, valent 600 F, mon vendeur devra me payer la différence, 100 F –, qu'est maintenant cette différence, sinon la réparation mathématique du préjudice que le vendeur me cause en ne me livrant pas lui-même ? Qu'est-ce, sinon le moyen à l'aide duquel j'obtiens, aux frais du débiteur, l'exécution effective du contrat que j'ai passé ? Je retiens en effet mon prix, 500 F ; j'y ajoute l'indemnité, 100 fr. ; et, avec mes 600 F, je puis ramasser sur la place les titres dont j'ai besoin. Où est l'anomalie ? où est la fiction ? » (Jules Léveillé, *Du régime de la Bourse*, 1868 ; cité par Bittard des Portes 1882 : 12).

L'existence de la monnaie permet bien entendu de faire s'équivaloir, d'un point de vue monétaire, la livraison de titres ou de marchandise et le paiement de différences. Ce qui distingue cependant le négociant du spéculateur, c'est que si le premier peut régler, à sa convenance, en nature ou en espèces, le second n'a pas ce choix et doit payer les différences.

Quoi qu'il en soit, le règlement en espèces, le « paiement de différences », apparaîtra comme la signature même de la vente à découvert : celui qui s'était en réalité livré à une vente fictive, comme il n'a aucun produit à offrir, insistera pour que de simples sommes d'argent soient échangées lors de la « livraison », ou plutôt au moment où le pari se déboucle.

S'ajoutant à la *vente à découvert*, le *paiement de différences* va contribuer à compliquer la question de la légitimité ou non des marchés à terme, complication que la révocation de *l'exception de jeu* pour tous les paris portant sur des produits financiers apparaîtra alors comme le moyen miraculeux d'éliminer. Encore une fois, parce que ni la question de la ponction économique qu'opèrent les paris, ni celle du risque systémique, n'ont encore été clairement formulées.

L'EXCEPTION DE JEU

L'*exception de jeu* est donc l'objet de l'ordonnance de 1629 que j'ai mentionnée plus haut et qui déclare « toute dette de jeu nulle, et toutes obligations et promesses faites pour le jeu, quelque déguisées qu'elles soient, nulles et de nul effet et déchargées de toutes obligations civiles et naturelles ». C'est donc le fait que le gagnant d'un jeu ne pourra pas se tourner vers les tribunaux pour exiger paiement si le perdant refuse de s'acquitter de l'enjeu. L'article 1965 du Code civil affirmera que « la loi n'accorde aucune action pour une dette de jeu ou pour le paiement d'un pari ». S'il y a eu jeu ou pari, le droit civil refuse d'intervenir dans les querelles entre joueurs et parieurs.

Il est du coup essentiel de déterminer ce qui est véritablement jeu et ce qui ne l'est pas. Pour qu'il y ait « jeu », il faut que le processus dont l'issue est l'événement qui fait l'objet du pari soit aléatoire. Si l'issue dépend du talent, il n'y a pas jeu : le législateur distingue soigneusement ce qui dépend de l'*adresse* de ce qui dépend uniquement de la *chance*. Ainsi, le Code civil précise aussitôt après, en son article 1966, que « les jeux propres à exercer au fait des armes, les courses à pied ou à cheval, les courses de chariot, le jeu de paume et autres jeux de même nature qui tiennent à l'adresse et à l'exercice du corps, sont exceptés de la disposition précédente ».

L'existence de l'article 1965 faisait craindre au gagnant d'une opération financière de nature spéculative que le perdant invoque l'exception de jeu pour tenter d'échapper à ses obligations ; que celui qui doit de l'argent fasse valoir devant un tribunal qu'il ne s'agissait, après tout, que d'un pari sur une fluctuation de prix : un des ces paris qui auraient été faits « sur la hausse ou la baisse des effets publics » dont parle l'article 421 du Code pénal.

Qu'en était-il dans la pratique ? Un avocat, Numa Salzédo, fait part en 1880 des habitudes judiciaires qui prévalent à l'époque : alors que la loi soumet les opérations financières à l'exception de jeu, la jurisprudence, de manière générale, les en exclut au contraire, considérant qu'une opération financière « sérieuse et légitime » ne se confond pas avec un pari ; si les tribunaux suivent la jurisprudence, les cours d'appel ainsi que la Cour de cassation considèrent, elles, que l'exception de jeu s'applique bel et bien aux opérations financières. Salzédo écrit :

> « L'exception de jeu, il ne faut pas se le dissimuler, entre dans les prévisions de tout spéculateur de mauvaise foi, non sans raison ; car, en dépit des principes qui font aujourd'hui la base de la jurisprudence sur ce point, si elle est invariablement repoussée par les juges consulaires, elle est le plus souvent accueillie par les cours d'appel » (Salzédo 1880 : 15-16).

Ainsi, la Cour de cassation déclare dans un arrêt du 26 février 1845 : « La loi n'accorde aucune action pour le paiement d'un pari ; tous les jeux ou paris sur la hausse ou la baisse des marchandises dont les prix sont cotés à la Bourse sont compris dans cette prohibition » (*ibid.*, 18).

Dans la pratique, comme le constate Salzédo, il existe deux poids, deux mesures, selon la qualité des parties en présence : l'exception de jeu s'appliquera ou non selon le statut social des plaignants. Il observe :

> « Où finit la spéculation licite ? où commence le jeu ? La distinction est assurément subtile. Les juges se prononcent suivant les circonstances, suivant leur impression. J'admets que cette impression soit le plus

souvent exacte ; mais il n'en est pas moins vrai que rien ne ressemble plus au jeu que la spéculation, et que rien ne ressemble plus à la spéculation que le jeu. Les mêmes opérations sont caractérisées différemment selon le tribunal qui sera appelé à en connaître, et aussi selon les parties en cause, leur position de fortune, etc. ; de telle sorte que la même opération, qui sera considérée comme sérieuse et licite si elle est faite par Paul, dont les ressources sont considérables, sera répudiée comme une indigne spéculation si elle est faite par Pierre, dont la situation est plus modeste.

« On peut s'étonner, au point de vue juridique, qu'une convention change ainsi de nature suivant la fortune des contractants, et, au point de vue moral, que ce qui est un jeu pour le pauvre soit, pour le riche, l'opération la plus licite » (*ibid.*, 24-25).

Bittard des Portes commente dans le même sens : « Cette jurisprudence aboutit à cette conséquence singulière : elle tend à légaliser le jeu pour peu qu'il n'excède pas les forces du joueur » (Bittard des Portes 1882 : 11).

La Coulisse

Tel est le contexte historique et pratique dans lequel la problématique des marchés à terme se situe au XIXe siècle : paris illicites à la hausse ou à la baisse donnant lieu à ventes à découvert et à règlements par paiement des différences. Ces marchés n'en sont pas moins en place, mais en dehors du secteur financier réglementé : dans ce qu'on appelle la *Coulisse*. Relève, comme nous le verrons, de la Coulisse le « marché gris » (Gallais-Hamonno 1996 : 2), une expression qui n'est pas sans en rappeler une autre – contemporaine, celle-ci : le *shadow banking*, la « banque de l'ombre » dont parlent aujourd'hui les Américains, où règnent en maîtres les *hedge funds*, les fonds d'investissement spéculatifs, ainsi que les SPV, les *special purpose vehicles* : « véhicules en vue d'un objectif spécial », mis en place pour permettre la titrisation, sous forme d'une obligation unique, de plusieurs milliers de crédits individuels. Comme dans le cas de la « banque de l'ombre » aujourd'hui, la Coulisse n'est pas l'apanage de personnages interlopes : les banques ayant pignon sur rue s'adonnent elles aussi à ces activités, mais, bien entendu, en coulisse !

Gallais-Hammono écrit à propos de la Coulisse :

> « Le point le plus ahurissant de tout le XIXe siècle est l'épanouissement d'une Bourse complètement illégale, parfaitement parallèle à la Bourse officielle, qui est la Coulisse. Deux raisons de fond expliquent l'apparition de ce deuxième marché : d'abord, le coût du retour de Napoléon. Les Cent-Jours, du point de vue financier, ont été une catastrophe. En moins de cinq ans, la dette publique est multipliée par deux. Deuxième raison de fond : l'industrialisation, qui démarre sous la monarchie de Juillet, aux alentours de 1840, et qui prend la forme de sociétés privées qui émettent des titres évidemment pri-

vés, et les agents officiels "ratent le coche". Au lieu d'essayer de négocier ces deux types de titres, ils se spécialisent dans la dette publique, ce qui laisse évidemment un vide. La Coulisse se développe à cause de ce vide. Elle tire son nom de l'architecture du bâtiment de la Bourse. Une coulisse de bois servait à maintenir les visiteurs à l'écart du "parquet" où s'effectuaient les transactions "officielles" des agents de change. Derrière cette barrière de bois, des individus vont eux aussi négocier.

« Bien entendu, un marché illégal ne peut subsister qu'à condition d'être plus efficace et plus innovateur que le marché officiel. C'est la Coulisse qui va être, durant le XIXe siècle, l'élément moteur de l'innovation financière, puisqu'elle va inventer le "marché gris", cette espèce de marché qui fait qu'un certain nombre de gens peuvent coter à l'avance une grosse émission à venir, soit d'une entreprise privée, soit de l'État. La Coulisse invente le marché gris et cote à l'avance les fonds d'État.

« C'est elle qui se met à coter les actions industrielles étrangères, car, jusqu'en 1872, cette cotation reste interdite aux agents de change. Elle effectue des arbitrages sur les fonds d'État avec les agents de change, et – beaucoup plus original – elle invente les options, ce qu'on appelle les *primes*, à l'époque.

« Elle bénéficie de coûts de transaction plus faibles, car elle ne paie pas l'impôt de Bourse. Elle invente le marché continu, puisque ces opérations se passent hors séance, de 11 heures du matin à 10 heures du soir, sous forme de négociations sur les Grands Boulevards. Ce spectacle a même laissé des traces dans la littérature. On pouvait souvent voir trois, quatre, cinq personnes avec des carnets, sur les Grands Boulevards, galerie Vivienne, qui effectuaient des transactions.

« La preuve que cette illégalité était innovante et extrêmement efficace est qu'elle se développe de manière tout à fait extraordinaire, puisqu'en 1858, c'est-à-dire en trente ans à peu près, deux cents banques font quotidiennement des opérations de Coulisse. Daumier nous a fait croire pendant longtemps que le coulissier de base était un escroc pur et dur, mais c'est faux. La majorité d'entre eux étaient des représentants tout à fait honorables de banques ayant pignon sur rue. On estime qu'au milieu du second Empire la Coulisse représentait trois cinquièmes des transactions. Mais il est juste de préciser qu'une partie de ce succès était due à l'existence de coûts de transaction plus faibles, car ces opérations "non reconnues" ne supportaient pas l'impôt de la Bourse !

« Les relations de la Coulisse avec le marché officiel sont des relations parfaitement schizophréniques. Quand tout va bien, les individus se pressent pour acheter et pour vendre, et les soixante agents de change ne peuvent y suffire ; ils délèguent alors leurs petites transactions aux coulissiers. Mais quand cela va mal, les transactions diminuent, et à ce moment-là les agents de change découvrent les concurrents, et, forts des textes réglementaires qui leur donnent un pouvoir de monopole, se tournent vers l'administration et les font poursuivre. À la préfecture de police, pendant tout le XIXe siècle, il y a un commissaire dont la responsabilité est d'avoir l'œil sur la Coulisse. Malheureusement, les rapports annuels sont incomplets.

« Cependant, l'on dispose d'un rapport fait par ce commissaire responsable à la suite d'une plainte des agents de change, rapport qui dit en substance : "Monsieur le Ministre, avant d'étudier ce que font les coulissiers, je suggère que nous étudiions comment se comportent les agents de change..." »

« Un procès célèbre a réuni comme accusés tous les plus grands présidents-directeurs généraux des grandes banques de la place. Du plus gros jusqu'au plus petit. À la suite de ces procès, la Coulisse disparaissait pendant huit à dix jours, puis renaissait de ses cendres, car la liquidation se passait mal. Cela a duré pendant quatre-vingt-cinq ans, jusqu'à ce qu'un arrêt de la Cour de cassation déclare que la Coulisse était un marché manifestement organisé ; ce qui était le cas, car il y avait un annuaire, une compagnie des coulissiers, parallèle exacte de la Compagnie des agents de change. Et, en 1885, ce marché a donc été reconnu comme licite. En 1952, il sera fusionné avec les agents de change » (Gallais-Hammono 1996 : 1-3).

Salzédo rapportait de son côté, à propos de

« ... l'arrêt du 17 janvier 1860 dans le fameux procès des coulissiers : les défenseurs de ces derniers soutenaient qu'ils n'avaient pas usurpé les fonctions d'agents de change, puisqu'ils ne se livraient qu'à des opérations à terme interdites à ces intermédiaires officiels » (Salzédo 1880 : 12).

Le marché à terme

C'est dans ce cadre d'opérations interdites en principe que se situait donc le marché à terme informel. Les notions qui y président sont, comme nous l'avons vu, celles du pari, de la vente à découvert et du paiement de différences.

Comment les choses se dénouèrent-elles ? Je reprends ici à Maréchal son exposé historique :

> « Le krach de 1882 avait engendré des procès par centaines. Tous les spéculateurs malheureux se raccrochaient à cette dernière branche de salut, l'"exception de jeu" que les tribunaux accueillaient ou rejetaient à leur gré, leur décision échappant d'une façon absolue au contrôle de la Cour suprême.
>
> « Il fallait une loi pour mettre fin à cet état de choses, et la loi du 28 mars 1885 fut votée. Cette loi abroge les articles 421 et 422 du Code pénal.
>
> « Au point de vue civil, l'article Ier déclare légaux tous marchés à terme sur effets publics et autres, tous marchés à livrer sur denrées et marchandises : nul ne peut, pour se soustraire aux obligations qui en résultent, se prévaloir de l'article 1965 du Code civil lors même qu'ils se résoudraient par le paiement de simples différences.
>
> « Mais la jurisprudence s'est presque aussitôt divisée.
>
> « D'après un premier système, la loi de 1885, tout en déclarant légaux les marchés à terme, avait maintenu l'exception de jeu s'il était démontré que, dès l'origine,

l'intention des parties avait été uniquement de jouer et de parier sur des différences de cours, et cette intention pouvait être établie par tous les moyens de preuve. [...]
« D'après un second système, le législateur de 1885 a interdit la preuve contraire à la présomption *juris et de jure* créée par la loi. [...] L'exception de jeu n'est jamais recevable, sans qu'il y ait lieu de distinguer les marchés sérieux des simples paris à la hausse ou à la baisse.
« D'après un troisième système, l'exception de jeu tirée de l'article 1965 n'est plus opposable en principe à ces marchés, sauf, cependant, dans le cas où il résulte *ab initio* des conventions écrites des parties qu'il ne s'agit pas d'un véritable marché à terme, mais bien d'un jeu et d'un pari. [...]
« C'est le deuxième système qui a été adopté par la Cour, et l'arrêt est conçu dans les termes les plus formels :
« "Vu l'article Ier de la loi du 28 mars 1885 ; attendu qu'en déclarant, en des termes essentiellement impératifs, que nul ne pourrait se soustraire aux obligations résultant de 'tous' marchés à terme sur effets publics et autres, de 'tous' marchés à livrer sur denrées et marchandises, alors même qu'ils se résoudraient par le paiement d'une simple différence, la loi du 18 mars 1885, lorsque les opérations sur effets et marchandises ont pris la forme de marchés à terme, a entendu interdire aux parties d'opposer l'exception de jeu et aux juges de rechercher l'intention des parties ; qu'en décidant le contraire, lorsque les opérations sur lesquelles il avait à statuer avaient pris la forme de marchés à

terme, l'arrêt attaqué a violé l'article de loi susvisé ; – Casse..."» (Maréchal 1901 : 22-24).

Le fruit est tombé parce qu'il était mûr. Dans son opuscule publié cinq ans auparavant, Salzédo écrivait : « Les anciens arrêts étaient tombés en désuétude. Les marchés à terme, qui s'étalaient officiellement sur la cote de la Bourse, entraient chaque jour davantage dans nos mœurs financières. C'était bien le moment de les proscrire par un texte formel, si on les considérait comme illicites. Le législateur n'a rien dit... » (Salzédo 1880 : 19). Et il ajoutait plus loin : « La loi doit marcher avec le temps, se façonner aux mœurs nouvelles » (*ibid.*, 32). Et l'on comprend mieux ce qu'il entend par « mœurs nouvelles » quand il appelle de ses vœux une « disposition législative [...] impérieusement réclamée par le monde des affaires » (*ibid.*, 20).

En fait, la France était l'un des derniers pays européens à avoir pris des mesures en ce sens. Dans son ouvrage intitulé *La Bourse à la portée de tous*, H. Cozic rapporte :

> « Dès l'année 1860, une loi votée en Suisse assimilait la vente à terme des effets publics aux autres opérations commerciales. La Hollande n'a jamais eu rien à réformer, car elle a toujours pratiqué la liberté commerciale en matière de Bourse, comme pour les autres marchandises. En 1867, la Belgique a supprimé les articles du Code pénal relatifs aux opérations de Bourse et a res-

treint l'application de l'exception de jeu à des cas tout à fait exceptionnels. L'Autriche, de son côté, s'est rangée avant nous du côté de la liberté des affaires, et, par une loi de 1875, elle a déclaré que les opérations de Bourse étaient des actes commerciaux auxquels on ne pouvait opposer l'exception de jeu. En Allemagne, la Cour suprême de Leipzig applique aux achats et ventes des valeurs à terme les principes relatifs à la vente des marchandises. L'Italie, enfin, que nous avons fait naître à la vie des affaires, a fait elle-même, avant nous, une loi qui reconnaît les marchés à terme, même lorsqu'ils n'ont pour but que le paiement des différences, pourvu que ces marchés soient constatés sur timbre. N'est-il pas triste de voir la France, le premier marché financier du continent, se traîner à la remorque des pays qu'elle alimente de ses capitaux ? » (Cozic 1885 : 269).

Bien sûr, les choses ne devaient pas en rester là : s'ouvrait un avenir radieux dont les limitations n'apparaîtraient pas pleinement avant 2007, avenir dont Maréchal dessinait les contours avec enthousiasme dès 1901 :

> « Au point de vue de la morale absolue, cette solution peut être critiquable : c'est la Bourse des valeurs et la Bourse des marchandises transformées en vastes maisons de jeu légales ; c'est faire judiciairement, pour le jeu à la hausse et à la baisse, ce que l'on a fait administrativement pour le pari mutuel sur les hippodromes ; mais cette décision a l'immense avantage de trancher définitivement cette question irritante et de couper court à ces divergences d'opinions qui séparaient les cours

d'appel et, parfois même, les chambres d'une même cour, notamment comme à Paris, où la 3ᵉ chambre admettait l'exception de jeu alors que la 5ᵉ la rejetait impitoyablement, ravalant ainsi la justice elle-même à une sorte de jeu de hasard, le gain ou la perte du même procès dépendant uniquement d'une chance de sortie du rôle » (Maréchal 1901 : 25-26).

Et son enthousiasme devant la régularisation qui avait eu lieu seize ans plus tôt l'encourageait à imaginer encore d'autres innovations rémunératrices :

> « Mais, une fois engagé dans cette voie, le législateur ne devrait-il pas aller plus loin ?
> « Le jeu est reconnu sur les hippodromes et à la Bourse ! Pourquoi maintenir la suppression des loteries et des jeux de hasard ? On a supprimé le délit du pari à la hausse et à la baisse sur les effets publics ; on a sanctionné légalement la dette pouvant résulter de ce pari ;
> – pourquoi l'article 1965 pour une dette loyalement contractée sur le tapis vert de l'écarté ou du baccarat ?
> « Pourquoi ne pas rétablir la liberté des jeux et amener en France les millions que drainent chaque année les roulettes de la Belgique et de Monaco ?
> « La morale n'en souffrirait pas davantage, et l'intérêt public en profiterait » (*ibid.*, 25-26).

Bien sûr, ces « mœurs nouvelles » devaient – nous le savons maintenant – tuer la bête. Mais, entre cette époque et la nôtre, on s'en est vraiment donné à cœur joie !

Ce qu'il convient de faire maintenant

Je rappelle que l'article 421 du Code pénal abrogé le 28 mars 1885 déclarait que « les paris qui auraient été faits sur la hausse ou la baisse des effets publics seront punis des peines portées par l'art. 419 ».

Jusqu'à cette époque, les paris sur les fluctuations de prix étaient donc interdits en France.

L'article 422 stipulait quant à lui : « Sera réputée pari de ce genre toute convention de vendre ou de livrer des effets publics qui ne seront pas prouvés par le vendeur avoir existé à sa disposition au temps de la convention, ou avoir dû s'y trouver au moment de la livraison. »

Était visée la vente à découvert au sens de l'époque, à savoir la vente d'un bien par quiconque n'en est pas propriétaire au moment de la vente. Une des implications de l'article 422 est que les marchés à terme en France sont interdits de fait aux spéculateurs, qui, contrairement à ceux que l'on appelle en français les « négociants » (en anglais : *commercials*), ne sont pas susceptibles soit de livrer, soit de prendre livraison du produit sur lequel porte le marché.

L'article 422 constate que le non-négociant sur un marché à terme est un simple parieur « sur la hausse ou la baisse » ; or l'article 421 déclare : « Les paris qui auraient été faits sur la hausse ou la baisse des effets publics seront punis... »

En punissant les paris sur les fluctuations de prix – en particulier ceux ayant pour cadre les marché à terme –, ces deux articles du Code pénal abrogés en 1885 allaient donc bien au-delà de l'esprit de l'*exception de jeu* telle que formulée dans l'article 1965 du Code civil et qui affirme, je le rappelle, que « la loi n'accorde aucune action pour une dette de jeu ou pour le paiement d'un pari ».

Suffirait-il alors de remettre en vigueur ces articles 421 et 422 pour interdire les paris sur les fluctuations de prix et rendre les marchés à terme aux seuls négociants ? Probablement oui, mais qu'en serait-il alors des préoccupations qui avaient précisément conduit à leur abrogation ?

Comme on l'a vu, la question de la légitimité des marchés à terme au XIXe siècle était viciée par des considérations dont nous savons aujourd'hui qu'elles sont annexes, mais qu'il n'était pas possible, à l'époque, de débrouiller : paris, vente à découvert et « paiement des différences ».

Mollien, ministre des Finances de Napoléon, y voyait déjà très clair, puisqu'il aurait dit, au cours de la conversation avec l'Empereur dont j'ai déjà cité un extrait :

> « "Quant aux marchés à terme qui se font à la Bourse [...], c'est à tort qu'on les repousse au nom de la législation et de la morale ; je crois avoir prouvé que la morale ne s'y opposait pas, et j'oppose à la législation qui les

proscrit, et qui se réduit à un arrêt de circonstance rendu en 1786, que cet arrêt n'a jamais été ni exécuté ni exécutable. Ceux qui condamnent la vente et l'achat, sous cette forme, des effets publics oublient que les plus importantes, les plus nécessaires transactions sociales consistent en marchés de ce genre. [...] L'objection commune contre les marchés à terme faits à la Bourse, et qui est fondée sur ce qu'on ne peut pas vendre ce qu'on ne possède pas, et que la loi ne peut pas reconnaître un marché qui n'aurait pas dû être fait, [...] n'est au fond qu'une pétition de principes ; il me semble que la loi ne doit pas défendre ce qu'elle ne peut pas punir, et bien moins encore ce qu'elle est réduite à tolérer. Elle ne doit pas interdire à la Bourse de Paris un mode de transaction accrédité par un long usage à Londres, à Amsterdam, et qui s'est plus particulièrement introduit dans nos habitudes en conséquence des changements survenus dans le régime de notre dette publique. Cette dernière considération affaiblit encore l'importance qu'on pourrait attacher à l'arrêt du Conseil de 1786. Je ne prétends pas conclure que les marchés à terme sont exempts d'abus ; c'est pour que ces abus soient réprimés que je demande que les contractants soient jugés selon la loi commune des contrats" » (Chevalier 1856).

La confusion découle du fait que, sur un marché à terme, la vente a lieu aujourd'hui d'un produit (titres ou marchandises) qui ne sera livré qu'ultérieurement. La livraison n'intervenant pas au moment où le contrat est passé, il n'y a aucune nécessité que le vendeur dispose du produit au moment où il le vend, au contraire de la vente au comptant, où la livraison est immédiate. À moins donc qu'il ne soit exigé – par exemple par la chambre de compensation d'un marché organisé – que le vendeur apporte la preuve qu'il est propriétaire (ou en tout cas en possession) des effets vendus, la vente sur un marché à terme peut a priori se faire « à découvert », c'est-à-dire sans que le vendeur possède les titres ou marchandises vendus.

Mais cette question de la possession est distincte de celle de la livraison – ce qui était sans doute perçu à l'époque, mais n'était pas clairement formulé –, puisqu'il existe deux possibilités selon que le vendeur est en réalité négociant ou spéculateur : si le vendeur est négociant, qu'il soit en possession de la marchandise ou non au moment de la vente à terme est indifférent, puisque son intention est bien de disposer de la marchandise au moment de la livraison pour pouvoir précisément la livrer ; si le vendeur est au contraire spéculateur, il ne dispose pas de la marchandise au moment où il la vend, et il est avantageux pour lui que le règlement ait lieu non pas en nature, mais en espèces, par le *paiement des différences*, à charge pour l'acheteur, s'il est, lui, négociant, de se faire livrer ce jour-là ailleurs et par une autre source, le prix qui lui est réclamé par cette autre source lui étant alors indifférent puisque le *paiement des différences* lui permet précisément de régler au prix comptant du jour, comme l'a montré l'illustration offerte par Léveillé et rapportée par Bittard des Portes.

Ce qui n'était donc apparemment pas perçu avec clarté au XIXe siècle, c'est qu'un marché à terme ne pose nécessairement ni la question du pari, ni celle de la *vente à découvert*, ni celle du *paiement des différences* : elle ne pose ces questions que si elle met en présence deux spéculateurs au lieu de deux négociants. Bien sûr, si les négociants n'intervenaient jamais sur ces marchés au XIXe siècle, mais uniquement des spéculateurs, cette distinction était sans objet, et il n'y aurait pas eu confusion, à l'époque, mais simple ignorance d'un cas de figure théorique.

Il est donc manifeste que si l'on réappliquait l'*exception de jeu* aux opérations financières, de même que si l'on rétablissait les articles 421 et 422 du Code pénal, ces décisions n'impliqueraient nullement la disparition des marchés à terme, mais simplement l'interdiction faite aux spéculateurs d'y jouer. Le marché à terme serait conservé dans sa fonction assurantielle, qui permet à deux parties, l'une vendeuse, s'engageant à livrer des titres ou de la marchandise, l'autre acheteuse, s'engageant, elle, à prendre livraison de ces titres ou de cette marchandise, de partager le risque[13] entre le moment où la vente se conclut et celui de la livraison au niveau de prix sur lequel elles se sont mises d'accord. En se fermant aux paris entre intervenants extérieurs au négoce du produit sur lequel portent ces paris, les marchés à terme tariraient à la fois une source considérable de fluctuation des prix (comme nous l'avons vu, les spéculateurs encouragent le développement de tendances à la hausse ou à la baisse) et une source non moins considérable de *risque systémique*.

Une opposition au rétablissement des règles anciennes ne viendra pas nécessairement des spéculateurs, mais plus probablement d'acteurs s'affirmant indépendants et neutres, susceptibles d'intervenir en qualité d'arbitres en la matière, à savoir les organisateurs de ces marchés. Ceux-ci sont en réalité à la fois juges et parties, puisqu'ils vivent des commissions sur les opérations qui ont lieu sur ces marchés, et bénéficient du fait que le volume des opérations ainsi que le nombre de participants y sont importants – et cela, quelle que soit la qualité de ces derniers : négociants ou spéculateurs. Historiquement, les intérêts des spéculateurs et des organisateurs de marché sont d'ailleurs liés du fait que ce sont les spéculateurs qui ont organisé ces marchés pour leur propre profit.

Les spéculateurs ayant été interdits, les marchés à terme deviendraient véritablement d'intérêt public. Les négociants se retrouveraient entre eux pour rendre aux marchés à terme leurs fonctions d'origine : d'intermédiation entre vendeurs de titres ou de marchandises, et assurantielle en déterminant entre eux un partage contractuel du risque entre le moment de la vente à terme et celui de la livraison. Comme environ 80 % des intervenants sur les marchés à terme, à l'heure actuelle, sont des spéculateurs, la taille des marchés à terme diminuerait d'autant ; cette diminution de taille refléterait la disparition de la ponction qu'ils opèrent aujourd'hui sur l'« économie réelle », et s'accompagnerait d'une baisse drastique du risque systémique au sein de l'économie.

Ce qui vient d'être démontré à propos du cas des marchés à terme s'applique de même manière à l'ensemble des produits dérivés quand ils sont utilisés non dans un but de *couverture*, c'est-à-dire pour tirer parti de leur fonction assurantielle, mais en prenant des positions « nues », c'est-à-dire en vue d'une spéculation.

REDISTRIBUER LE PATRIMOINE
LÀ OÙ ON PRODUIT ET CONSOMME

Les conditions sont alors remplies pour le second moment de la réforme de la finance : la réduction à taille *humaine* de la finance d'« intermédiation » et à fonction assurantielle. L'économie n'est pas seulement assassinée par les paris sur les fluctuations de prix, mais aussi par la perception d'intérêts. Si ceux-ci sont générés, c'est parce que les ressources qui doivent être mobilisées dans la production au sein des entreprises et à l'occasion de la consommation des ménages ne se trouvent pas là où on en a besoin. Il convient donc maintenant de ramener les ressources là où elles sont nécessaires : il faut qu'elles y soient présentes d'entrée de jeu, plutôt que de devoir y venir en tant qu'*avances* générant des intérêts au passage. Moins il y aura d'intérêts perçus, moins le capital se concentrera davantage, provoquant les déséquilibres qui débouchent sur la surproduction.

III

Ceux qui savaient

Karl Marx :
celui dont on a effacé le nom

Karl Marx a prédit la fin du capitalisme il y a plus de cent cinquante ans, et il faut revenir sur ce qu'il a dit – sur le pourquoi et le comment –, et voir s'il avait vu juste ou si les facteurs en cause aujourd'hui sont différents de ceux qu'il avait embrassés à l'époque.

Un débat eut lieu dans les années 80 autour de ce qu'on appelait alors la « physique qualitative ». Cette physique dite qualitative s'opposait à la physique ordinaire, essentiellement « quantitative », elle, comme nul ne l'ignore, lui reprochant de ne pas s'intéresser aux transitions « qualitatives », c'est-à-dire aux évolutions qui interviennent dans les systèmes physiques par le passage d'un état vers un autre. Le modèle classique de la machine à vapeur néglige par exemple le fait qu'elle puisse exploser. Selon la physique « quantitative » ordinaire, il n'est pas nécessaire qu'elle possède une soupape de sûreté, rien ne signalant dans la représentation modélisée de la machine qu'elle puisse exploser (Kuipers 1984 : 170 & 173).

C'est le même type de situation que l'on rencontre en économie : nous avons construit des modèles où rien n'indique que la machine puisse exploser. Est-ce, comme en physique, parce que nul n'a pensé à ces transitions qui peuvent éventuellement se révéler catastrophiques ? Pas vraiment : quelqu'un y avait pensé. Malheureusement pour la science économique, le fait que le système puisse exploser faisait plutôt plaisir à cette personne-là. Et de cela nul ne voulait entendre parler.

Comme Karl Marx – puisque c'est de lui qu'il s'agit – était un malotru qui ne s'intéressait au capitalisme que parce qu'il lui semblait condamné à terme et qu'il le voulait voir remplacé par un autre système, une société sans classes sociales, la « science » économique préféra couler une dalle de béton sur le nom de Marx et sur sa proposition sacrilège selon laquelle le capitalisme pourrait avoir une fin.

Tout allait bien, désormais. On était à nouveau entre soi, entre gens du beau monde, sans aucun malpoli pour interrompre la conversation ou vouloir y mettre fin une fois pour toutes. La fin possible du capitalisme avait été, comme disent les psychanalystes, « refoulée ».

Malheureusement, et comme les psychanalystes le savent aussi, le refoulé trouve toujours moyen de revenir un jour. Et quand il réapparaît en surface, c'est dans la douleur : il découvre le moyen de faire payer son absence forcée. Un spectre hante la science économique : le spectre de Karl Marx.

La différence entre la démarche adoptée ici et celle de Marx

Marx a servi de repoussoir à la « science » économique qui s'est élaborée à partir de la fin du XIXe siècle. Ce rejet a connu deux phases : il s'est d'abord constitué en prenant le contrepied systématique de ce qu'il avançait, à l'époque où son œuvre ne pouvait être ignorée en raison de son actualité et de son importance ; il a entrepris ensuite non seulement de l'ignorer à partir de ce rejet, mais bien plus encore d'oblitérer sa mémoire, si bien que les économistes évoluent désormais au sein d'une discipline à l'histoire de laquelle Marx n'appartient plus réellement. Keynes, par exemple, ne le mentionne que trois fois dans sa fameuse *Théorie générale de l'emploi, de l'intérêt et de la monnaie*, publiée en 1936 : la première fois pour lui attribuer l'expression « les économistes classiques » [p. 3], la seconde, pour l'associer au « royaume des morts » (*in the underworlds*) de la pensée économique, à Silvio Gesell et au major Douglas [p. 32][1], et la troisième, pour affirmer que le monde futur apprendra davantage de l'esprit de Gesell que de celui de Marx [p. 355] (Keynes [1936] 1974).

Dans sa leçon au Collège de France du 14 mars 1979, Michel Foucault fait remarquer à propos du dédain des économistes *néolibéraux* vis-à-vis de Marx :

> « À dire vrai, ce reproche que le néolibéralisme fait à l'économie classique d'oublier le travail et de ne l'avoir jamais fait passer au filtre de l'analyse économique, ce reproche peut paraître étrange quand on songe après tout que, même s'il est vrai que Ricardo a réduit entièrement l'analyse du travail à l'analyse de la variable quantitative du temps, en revanche il y a tout de même quelqu'un qui s'appelle Marx et qui [...] etc. Bon. Les néolibéraux, pratiquement, ne discutent jamais avec Marx pour des raisons qu'on peut peut-être considérer comme celles du snobisme économique, peu importe... » (Foucault [1978-1979] 2004 : 226-227).

Marx rédigea sa théorie économique dans le but précis d'éradiquer le système capitaliste. Une doctrine se constituant comme le contrepied de la sienne se devait donc de glorifier le même capitalisme pour deux raisons : d'une part, parce que c'était là le but qu'elle visait expressément ; d'autre part, parce que cela en devenait une implication automatique. De même que chez Marx la science économique² était convoquée pour assassiner le capitalisme, de même, chez ses adversaires, elle devint le meilleur moyen de le rendre invulnérable et donc immortel.

Ma propre démarche s'oppose à celle de Marx, mais au sein de la tradition à laquelle il appartient. Ce qui la rend comparable à la sienne, c'est que, considérant comme sans grand intérêt la « science » économique élaborée par ceux dont le but principal a été d'oblitérer l'existence de Marx, elle se retrouve contemporaine de la sienne, reprenant la réflexion au moment exact où s'achève la tradition des économistes « classiques » d'inspiration sociologique plutôt que psychologique, comme ce sera le cas ensuite, et dont le dernier représentant notable, avant Marx lui-même, fut David Ricardo, bénéficiant en ligne directe des travaux des économistes de l'âge d'or de la pensée économique : le XVIIIᵉ siècle.

Utilisant donc les mêmes concepts que Marx au sein du même cadre théorique que lui, il m'est aisé de mettre ensuite en évidence ce qui nous distingue et nous oppose. Comme on le verra d'emblée, le temps qui s'est écoulé entre nous ne joue en réalité aucun rôle : ce n'est pas parce que cent cinquante ans nous séparent que mon analyse diffère de la sienne ; c'est parce que j'analyse les faits d'une autre manière. Je bénéficie cependant, il faut bien le dire, du temps qui s'est écoulé et des tentatives malheureuses d'application de sa « critique de l'économie politique » qui virent le jour durant ce laps de temps, car ce sont eux qui font en sorte que certaines choses que Marx rassemblait, il me faut les distinguer, et que certaines qu'il distinguait, il me faut les mettre ensemble. Quand je dis que je radicalise la pensée de Marx – en particulier pour avoir repris la théorie du prix d'Aristote, dont le fondement est plus politique que la sienne (Jorion 2010 : 69-94) –, il s'agit donc du bénéfice que je tire d'avoir vu la pensée de Marx à l'épreuve des faits.

Deux différences essentielles entre la démarche de Marx et la mienne : les classes en présence, et la nature même du capital.

Les classes

Pour Marx, il existe deux grands groupes impliqués dans les processus économiques : les *capitalistes*, qui possèdent le capital, et les *prolétaires*, qui louent leur force de travail. Je juge personnellement nécessaire, comme nous avons pu le voir, de distinguer quatre groupes dans la sphère de la production et le partage du surplus : les *salariés* sont grosso modo ceux que Marx appelle les prolétaires ; les « capitalistes » selon Marx se redistribuent, pour moi, en trois groupes : les *mar-*

chands, qui veillent à la distribution des marchandises et ponctionnent au passage un profit marchand ; les *dirigeants d'entreprise*, ou *industriels*, ou *entrepreneurs*, qui touchent un bénéfice, lequel est la part du surplus qui leur revient une fois payés les salaires de leurs salariés et versés les intérêts à ceux qui leur ont consenti des *avances*, ces derniers constituant le groupe des « rentiers » – *investisseurs,* ou *actionnaires*, ou « *capitalistes* » proprement dits : ceux qui avancent du capital en vue de la production ou de la consommation.

La distinction entre dirigeants d'entreprise et capitalistes est essentielle car, avant l'invention des *stock-options*, à la fin des années 70, qui leur permit d'aligner leurs intérêts en les faisant coïncider dans la plus-value des actions de la société en Bourse, ces intérêts étaient antagoniques : une fois payés les salaires des travailleurs, tout ce que le capitaliste prêteur obtenait en intérêts ou en dividendes était soustrait du bénéfice de l'entrepreneur, et vice versa.

Cette manière différente d'envisager les « classes », les groupes constituant nos sociétés, a d'autres conséquences. Nous l'avons vu, lorsqu'une marchandise est produite, dans un premier temps, des avances sont consenties en argent, en matières premières, en outils, etc., auxquelles vient se combiner le travail humain. Une fois produite, la marchandise est vendue une première fois (sur un marché « primaire »), et la différence entre les avances et le prix de vente constitue un *surplus :* ce surplus est partagé dans un premier temps entre le capitaliste et le dirigeant d'entreprise, qui reçoivent, le premier, les intérêts, et le second, son *profit ;* dans un second temps, le dirigeant d'entreprise redistribue le profit entre lui-même et ses salariés. Les termes de cette redistribution sont déterminés par les rapports de forces entre les parties : rapport de forces entre capitaliste et dirigeant d'entreprise d'abord, rapport de forces entre patron et salariés ensuite.

Or ce n'est pas de cette manière-là que Marx envisage les choses : il considère que le salaire des salariés constitue un élément du même ordre que les avances en argent ou en matières premières en provenance du « capitaliste », il en fait, selon ses propres termes, une partie des « frais de production ». Voici ce qu'il écrit dans *Travail salarié et capital*, texte rédigé en 1849 : « Ces frais de production consistent : 1°) en matières premières et en instruments, c'est-à-dire en produits industriels dont la production a coûté un certain nombre de journées de travail, si bien qu'ils représentent un temps de travail déterminé ; 2°) en travail immédiat qui n'a d'autre mesure que le temps » (Marx 1849 : 210). Marx adopte donc étonnamment le même point de vue que la fiche de paie contemporaine, qui mentionne le salaire sous la rubrique « coût total pour l'entreprise ».

On peut répondre à cela que si les salaires font partie des *frais de production*, pourquoi ne pas considérer aussi comme *frais de production* les intérêts qui reviennent au capitaliste, ou bien encore le bénéfice qui va à l'industriel ou « entrepreneur » ? Mais, si c'était le cas, la notion de *frais de production* ne se justifierait plus, puisque la somme des *frais de production* ne serait rien d'autre, en réalité, que le prix de vente de la marchandise sur son marché primaire, celui où – comme je l'ai rappelé – la marchandise, le produit fini, est vendu pour la première fois.

Or ce n'est pas du tout la même chose que de considérer les salaires comme une des composantes des *frais de production*, ou comme des sommes revenant à l'une des trois parties en présence dans le partage du surplus. Chez Marx, les salaires sont un facteur objectif, un « donné », tout comme le prix des matières premières, alors que, dans ma manière d'aborder le problème, les sommes qui seront allouées comme salaires constituent une part du *surplus*, et leur montant reflète en réalité le rapport de forces entre les salariés et leur patron. Je dirai donc que, chez Marx, les salaires sont « réifiés » – je veux dire par là qu'ils sont considérés comme une donnée objective au même titre que le coût des matières premières nécessaires à la production –, alors que, pour moi, ils constituent une part du surplus, leur montant se déterminant en fonction d'un rapport de forces.

Une fois encore, donc, après la définition que j'ai proposée du prix comme résultante du rapport de forces entre acheteur et vendeur (Jorion 2010 : 92-93), la position que j'adopte constitue de facto une radicalisation de la position de Marx. Cette radicalisation transparaît clairement dans le fait que les revendications des salariés pour obtenir une meilleure rémunération ont un sens dans le cadre tel que je le définis, puisqu'elles sont susceptibles de modifier le rapport de forces existant entre leurs patrons, les dirigeants d'entreprise que sont les industriels ou « entrepreneurs », et eux-mêmes, alors que, chez Marx, on ne voit pas pourquoi ces revendications pourraient faire une différence, les salaires ayant la même objectivité, la même « solidité », que le prix des matières premières, par exemple.

Approfondissons cette réflexion, ce qui fera encore mieux ressortir la différence.

Un commentateur intervenant sur mon blog [3] écrivit un jour : « Mon patron me dit que le salaire qu'il me verse, c'est ce que vaut pour lui le fait de ne pas devoir chercher quelqu'un pour me remplacer. » Le patron en question ne pouvait mieux exprimer l'interchangeabilité de ses employés pour ce poste, et l'abondance des candidats susceptibles de l'occuper. Employer un autre plutôt que celui déjà en place avait un coût, et c'est ce coût qui déterminait le montant du salaire de l'employé.

Une autre manière de formuler l'abondance des candidats à ce poste consisterait à dire que, pour ce type de travailleurs, le travail est rare. Pour eux, le fait d'être employés ou non à un moment précis sera aléatoire, le talent ou le mérite joueront peu : ce sera une question de chance. La situation serait différente si cette rareté pouvait être mise entre parenthèses. C'est ce que suggérait Hegel quand il faisait l'éloge de la corporation. Si la corporation existait, le patron devrait s'adresser à elle pour qu'elle lui présente un candidat. La rareté serait un problème que la corporation aurait à régler en son propre sein, et le meilleur moyen de le faire serait bien entendu de n'accepter à tout moment qu'un nombre de membres correspondant à peu près à celui que le marché de l'emploi est susceptible d'absorber. Hegel écrit que

> « ... la corporation a le droit de gérer ses propres intérêts à l'intérieur de sa sphère et sous le contrôle de la puissance publique, celui d'accepter comme membres des individus désignés objectivement par leur habileté et leur honnêteté, et en quantité déterminée par la conjoncture générale, enfin celui de protéger ses membres contre les accidents particuliers qui peuvent survenir, et de prendre soin de leur formation professionnelle » (Hegel [1821] 1989 : § 252-255).

Au contraire, le salarié qui « ne vaut pour son patron que le fait de ne pas devoir chercher quelqu'un d'autre pour le remplacer » tombe, lui, dans la catégorie des

« frais de production » au sens de Marx, et on peut dire qu'il n'a aucun accès au partage du surplus créé par son activité. Pour accéder au partage du surplus, il faut que la concurrence entre les candidats au même poste ne soit pas telle que le coût d'opportunité du remplacement de l'un par l'autre détermine le niveau du salaire, il faut donc que le candidat présente une qualité relativement rare, et que son remplacement éventuel exige davantage que les simples frais impliqués par la substitution d'une personne à une autre, mais aussi une recherche et un temps de recherche coûteux, d'une durée impossible à préciser.

Le patron préférera toujours le salarié qui n'a pas accès au partage du surplus à celui qui y a accès, un rapport de forces relativement équilibré existant dans le second cas entre le salarié et lui, qui le forcera à une négociation lors de la détermination du niveau de salaire qu'obtiendra ce salarié.

Le phénomène de la délocalisation doit être interprété dans ce cadre-là : si le candidat présente des qualités relativement rares ici et maintenant, le patron cherchera à découvrir un environnement où l'on trouve, au lieu de cette rareté, de l'abondance. On a pu ainsi voir aux États-Unis le rapport entre employeurs et programmeurs, relativement équilibré jusqu'aux alentours de l'an 2000 en raison de la relative rareté de l'expertise de ces derniers, se modifier à l'occasion de la constitution d'équipes de programmeurs en Inde.

Dans une logique de ce type, les salaires élevés s'obtiendraient du fait de la grande rareté des qualités que présentent les candidats. C'est en suivant ce type de raisonnement que les dirigeants des entreprises financières ont affirmé, lorsqu'il était question de plafonner le bonus des traders, que ces « talents » s'expatrieraient plutôt que d'accepter une baisse de leurs revenus. Or la rémunération de ces traders ne reflète en rien la rareté de leur talent : elle se fixe selon le principe de la commission, dans une perspective asymétrique qui ne peut que bénéficier à l'employeur. On se rappellera par exemple, à propos de l'affaire Kerviel, trader à la Société générale, que son fixe était d'un montant qui n'avait rien d'extraordinaire (48 000 euros au moment où il fut licencié, en janvier 2008), alors que son bonus potentiel était, lui, d'un montant astronomique : les 300 000 euros qu'on lui offrait, à comparer aux 600 000 euros qu'il espérait obtenir pour ses prestations en 2007 – une fraction minime (4 centièmes de 1 %) de la somme qu'il avait fait gagner à son employeur.

Les bonus des commerciaux dans le monde des banques d'investissement sont aussi souvent très élevés ; or il s'agit simplement de commissions définies au pourcentage, et ce que cela signifie, c'est que la marge des produits qu'ils vendent est très élevée, autrement dit qu'ils les revendent à un prix beaucoup plus élevé que le prix qu'il en coûte à la banque. Ce que les bonus très élevés signifient, dans leur cas, c'est que d'habiles vendeurs vendent à des acheteurs ignorants, incapables de déceler les énormes marges touchées par leur vendeur, autrement dit incapables d'estimer la valeur réelle des produits qu'ils achètent.

Le cas des traders est différent. Leur activité consiste à faire des paris d'un montant très élevé, à les gagner ou à les perdre, et à percevoir un pourcentage donné sur leurs gains. Lorsqu'ils perdent sur une certaine période ou par rapport à un montant prédéterminé, ils sont remerciés. J'ai eu l'occasion de montrer sur un exemple, dans *La Crise,* pourquoi l'opération est cependant en général gagnante du point de vue de l'employeur, en raison d'une asymétrie entre gains et pertes en faveur des gains (Jorion 2008b : 224-225). Le cas de Jérôme Kerviel à la Société générale, en 2007, fut exceptionnel en ceci que les pertes furent du même ordre de grandeur que les gains ; son employeur, comme on s'en souvient, prit très mal la chose.

LE CAPITAL

Pour Marx, le capital est un gros tas de richesses relativement indifférenciées : « Le capital se compose de matières premières, d'instruments de travail et de moyens de subsistance de toutes sortes, utilisés pour produire de nouvelles matières premières, de nouveaux instruments de travail et de nouveaux moyens de subsistance » (Marx [1849] 1965 : 211).

Marx évoque bien un processus de production, mais sa notion de capital ne suppose pas nécessairement un mouvement : il ne voit pas qu'il n'y a pas de richesse qui soit du capital *en soi*. Il ne voit pas qu'il n'y a de capital que si cette richesse qu'il évoque manque à l'endroit où elle est nécessaire en tant qu'*avances* faites pour qu'un processus de production ou de consommation puisse avoir lieu. C'est le fait que le capital se définit comme une ressource manquant à la place où elle est nécessaire qui explique pourquoi il *se déplace*, est prêté pour servir en tant qu'*avances*. Pour qu'il y ait capital, il faut que le manque se *réalise* par deux mouvements, deux déplacements distincts dans le temps : le premier, du capitaliste vers le producteur ou le consommateur, puis, dans un second temps, en sens inverse, dans le remboursement, accompagné d'un partage du surplus dans le cas d'un prêt à la production, ou d'un versement d'intérêts dans le cas d'un prêt à la consommation.

Or ces mouvements, on l'a vu dans la définition qu'il donne, n'existent pas pour Marx : la richesse en tant que telle est « du » capital.

LA BAISSE TENDANCIELLE DU TAUX DE PROFIT

Dans deux textes publiés à titre posthume, Marx exprime l'idée que la baisse tendancielle du taux de profit est la raison pour laquelle le capitalisme est condamné à terme. On trouve cette thèse exprimée une première fois dans un manuscrit rédigé en 1856 et 1857, traduit en français sous le titre de *Principes d'une critique de l'économie politique*, et généralement plus connu sous le premier mot de son titre allemand : « Grundrisse », pour *Grundrisse der Kritik der politischen Ökonomie*. On la trouve exprimée une seconde fois dans *Le Capital*, livre III, ouvrage composé par Friedrich Engels à partir de notes rédigées par son ami et publié en 1894, soit onze ans après la mort de celui-ci. Ces deux textes partagent le même statut d'esquisses dont Marx était insatisfait et dont il n'a jamais autorisé la publication. Cela dit, le ton assuré qu'il adopte dans ces passages consacrés à la baisse tendancielle du taux de profit nous autorise à penser que, s'il avait disposé de davantage de temps, il nous aurait légué un texte sur le sujet dont la rédaction eût été proche de celle dont nous disposons aujourd'hui dans ces textes publiés à titre posthume.

Le raisonnement de Marx est celui-ci :

> « ... le taux de profit [...] dépend du rapport entre la part de capital qui s'échange contre du travail vivant [P.J. : effectué par des travailleurs] et la part qui existe sous

forme de matières premières et de moyens de production. Plus la part échangée contre du travail vivant diminue, plus le taux de profit baisse. Il s'ensuit qu'à mesure que le capital comme tel occupe dans le processus de la production une place proportionnellement plus grande que le travail immédiat, donc plus s'accroît la plus-value relative – c'est-à-dire la puissance du capital à créer de la valeur –, plus le *taux de profit baisse*. [...] Prenez par exemple l'industrie manufacturière. À mesure que s'accroît le capital fixe (machines, etc.), la part du capital existant sous forme de matières premières doit s'accroître, tandis que diminue la part échangée contre du travail vivant » (Marx [1857-58] 1968 : 269-270).

Marx précise à propos de la baisse tendancielle du taux de profit :

> « C'est, de toutes les lois *de l'économie politique moderne, la plus importante* qui soit [...], une loi qui, malgré sa simplicité, n'a jamais été comprise jusqu'à présent, et moins encore énoncée consciemment [P.J. : ce qui n'empêchera pas Marx de rapporter quelques pages plus loin les interprétations de cette "loi" par Adam Smith et Ricardo ; *ibid.*, 274-275]. »

Diverses contradictions découlent de la baisse tendancielle du taux de profit, à commencer par « ... l'écart sans cesse accru entre le travail vivant et le volume du capital en général, entre la plus-value [...] et le capital investi [...] » (*ibid.*, 273) ; ces contradictions déboucheront ultérieurement sur la fin du capitalisme :

« Ces contradictions conduisent à des explosions, à des cataclysmes, à des crises où l'arrêt temporaire de tout travail et l'anéantissement d'une grande partie du capital ramèneront brutalement celui-ci à un point où il sera capable de recréer ses forces productives sans commettre un suicide. Mais, parce que ces catastrophes reviennent régulièrement et se produisent chaque fois sur une plus grande échelle, elles aboutiront en fin de compte au renversement violent du capital » (*ibid.*).

La brutalité de la crise surgie en 2007 a conduit un certain nombre d'économistes marxistes à se repencher sur cette question de la baisse tendancielle du taux de profit, en particulier Michel Husson, qui a mis en évidence deux éléments très importants pour la comprendre : d'une part, aucune baisse du taux de profit n'a été observée durant la période qui va du début des années 80 à 2007, mais bien au contraire une hausse, en tout cas dans un ensemble de pays constitué des États-Unis, de l'Allemagne, de la France et du Royaume-Uni ; il existe d'autre part une erreur conceptuelle dans la manière dont ce que Husson appelle la « vulgate marxiste » pose le problème de la baisse tendancielle du taux de profit : le même facteur, le gain de productivité, se trouve à la fois en numérateur et en dénominateur dans l'équation utilisée, annulant l'effet de cette variable dans le calcul (Husson 2010a : 8).

D'autres économistes marxistes ont émis des doutes sur les calculs de Husson, mais sans jamais entamer, me semble-t-il, la validité générale de son raisonnement. Il met en effet en évidence l'augmentation considérable de la part des dividendes au cours des années récentes, et confirme, par les chiffres qu'il obtient, la stagnation, voire la régression de la part des salaires dans le partage du surplus – phénomène bien connu par ailleurs[4]. Il écrit par exemple à propos de la rentabilité des grands groupes français sur la période 1992-2007 :

> « L'augmentation de la rentabilité est due pour l'essentiel à un recul considérable de la part des salaires dans la valeur ajoutée : elle baisse de 11,6 points sur la période retenue [de 66,4 % à 54,8 %]. Malgré ce bond en avant des profits, l'investissement brut n'augmente que de 1,1 point, et l'on voit donc apparaître le fameux "ciseau" entre profit et investissement : la différence est de 8,4 points. Ce profit non investi est consacré au désendettement, puisque le financement externe baisse de 4,2 points, et ensuite à l'augmentation des dividendes versés, qui passent de 2 % à 6,2 % de la valeur ajoutée. Même en retirant du profit les intérêts (en baisse) et les impôts (en hausse), la part du résultat brut, autrement dit des profits après impôts et intérêts (mais avant amortissements), augmente de 9,5 points » (Husson 2010a : 4-5).

Comme le souligne Husson, la hausse du taux de profit est évidente, même si l'on se contente de la faire apparaître indirectement comme résidu, à partir simplement de la baisse de la part des salaires et de la hausse de la part des dividendes.

La discussion entre Husson et ses contradicteurs fait apparaître un autre élément dans l'appréciation de l'évolution du taux de profit : la révérence excessive de certains économistes pour le texte de Marx, révérence qui s'assimile au dogmatisme et fige malheureusement le débat au sein de certains cercles marxistes. La question qui se pose est en effet celle-ci : est-il possible que le capitalisme soit à l'agonie alors même qu'on n'observerait pas en ce moment de baisse du taux de profit ? La réponse de certains économistes marxistes à cette question est non. Pour eux, l'hypothèse posée par Marx, selon laquelle la mort du capitalisme viendra de la baisse tendancielle du taux de profit, étant vraie (sans qu'elle ait jamais pu être vérifiée empiriquement jusqu'ici, bien sûr), la hausse du taux de profit constatée actuellement exclut que nous puissions assister pour l'heure à cette mort. Une telle position est bien entendu pour moi tout simplement dogmatique : elle érige en dogme une hypothèse marxienne et se ferme à l'observation.

La mort du capitalisme est observable dans les faits par le déchiffrage ou la simple lecture d'une multitude de signes. Le fait que la baisse tendancielle du taux de profit ne fasse pas partie des faits d'observation actuels est indifférent, les autres signes étant concordants. Marx a apparemment eu raison en prédisant la mort inéluctable du capitalisme. La raison toute particulière qu'il en a proposée n'ayant pas été déterminante, sa mémoire en tant qu'économiste en sera-t-elle ternie ? Je suis persuadé du contraire.

Actualité de John Maynard Keynes

Keynes a sauvé le capitalisme en définissant le plein emploi comme point pivot ; or, aujourd'hui, c'est précisément le travail qui manque. Si l'on voulait sauver une fois encore le capitalisme, il faudrait sauver Keynes. Mais comment sauver le plein emploi alors que le travail disparaît ?

On a parlé de révolution *keynésienne* au sein de la science économique, mais davantage encore à propos de la politique économique des États et des banques centrales, et certains continuent d'évoquer l'apport spécifique de John Maynard Keynes en termes techniques, citant à l'appui, par exemple, l'accent mis par lui sur la demande macroéconomique plutôt que sur l'offre. L'originalité, dans son cas, n'est en réalité pas là.

Le capitalisme des années 30 était en train d'échouer, et la quasi-totalité des membres de l'entourage immédiat de Keynes s'était convertie au marxisme et prenait désormais l'Union soviétique en exemple. Pour sa part, il n'avait cependant que du dégoût pour le communisme, et il entreprit de sauver le capitalisme pour ce qu'il avait de bon à ses yeux : un attachement jusque-là indéfectible aux libertés individuelles. Dans *A Short View of Russia*, un petit texte rédigé à son retour d'Union soviétique, en 1925, il écrit :

> « Je ne suis pas prêt à souscrire à une foi qui ne se soucie pas de combien elle détruit la liberté et la sécurité dans la vie quotidienne, qui recourt délibérément aux armes de la persécution, de la destruction et de la lutte internationale. Comment pourrais-je admirer une politique dont une expression caractéristique est qu'elle dépense des millions pour appointer des espions dans chaque famille et dans chaque groupe dans son pays, et pour fomenter le désordre à l'étranger ? » (Keynes [1931] 1972 : 258).

Il n'avait par ailleurs aucune sympathie pour l'œuvre économique de Marx ; comme le dit Champernowne, un de ses amis : « Il avait lu Marx, disait-il, comme s'il s'agissait d'un roman policier, espérant trouver l'indice d'une idée sans jamais y parvenir » (Skidelsky 1992 : 523).

Alors, que fut la révolution keynésienne ? La pensée de Keynes était loin d'être aussi originale, au sein de la science économique de son époque, qu'on ne le dit aujourd'hui. Ce qui était neuf, ce n'était pas le remplacement de quelques courbes économiques par d'autres, c'était de placer au centre de son édifice théorique un impératif, celui du plein emploi : ce fut de faire du *plein emploi* un principe intangible autour duquel redéfinir l'économie.

Pourquoi le plein emploi ? Selon Keynes, les salariés ne font pas les révolutions : pour lui – il le dit à propos de l'Union soviétique –, ce sont les intellectuels qui entraînent les salariés à leur suite. Si ses proches, parents et amis, se ralliaient à la cause du communisme, c'était par écœurement devant la misère causée par le chômage des années 30, fléau qui rendait vain l'accent mis sur les libertés individuelles. Les intellectuels brandiraient bientôt l'étendard de la révolution, et la Grande-Bretagne, déjà secouée par les mouvements sociaux, serait déchirée par la guerre civile. Son souci était donc de sauver le capitalisme, mais en éliminant la cause principale du dégoût qu'il suscitait chez lui et ses proches du fait de la misère qu'occasionnait le chômage.

Keynes mit alors le plein emploi au centre de la réflexion économique, et convainquit son entourage ; David Bensusan-Butt, l'un de ses étudiants, écrivit :

> « Le capitalisme réformé de Keynes avait à offrir tout – et davantage encore – ce qu'une génération *fabienne* [5] avait espéré trouver dans le socialisme : sur le plan moral il était égalitaire, il connaissait le plein emploi, il était généreux et joyeux ; ce n'était pas un tout nouveau

genre de capitalisme contrôlé par les sectateurs cupides de Mammon, mais par l'intellect et la *joie de vivre* [en français dans le texte] d'une démocratie intelligente et robuste » (*ibid.*, 574).

Comme il en avait fait le vœu, Keynes sauva bel et bien le capitalisme.

Les choses sont bien différentes aujourd'hui : le communisme est mort et le capitalisme est en très petite forme. Seules constantes entre l'époque de Keynes et la nôtre : les libertés individuelles doivent être respectées et, sur certains points, pour nous, restaurées, et la misère qui prive celles-ci de tout objet doit être éradiquée.

Que signifiait l'impératif du plein emploi chez Keynes ? Certainement une minimisation de la pauvreté, mais aussi une façon de maximiser la demande : une manière d'exorciser le spectre de la surproduction. Pourquoi ? Parce que le travail, c'est l'assurance de revenus, et qu'il s'agissait d'une époque où l'on pouvait encore légitimement espérer qu'il générerait des revenus suffisants sous forme de salaires pour que la totalité de la production comme offre puisse être absorbée par la demande. Or l'informatisation, d'une part, l'automatisation, d'autre part, ont aujourd'hui dopé à tel point la productivité dans les services aussi bien que dans l'industrie qu'il est devenu chimérique d'envisager que les salaires suffiront, à l'avenir, à absorber l'offre entière. Les progrès dans la productivité ont fait sauter l'illusion d'une production égale à la demande, capable d'assurer encore le plein emploi.

Par ailleurs, la fuite en avant consistant à produire autant qu'il est matériellement possible pour créer ensuite, par la machine de guerre du *marketing* mise au service de l'idéologie *consumériste*, une demande équivalente, a trouvé ses limites dans l'épuisement des ressources et la dégradation de l'environnement. Consommer mieux et à meilleur escient s'est transformé en une nécessité si l'espèce humaine entend sauvegarder son habitat.

Keynes avait examiné le problème dans le contexte des années 30. Bouleversant la « science » économique de son époque, qui se contentait d'entériner le fait accompli, il décréta qu'un équilibre fragile ne pouvait être atteint qu'en faisant du plein emploi un impératif et en organisant l'économie autour de ce pivot. Dans la concentration des richesses et dans la disparité régnant dans la distribution du patrimoine qu'engendre la perception d'intérêts, il discernait l'obstacle principal à son projet, et proposait l'« euthanasie du rentier » comme objectif d'une politique visant à réconcilier l'espèce et son environnement.

Durant les soixante-dix années qui se sont écoulées depuis lors, le rentier n'est pas mort, au contraire : il a gagné en puissance et en autorité, jusqu'à terrasser l'économie, en 2007, puis à l'empêcher de se redresser. La seule reprise, jusqu'ici, est celle de son activité à lui, le rentier, alors que l'économie demeure KO. L'étreinte de la spéculation sur les matières premières est telle qu'elle pourrait étouffer dans l'œuf toute possibilité de vraie reprise. De manière un peu dérisoire, MM. Brown et Sarkozy dénoncèrent ce danger dans deux tribunes libres publiées par le *Wall Street Journal*, espérant que leurs annonces seraient suivies d'effet...

Le projet de Keynes doit être revu et réactualisé de manière à intégrer la nouvelle donne. Un impératif demeure sous sa forme la plus générale : maintenir – et, le cas échéant, restaurer – ce qui, du système, mérite d'être sauvé, et en premier lieu les libertés individuelles, mais aussi faire en sorte que soit éliminée la source du dégoût qui, comme dans les années 30, se répand dans la population à l'endroit d'un système qui, chaque jour davantage, punit les bons pour récompenser les méchants. Surmonter ce dégoût, aujourd'hui, requiert deux choses : éliminer la pseudo-solution actuelle au manque de revenus qu'est la substitution du crédit aux salaires, source de fragilisation généralisée du système économique ; éliminer aussi la fonction parasitaire de la finance qui siphonne la richesse créée pour arrondir des fortunes déjà existantes.

IV

Quel monde nouveau ?

Liberté, égalité, fraternité

La transition d'un type de société à un autre peut se faire de deux manières différentes : on peut envisager le phénomène soit « à vol d'oiseau », de manière globale, holiste – en extériorité ; soit du point de vue d'un acteur de la transition, quelqu'un qui la fait ou est emporté par elle – en intériorité. Ces deux points de vue sont fort différents.

Dans la perspective « à vol d'oiseau », qui serait celle, par exemple, d'un physicien, on observe une succession de phases différentes : d'abord un système social qui était plus ou moins stable, qui entre ensuite dans une phase « métastasable », et qui, après une période de chaos plus ou moins prononcé, recouvre une certaine stabilité. Une telle manière d'examiner les choses ignore complètement le vécu des acteurs : la transition a pu aussi bien être la fin d'un servage, ressentie comme une libération par les intéressés, que l'instauration d'une dictature bornée, ressentie par la plupart comme un asservissement brutal.

L'acteur d'une transition vit la situation, et, pour lui, l'affect est aux commandes. Il se révolte contre des circonstances qui lui sont devenues intolérables et aspire à créer un monde nouveau en vue d'une libération. Mais l'acteur n'est jamais seul, et aucun système ne peut satisfaire tout le monde. Certains sont les bénéficiaires de ces systèmes qui sont devenus intolérables à la plupart, et, même au sein des plus répressifs, on trouve des gens qui s'y sentent et y évoluent comme des poissons dans l'eau. C'est ce qui conduit certains philosophes politiques, à la suite de Jeremy Bentham au tournant des XVIIIe et XIXe siècles, à mettre au point de subtils moyens d'évaluation des régimes politiques en termes de maximisation du bonheur, où l'on s'interroge par exemple sur le point de savoir s'il s'agit de maximiser la somme absolue des bonheurs individuels ou de faire que la moyenne soit la plus élevée possible. Ce type de littérature débouche rapidement sur des casuistiques ennuyeuses où l'on se perd en arguties sur des exemples théoriques : ainsi, le droit du premier qui découvre un puits dans le désert à l'enclore, et le prix qu'il a le droit d'exiger, pour un verre d'eau, de ceux qui y parviennent à sa suite, etc. Les excès de ces auteurs ne suffisent cependant pas pour que l'on disqualifie ce type de problématique dans son ensemble, car il est parvenu à mettre en évidence, même si c'est essentiellement par contraste par rapport à lui, que si le calcul des bonheurs est effectivement compliqué, celui des malheurs est, lui, beaucoup plus simple, car si le bonheur est une notion en réalité très floue, le malheur a, quant à lui, la limpidité du cristal.

Partons de trois grands principes dont la réputation n'est plus à faire : « liberté », « égalité », « fraternité ». Maximisons la liberté : laissons chacun faire absolument comme il l'entend. On verra bientôt se créer des noyaux de pouvoir dominant des zones entières d'asservissement. Et la jouissance associée au pouvoir sans limite peut être si grande, chez certains, qu'il s'agira là effectivement du meilleur moyen de maximiser le bonheur global. C'est par exemple une logique de ce type qui a conduit les disciples de von Hayek, dont les anarcho-capitalistes, à admirer et aider de leurs conseils la dictature militaire du général Pinochet au Chili. Machiavel l'avait déjà noté dans le *Discours sur la première décade de Tite-Live* :

> « Un prince [...] doit examiner avec soin les causes qui [...] font désirer si ardemment d'être libre. On trouve alors que quelques-uns, mais en petit nombre, le désirent pour commander ; tandis que tous les autres, qui sont

bien plus nombreux, ne désirent être libres que pour vivre en sécurité. [...] On les contente aisément par des institutions et des lois qui concilient à la fois la tranquillité du peuple et la puissance du prince. [...] Le royaume de France en est un exemple. Ce peuple ne vit tranquille que parce que les rois se sont liés par une infinité de lois, qui sont le fondement de sa sûreté » (Machiavel [1512-1517] 1952 : 425).

Si l'on fait entrer le malheur en ligne de compte comme susceptible de neutraliser une quantité équivalente de bonheur, les choses sont fort différentes : la liberté des maîtres du monde ne compte plus pour grand-chose par rapport à la souffrance et au ressentiment de leurs victimes. La liberté passe alors à l'arrière-plan, et c'est le principe d'égalité qui apparaît comme le mieux à même d'assurer le bonheur moyen le plus élevé.

Quant au principe de fraternité, il nous permet de trancher aisément entre la première et la seconde approche : en mettant l'accent sur les interactions entre les hommes, il fait intervenir la solidarité dans les réseaux qui les connectent, et requiert que la liberté soit limitée par les contraintes de l'égalité.

Quand la Révolution française inscrit ces trois principes conjointement au fronton des édifices de la République, elle découvre bientôt les difficultés qui résultent du fait de vouloir les appliquer simultanément et avec la même force. On pourrait affirmer sans raccourci excessif que l'histoire de cette révolution a été celle des fluctuations de l'accent mis sur l'un ou l'autre de ces trois principes, ou dans la combinaison privilégiée de deux d'entre eux par rapport au troisième.

Le partage du monde s'est fait une première fois par le pouvoir des armes, puis une seconde fois par le pouvoir de l'argent. Pour quiconque naît au sein d'une société capitaliste, la donne est d'entrée de jeu biaisée. Le déséquilibre dans le partage du surplus contribue à renforcer la concentration du patrimoine qui constitue déjà le donné immédiat. Les trois concepts de la triade « liberté, égalité, fraternité » y sont, du coup, également malmenés : l'égalité est absente d'emblée, et, conséquence immédiate, la liberté n'existe pas non plus pour tous : celui qui naît en position subordonnée n'a d'autre issue que de mettre son temps au service de ceux qui possèdent déjà la terre et la fortune ; quant à la fraternité, il vaut peut-être mieux ne pas l'évoquer du tout ici : la définition même du capitalisme comme système économique dominé par les investisseurs signifie que la fraternité en a été exclue d'office comme principe organisateur.

Faire rentrer l'espèce entière dans la sphère du « nous »

Dans les ouvrages que j'ai consacrés à la crise, j'ai utilisé l'image d'une économie et d'une finance que nous aurions – au contraire du politique, que nous avons su apprivoiser dans le cadre de la démocratie – autorisées à continuer de se développer dans un « état de nature » caractérisé par « la loi de la jungle » : la loi du plus fort et l'élimination du plus faible.

En faisant s'équivaloir « état de nature » et « loi de la jungle », j'ai recouru à un raccourci que les anthropologues s'autorisent dans leurs discussions : mettre en scène à gros traits un « avant » et un « après » qui permettent, dans l'examen des institutions humaines, de les éclairer en établissant un hypothétique « point de fuite ». Comme l'a dit en son temps Jean-Jacques Rousseau :

> « Il ne faut pas prendre les recherches, dans lesquelles on peut entrer sur ce sujet, pour des vérités historiques, mais seulement pour des raisonnements hypothétiques et conditionnels : plus propres à éclaircir la nature des choses qu'à montrer la véritable origine, et semblables à ceux que font tous les jours nos physiciens sur la formation du monde » (Rousseau [1754] 1964 : 152).

L'image de l'*avant* correspond plus ou moins à l'« état de nature » tel que le conçoit Thomas Hobbes : celui où l'homme est un loup pour l'homme, parce que les interactions sont celles de la guerre de tous contre tous. Interviendrait alors un point de basculement que Rousseau a cette fois longuement évoqué : celui du *contrat social*. Le *contrat social* est conclu parce que l'insécurité gît dans cet état de nature comme un souci constant et excessif, et que, comme par ailleurs la liberté existe en pagaille à cette époque, il est possible d'en sacrifier une part pour s'assurer un niveau de sécurité qui contienne désormais la peur dans des limites tolérables. Dans *Malaise dans la civilisation*, Freud, cautionnant ce cadre d'explication, présente la névrose comme le prix que l'homme accepte de payer pour ce sacrifice d'une part de liberté en faveur d'une dose suffisante de sécurité. J'y reviendrai.

L'*homme sauvage* de Rousseau, qui est bon par nature, est celui de ce moment privilégié de la conclusion du contrat social, quand la communauté est encore de taille suffisamment réduite pour qu'elle puisse s'assembler tout entière sur la place du marché et voter à main levée les décisions qui forgent son avenir. Ce temps béni est celui que Rousseau appelle l'« âge des cabanes » ; il ressemble à ce que nous savons aujourd'hui de notre propre passé néolithique.

L'homme, nous dit Rousseau, s'éjecte de cet Éden par l'invention de la propriété privée :

> « Le premier qui, ayant enclos un terrain, s'avisa de dire *ceci est à moi*, et trouva des gens assez simples pour le

croire, fut le vrai fondateur de la société civile. Que de crimes, de guerres, de meurtres, que de misères et d'horreurs n'eût point épargnés au Genre humain celui qui, arrachant les pieux ou comblant le fossé, eût crié à ses semblables : "Gardez-vous d'écouter cet imposteur ! Vous êtes perdus si vous oubliez que les fruits sont à tous, et que la Terre n'est à personne !" » (Rousseau [1755] 1964 : 164).

Or, fera remarquer quelque trente-cinq ans plus tard Saint-Just, ce fameux contrat social, nul ne l'a jamais vu ni tenu entre ses mains.

L'*état de nature* de Hobbes, celui de la guerre de tous contre tous, nul non plus ne l'a jamais vu, il faut bien en convenir. La guerre, fait très justement remarquer Saint-Just, existe avant tout entre espèces ; la relation habituelle entre représentants d'une même espèce est au contraire celle de la paix, ou tout au moins d'une paix relative. Et si l'on observe entre les hommes la guerre de tous contre tous, cela ne peut signifier qu'une chose : que les hommes ont importé dans leurs relations entre eux les rapports qu'on n'observe dans la nature qu'entre espèces ; donc la guerre de tous contre tous n'appartient certainement pas à un « état de nature » que l'homme aurait connu par le passé, mais à l'une des manifestations possibles de l'homme dans son « état de culture ». Cette remarque aurait d'ailleurs pu être faite à la simple lecture de Hobbes : ne dit-il pas, en effet, que l'on peut se faire de notre *état de nature* une représentation fidèle « en pensant à notre récente guerre civile » – époque beaucoup plus récente assurément que le passage du paléolithique au néolithique ! La guerre de tous contre tous est notre création à nous, hommes « civilisés » : nous avons instauré entre peuples et entre nations appartenant à notre espèce le type de rapports que la nature ne crée autrement qu'entre espèces distinctes.

Abensour note à ce propos :

> « Jusqu'au groupe *peuple*, tous les groupes, la famille, la peuplade, se sont reconnus plus identiques que différents : ils vivent dans l'*état social*. C'est au niveau de peuple que se situe le point de passage de l'identité à l'altérité et que la solution de continuité intervient pour créer l'*état politique*. Il s'ensuit que "l'état social est le rapport des hommes entre eux. L'état politique est le rapport d'un peuple avec un autre peuple" (Saint-Just : *De la nature, de l'état civil, de la cité, ou les règles de l'indépendance du gouvernement* – 1791-92) » (Abensour 2004 : 29).

Rousseau avait, comme il entendait d'ailleurs le faire, dépassé Hobbes dans la réflexion sur la transition qui signale l'« hominisation », mais Saint-Just dépasse à son tour Rousseau, et c'est à partir de lui qu'il convient de penser les images que nous utilisons quand nous réfléchissons à la condition humaine sous l'angle du politique.

Reprenant dans la perspective de Saint-Just ma représentation de l'économie et de la finance comme plages de notre univers social restées dans un « état de nature » – au sens de Hobbes –, comment peut-on la corriger ? En prenant conscience que nous avons au contraire permis qu'un dévoiement s'opère en laissant s'instaurer dans ces domaines le type brutal de rapports que l'on n'observe dans la nature qu'entre espèces et que nous avions déjà laissé envahir, chez nous, les relations entre peuples. Étape supplémentaire dans la régression : dans les sous-domaines de la culture humaine que sont l'économie et la finance, chaque individu se comporte envers tout autre comme, dans la nature, une espèce vis-à-vis d'une autre. Ce qu'il convient alors de faire, c'est le mouvement en sens inverse : réintégrer ces domaines dans la sphère du « nous », celle où la paix – ou une paix relative – règne comme « allant de soi ».

Sigmund Freud et le bonheur

Prenons au moins provisoirement le problème par un autre bout. Freud a réfléchi à la question du bonheur de l'homme à la lumière de ce qu'est son psychisme : celui d'un mammifère social doté d'une conscience de soi et de la capacité de parler. La première constatation de Freud, c'est que l'insertion de l'espèce humaine au sein du monde naturel ne la prédispose pas à s'y trouver heureuse. L'homme et la femme aimeraient jouir sans entraves, mais le monde qui nous est offert ne s'y prête pas : « Tout l'ordre de l'univers s'y oppose ; on serait tenté de dire qu'il n'est point entré dans le plan de la "Création" que l'homme soit "heureux" », écrit-il dans *Malaise dans la civilisation* (Freud [1929] 1970 : 20). La vie de l'être humain est limitée dans le temps, sa mort est toujours brutale et souvent précédée de la déchéance. Dans *L'Avenir d'une illusion,* Freud parle de

> « ... l'énigme douloureuse de la mort, de la mort à laquelle aucun remède n'a jusqu'ici été trouvé et ne le sera sans doute jamais. [...] La nature se dresse contre nous, sublime, cruelle, inexorable ; ainsi, elle nous rappelle notre faiblesse, notre détresse, auxquelles nous espérions nous soustraire grâce au labeur de notre civilisation. C'est un des rares spectacles nobles et exaltants que les hommes puissent offrir que de les voir, en présence d'une catastrophe due aux éléments, oublier leurs dissensions, les querelles et animosités qui les divisent, pour se souvenir de leur grande tâche commune : le maintien de l'humanité face aux forces supérieures de la nature » (Freud [1927] 1971 : 22).

La douleur nous prévient d'abord des dangers qui nous menacent, puis que notre corps est atteint et requiert notre attention et nos soins ; mais la souffrance, elle, nous tourmente sans cesse, on serait tenté de dire « pour une raison ou pour une autre » :

> « La souffrance nous menace de trois côtés : dans notre propre corps, qui, destiné à la déchéance et à la dissolution, ne peut même se passer de ces signaux d'alarme que constituent la douleur et l'angoisse ; du côté du monde extérieur, lequel dispose de forces invisibles et inexorables pour s'acharner contre nous et nous anéantir ; la troisième menace, enfin, provient de nos rapports avec les autres êtres humains » (Freud [1929] 1970 : 20).

Enfin, l'instinct de survie de l'espèce tel qu'il se manifeste chez l'individu par le désir de copuler fait s'éloigner, dans la plupart des circonstances, l'homme et la femme du comportement qui serait pour eux le plus avantageux. L'être humain cherche alors à ses tourments des diversions par l'usage des drogues, la production d'illusions collectives rassurantes comme la religion (« une déformation chimérique de la réalité » générant des « délires collectifs » [*ibid.*, 25]), et, de façon plus positive, par la sublimation qu'autorise l'expression artistique ou intellectuelle.

Sur le plan social, l'homme est condamné à choisir entre la jouissance la plus libérée dans de pénibles conditions d'isolement, où le souci de sa propre sécurité doit primer sur tous les autres, et le sacrifice de sa liberté chérie pour s'assurer le niveau de sécurité qui lui évitera de vivre dans une anxiété permanente. Freud fait remarquer que l'homme le plus libre est nécessairement aussi celui dont la vie moyenne est la plus courte :

« L'homme primitif avait en fait la part belle, puisqu'il ne connaissait aucune restriction à ses instincts. En revanche, sa certitude de jouir longtemps d'un tel bonheur était très minime. L'homme civilisé a fait l'échange d'une part de bonheur possible contre une part de sécurité » (*ibid.*, 53). Dans ce cadre, et même si l'on mettait entre parenthèses les obstacles au bonheur que sont la mortalité et la douleur, le bonheur est hors d'atteinte en raison de la contradiction entre liberté et sécurité, puisque, d'un côté, la jouissance qu'autorise la liberté absolue implique un manque de sécurité insupportable, tandis que, de l'autre, la sécurité absolue débouche sur une intolérable absence de liberté.

Rechercher le meilleur des systèmes politiques possibles dans la perspective d'une maximisation du bonheur de l'homme est donc, selon Freud, une manière de poser le problème qui ne peut déboucher que sur des conclusions désespérantes. La seule position défendable est celle qu'il attribue à un « critique » dont il ne précise pas davantage l'identité, mais en qui l'on reconnaît aisément Nietzsche : « Du moins puis-je écouter sans indignation ce critique qui, après avoir considéré les buts poursuivis par la tendance civilisatrice et les moyens dont elle use, se croit obligé de conclure que tous ces efforts n'en valent pas la peine, et ne sauraient aboutir qu'à un état insupportable pour l'individu » (Freud [1929] 1970 : 79).

Faisant également allusion aux questions politiques qui étaient alors d'actualité (*L'Avenir d'une illusion* est publié en 1927 ; *Malaise dans la civilisation*, en 1929), Freud rejette l'option communiste : « Tant que la vertu ne sera pas récompensée ici-bas, écrit-il, l'éthique, j'en suis convaincu, prêchera dans le désert. Il me semble hors de doute aussi qu'un changement réel de l'attitude des hommes à l'égard de la propriété sera ici plus efficace que n'importe quel commandement éthique ; mais cette juste vue des socialistes est troublée et dépouillée de toute valeur pratique par une nouvelle méconnaissance idéaliste de la nature humaine » (*ibid.*, 78). Il avait expliqué auparavant en quoi cette « méconnaissance idéaliste » consiste : « En abolissant la propriété privée, on retire, certes, à l'agressivité humaine, et au plaisir qu'elle procure, l'un de ses instruments, et sans doute un instrument puissant, mais pas le plus puissant » (*ibid.*, 52) ; et il avait attiré l'attention sur le fait que l'inégalité en matière de propriété en masque aujourd'hui une autre qui ne manquerait pas de devenir pleinement visible et d'attiser les rancœurs si celles que provoquent les inégalités fondées sur la propriété devaient passer à l'arrière-plan : « Abolirait-on le droit individuel aux biens matériels que subsisterait le privilège sexuel, d'où émane obligatoirement la plus violente jalousie ainsi que l'hostilité la plus vive entre des êtres occupant autrement le même rang » (*ibid.*, 52).

Dans la perspective désenchantée de Freud, à quoi auraient alors servi les transitions historiques ayant fait passer d'un régime politique à un autre ? Un regard embrassant l'histoire entière fait apparaître un mouvement tendanciel autorisant des communautés humaines de plus en plus nombreuses à vivre ensemble. Les alternatives, qui vont du communisme au fascisme en passant par la démocratie, ne débouchent, sur ce seul plan de l'augmentation de la taille des communautés, qu'à des résultats semblables. Les transitions d'un régime à un autre examinées « en extériorité », d'un point de vue holiste, n'auraient alors pas grand-chose à voir avec la représentation que les hommes peuvent s'en faire en « intériorité », en termes de quête du bonheur, et s'inscriraient plus simplement dans le destin de notre espèce en tant qu'espèce *colonisatrice* ayant toujours tendance à envahir davantage son environnement, la technologie inventée par les hommes leur permettant de le faire de manière sans cesse plus efficace et en multipliant du coup leur nombre. Freud écrit :

> « Dans l'évolution culturelle [...], l'agrégation des individus isolés en unité collective est de beaucoup le principal ; le propos de les rendre heureux existe certes encore, mais il est relégué à l'arrière-plan » (*ibid.*, 75).

Pour Freud, donc, le malheur est un donné de la condition humaine, et vivre de telle ou telle manière n'est jamais qu'une question de devoir s'accommoder de tel ou tel degré de malheur particulier. Il conclut *Malaise dans la civilisation* par cette réflexion désabusée :

> « Aussi n'ai-je pas le courage de m'ériger en prophète devant mes frères ; et je m'incline devant le reproche de n'être à même de leur apporter aucune consolation. Car c'est bien cela qu'ils désirent tous, les révolutionnaires les plus sauvages non moins passionnément que les plus braves piétistes » (*ibid*., 80).

Il est difficile d'objecter quoi que ce soit à cette analyse de la condition humaine par Freud, si ce n'est pour attirer l'attention sur le fait que le problème ne réside peut-être pas là où il le situe. Freud s'est laissé abuser par une formulation classique de la question – il s'agit, pour les hommes, de situer le sens de leur vie par rapport à la quantité de bonheur à laquelle ils peuvent accéder –, alors que la question, pour eux, est autre : c'est celle de la quantité de malheur qu'ils peuvent supporter, et pas seulement dans leur vie propre, mais aussi dans celle de ceux qui les entourent – les liens familiaux, l'amitié et la sympathie spontanée se chargeant d'étendre en réseau, pour chacun, ce qu'il considère comme l'univers de son moi propre.

Les hommes ne se mobilisent pas, en effet, pour un changement de société – avec les risques qu'il implique pour eux et pour ceux qui leur sont proches – en comparant leur bonheur actuel avec celui que conférerait un autre type de société dont le modèle reste toujours plus ou moins abstrait. Ils le font en raison d'une révolte : du fait que la situation existant sous leurs yeux et dont ils sont l'une des composantes leur est désormais intolérable. C'est ce qui explique pourquoi il n'est pas contradictoire, chez Albert Camus, d'être à la fois convaincu de l'absurdité du monde *et* révolté, représentation du monde et sentiment se situant sur des plans distincts. L'homme ou la femme révoltés passent non seulement du *désespoir résigné* au *désespoir indigné* de Kant, mais aussi, de là, à l'indignation porteuse d'espoir. Comme le note Miguel Abensour, commentateur de Saint-Just : « On n'a pas assez écouté le rire des révolutionnaires – éclat de liberté, moment de fragile bonheur et de grâce – avant que le masque du sérieux ne vienne à nouveau pétrifier leur visage et qu'ils ne basculent, peut-être, du côté des "grands de l'histoire" » (Abensour 2004 : 22).

Marat-Sade

Le dialogue imaginaire est un moyen puissant pour faire réfléchir. On exprime la thèse et l'antithèse par la bouche de personnages célèbres dont le caractère est par ailleurs connu. Comment mieux faire comprendre ce qu'est la vertu qu'en faisant discourir à son propos Socrate et un militaire de premier plan comme Alcibiade ?

En 1864, Maurice Joly fit bavarder aux Enfers Machiavel et Montesquieu (Joly [1864] 1987). Cent ans plus tard, en 1964, le dramaturge allemand Peter Weiss publiait *La Persécution et l'Assassinat de Jean-Paul Marat représentés par le groupe théâtral de l'hospice de Charenton sous la direction de monsieur de Sade*, pièce plus connue sous son titre abrégé *Marat-Sade*.

La représentation au cœur de la pièce est jouée par des fous, et, du coup, pleine de bruit et de fureur. Le dialogue est écrit sans ponctuation, interrompu à tout bout de champ par des indications scénographiques. L'objectif de Weiss est évident : que ce qui est dit ne soit perçu par nous que de manière subliminale.

J'ai cherché au contraire à casser cela dans l'extrait que j'en reproduis : j'ai rendu le texte audible pour qu'on entende clairement ce qui y est dit. J'ai repris la traduction qu'en fit Jean Baudrillard en 1965, à l'exception de deux mots que j'ai traduits autrement, d'un mot que j'ai ajouté et d'une expression à laquelle j'ai mis des majuscules. Pour comprendre ce bref dialogue entre les personnages, il n'est même pas nécessaire de savoir qui sont Marat et Sade.

> MARAT : Ces mensonges qui circulent sur l'État idéal, comme s'il y avait la moindre chance que les riches

renoncent d'eux-mêmes à leurs richesses ! Quand d'ailleurs la force des choses les oblige à céder parfois, ils le font parce qu'ils savent qu'ils y gagnent encore.
« Le bruit court aujourd'hui que les travailleurs pourraient s'attendre bientôt à de plus hauts salaires... »
Pourquoi ? C'est qu'on espère un accroissement de la productivité et donc un plus gros chiffre d'affaires, et tout cela ira remplir les poches des patrons.
Non, ne croyez pas que vous les ferez plier autrement que par la force ! Ne vous laissez pas tromper. Si notre Révolution a été étouffée et si on vient vous dire que les choses vont mieux, si la misère se voit moins parce qu'elle est camouflée, si vous gagnez de l'argent et pouvez vous offrir ceci ou cela de tout ce dont la production industrielle vous inonde, et s'il vous semble que le bien-être est à portée de la main, sachez que ce n'est que du bluff venant de ceux qui, de toutes façons, en ont bien plus que vous.
Ne vous y fiez pas lorsqu'ils vous tapent amicalement sur l'épaule et disent qu'au fond il n'y a plus de différences, que ça ne vaut plus la peine d'en parler et de se battre pour si peu. Car alors, c'est qu'ils sont au comble de leur puissance dans leurs nouvelles citadelles de marbre et d'acier, d'où ils rançonnent le monde entier sous prétexte d'y faire régner la civilisation.
Prenez garde, car dès qu'il leur plaira, ils vous enverront défendre leur capital à la guerre où leurs armes toujours plus destructrices, grâce aux progrès rapides d'une science à leur solde, vous anéantiront en masse.

SADE : Ainsi toi, écorché tuméfié, du fond de ta baignoire qui est tout ton univers, tu peux croire encore que la justice est possible, que tous peuvent être également tenus pour responsables ?

Aujourd'hui, vous couchez untel sur la liste noire, vous l'expropriez, vous distribuez ses biens à d'autres. Et que font-ils ? Ils spéculent dessus et les font rapporter. Comme leurs prédécesseurs ! Crois-tu encore que chacun, partout, fasse preuve des mêmes talents ? Que personne ne veuille se mesurer aux autres ?

Souviens-toi de la chanson :

> Untel est une gloire de la pâtisserie,
> Tel autre est le prince de la coiffure,
> Celui-ci est le roi des bouilleurs de cru,
> Et cet autre est maître en diamanterie,
> Untel te massera avec le plus grand art,
> Tel autre fait fleurir les roses les plus rares,
> Celui-ci cuisinera les mets les plus sublimes,
> Celui-là te taillera les plus beaux pantalons,
> Tel autre enfin sait faire valser le couperet,
> Et celle-ci a le cul le plus délicieux du monde.

Crois-tu faire leur bonheur en leur refusant le droit d'être les meilleurs ?

Et s'ils doivent toujours se casser le nez sur l'égalité, crois-tu que ce soit un progrès si chacun n'est plus qu'un maillon d'une longue chaîne ? Et peux-tu croire encore qu'il soit possible d'unir les hommes, quand tu vois ceux-là mêmes qui se sont dressés au nom de l'Harmonie Universelle se crêper le chignon, et devenir des ennemis mortels pour des bagatelles ? (Weiss [1964] 2000 : 63-66).

Qui sont donc – pour qui l'ignorerait – ces Marat et Sade qui vantent, l'un, l'égalité absolue, l'autre, la liberté sans contrainte aucune ? Marat, d'abord, l'*Ami du peuple*. Qui voulut faire carrière de médecin et de physicien, un peu tape-à-l'œil, un peu m'as-tu-vu, et qui découvre dans la révolution le lieu où il sera parfaitement à sa place comme défenseur du peuple : parce que le peuple, à ses propres yeux, il en est l'incarnation idéale.

À propos de Marat, Weiss fait dire au fou qui incarne, dans la pièce jouée à Charenton, Jacques Roux, le « curé rouge », chef de file des Enragés :

> « Malheur à l'être d'exception qui ose s'attaquer à toutes les limites pour les forcer, pour les franchir partout : ces abrutis, fidèles à leurs vieilles traditions, lui font obstacle. Le couvrent d'injures ! Tu voulais la clarté ? C'est pourquoi tu scrutais le feu et la lumière. Tu cherchais l'art de dompter les énergies ? C'est pourquoi tu étudiais l'électricité. Et tu voulais élucider la fonction de l'homme ? C'est pourquoi tu as voulu savoir ce que pouvait bien être l'âme, cet ectoplasme d'idéal vide et de morale incohérente. Et tu as placé l'âme dans le cerveau afin qu'elle apprenne à penser. Car, pour toi, l'âme est une chose pratique grâce à laquelle nous pouvons régler et maîtriser notre existence. Et tu es venu à la Révolution parce qu'il t'est apparu qu'il fallait avant tout changer radicalement l'état des choses, et que, sans ce changement, aucune de nos entreprises ne saurait aboutir » (*ibid.*, 77-78).

Marat sera accusé de vouloir devenir dictateur et traîné devant un tribunal. Un jury populaire l'absoudra. Après la chute de Verdun – mais avant Valmy, où la Révolution française sera sauvée sur le champ de bataille –, quand Paris se barricade contre l'arrivée des forces du duc de Brunswick – lequel a promis « que si le château des Tuileries est forcé ou insulté [ce qui a déjà eu lieu le 10 août, quelques semaines plus tôt], que s'il est fait la moindre violence, le moindre outrage à Leurs Majestés le roi, la reine et la famille royale, s'il n'est pas pourvu immédiatement à leur sûreté, à leur conservation et à leur liberté, elles en tireront une vengeance exemplaire et à jamais mémorable en livrant la ville de Paris à une exécution militaire et à une subversion totale, et les révoltés coupables d'attentats, aux supplices qu'ils auront mérités » –, Marat appelle à régler *préventivement* la collusion *prévisible* de l'ennemi extérieur avec les contre-révolutionnaires de l'intérieur : suspects politiques et prisonniers de droit commun.

Les massacres de septembre 1792, s'ils n'ont pas lieu sous son égide, pourront pourtant se réclamer de lui. Charlotte Corday l'assassine, exploitant son bon cœur ; la lettre dans laquelle elle insiste pour qu'il la reçoive dit : « Il suffit que je sois bien malheureuse pour avoir droit à votre bienveillance... » Une foule innombrable se rassemble pour ses funérailles : c'est Sade qui prononce son éloge funèbre. Le Havre et Saint-Nazaire se rebaptisent « Marat ». Son corps est transporté au Panthéon en 1794, mais il n'y reste que peu de temps. On a changé les règles : il faut désormais être mort depuis dix ans au moins pour être « panthéonisable ».

Sade, le débauché suprême : « Impérieux, colère, emporté, extrême en tout, d'un dérèglement d'imagination sur les mœurs qui de la vie n'a eu son pareil », ainsi qu'il dira de lui-même, enfermé à Charenton, deviendra, au soir de sa vie, la coqueluche de Paris pour les représentations dont il est le metteur en scène dans l'enceinte de l'asile. Charles Nodier se rappellera l'avoir vu : « Je ne remarquai d'abord en lui qu'une obésité énorme qui gênait assez ses mouvements pour l'empêcher de déployer un reste de grâce et d'élégance dont on retrouvait les traces dans l'ensemble de ses manières et dans son langage. Ses yeux fatigués conservaient cependant je ne sais quoi de brillant et de fin qui s'y ranimait de temps à autre comme une étincelle expirante sur un charbon éteint. »

Weiss explique ainsi sa décision de choisir le couple Marat-Sade comme protagonistes pour son dialogue imaginaire : « Ce qui nous intéresse dans la confrontation de Sade et de Marat, c'est le conflit entre l'individualisme poussé jusqu'à l'extrême et l'idée de bouleversement politique et social. Sade lui aussi était convaincu de la nécessité de la Révolution, et ses œuvres sont d'un bout à l'autre une attaque contre la classe régnante corrompue ; cependant, il recule devant les mesures de terreur prises par les nouveaux dirigeants et se trouve, tel un représentant moderne du centre, assis entre deux chaises » (*ibid.*, 112) :

> « L'égoïsme est, dit-on, la première base de toutes les actions humaines ; il n'en est aucune, assure-t-on, qui n'ait l'intérêt personnel pour premier motif, et, s'appuyant de cette opinion cruelle, les terribles détracteurs de toutes les belles choses en réduisent à rien le mérite. Ô Marat ! combien tes actions sublimes te soustraient à cette loi générale ! Quel motif d'intérêt personnel t'éloignait du commerce des hommes, te privait de toutes les douceurs de la vie, te reléguait vivant dans une espèce de tombeau ! Quel autre que celui d'éclairer tes semblables et d'assurer le bonheur de tes frères ? Qui te donnait le courage de braver tout... jusques à des armées dirigées contre toi, si ce n'était le désintéressement le plus entier, le plus pur amour du peuple, le civisme le plus ardent dont on ait encore vu l'exemple ! » – SADE, rédacteur[1].

Marat dit une vérité sur l'homme ; Sade, quand il lui répond, en dit une autre qui contredit la première mais sonne tout aussi vrai. Comment construire un monde nouveau si plusieurs vérités président au destin de l'homme et si celles-ci sont inconciliables ?

G. W. F. Hegel :
le citoyen et le bourgeois
qui sont logés en nous ne parlent pas
d'une même voix

Le monde dont nous parle Hegel (1770-1831) transcende en général les périodes historiques, mais quand il se fait politologue ou sociologue, il pose un regard acéré sur son époque. Il a, on le sait, réponse à tout, ou presque. Or il existait une question à laquelle il ignorait la réponse, et il le reconnut volontiers : comment éliminer la pauvreté des démocraties du type de la nôtre, qui s'assimilent à ce qu'il appelle – à l'instar du philosophe écossais Adam Ferguson – *société civile*, un stade d'évolution des sociétés où l'État n'a pas une existence proprement « organique », mais s'assimile à une simple collection de volontés individuelles ?

Hegel écrit dans ses *Principes de la philosophie du droit* (§ 245) :

> « Si on imposait à la classe riche la charge directe d'entretenir la masse réduite à la misère […], la subsistance des misérables serait assurée sans être procurée par le travail, ce qui serait contraire au principe de la société civile et au sentiment individuel de l'indépendance et de l'honneur. Si, au contraire, leur vie était assurée par le travail (dont on leur procurerait l'occasion), la quantité des

produits augmenterait, excès qui, avec le défaut des consommateurs correspondants qui seraient eux-mêmes des producteurs, constitue précisément le mal, et il ne ferait que s'accroître doublement. Il apparaît ici que malgré son excès de richesse, la société civile n'est pas assez riche, c'est-à-dire que dans sa richesse elle ne possède pas assez de biens pour payer tribut à l'excès de misère et à la plèbe qu'elle engendre » (traduction de Jean Hyppolite, 1948 : 92).

La question de la pauvreté était donc insoluble, pour Hegel, dans le cadre de cette *société civile* en laquelle il voyait, sans grande sympathie, un stade d'évolution des sociétés où l'État n'a pas une existence proprement « organique », mais peut être assimilé à une simple collection de volontés individuelles.

Hegel évoque les limitations de la société civile, dans d'autres contextes, comme résultant d'une contradiction entre le *droit à la propriété* et l'*éthique*, la morale dans sa dimension collective et sociale. Une autre manière encore de formuler la même difficulté est de souligner les exigences contradictoires du *citoyen* et du *bourgeois* qui cohabitent en nous : le *citoyen* aspire à l'égalité de tous et invoque, pour sa mise en vigueur, l'éthique, alors que le *bourgeois* insiste sur son droit personnel à accumuler autant de richesse qu'il jugera bon et professe une conception de la propriété qui la veut totale et inviolable. Le *citoyen* et le *bourgeois* logés en nous ne parlent pas d'une même voix !

L'explication de cet antagonisme entre deux principes que nos sociétés considèrent comme également intangibles, le *droit à la propriété* et l'*éthique*, est en réalité historique : ils sont parvenus jusqu'à nous comme les produits de deux traditions distinctes, l'une inégalitaire, qui nous vient des maîtres autoproclamés et qui met l'accent sur la *particularité*, génératrice de différences entre les hommes, l'autre, égalitaire, qui nous vient des perdants, des esclaves haïssant l'ordre ancien, mettant en avant l'*universalité*, soulignant l'identité des hommes entre eux. Le *droit à la propriété*, étant inégalitaire, et l'*éthique*, égalitaire, ces deux principes sont en effet inconciliables.

Kojève, lecteur de Hegel, a retracé la logique historique qui préside à cette incompatibilité. Ainsi, la propriété privée dérive du droit du premier occupant et de la lutte que celui-ci est prêt à mener pour défendre sa possession. Il écrit :

> « L'"occupant" – et en particulier le "premier occupant" – n'a un droit de *propriété* que dans la mesure où il est censé vouloir risquer sa vie en fonction de la chose qu'il "occupe", tandis que les autres sont censés refuser ce risque pour la chose "occupée". [...] Un voleur, brigand, etc., peut risquer sa vie *en fait*. Mais ce risque n'est pas son *but*. Et c'est pour la *possession* qu'il risque sa vie, non pour la *propriété*. Il risque donc sa vie en animal, et c'est pourquoi ce risque ne crée aucun *droit* » (Kojève 1981 : 535).

Cette lutte du propriétaire premier occupant se calque sur le modèle de la « lutte à mort » qui fonde l'apparition d'un « ordre » de seigneurs guerriers : seuls sont dignes d'en faire partie ceux qui se sont montrés prêts à mettre leur vie en péril pour obtenir du vaincu la reconnaissance de leur supériorité et la justification a posteriori de leur appartenance à cet ordre des vainqueurs. Le propriétaire, à un stade historique ultérieur, réclame une reconnaissance du même type à la mesure – quantitative – du volume de ses propriétés, bien que la lutte qu'il doive éventuellement mener pour les défendre n'ait plus pour prix sa vie, mais une simple somme d'argent, et ne se déroule plus sur un champ de bataille, ou sur le pré au petit matin, mais dans les couloirs du tribunal où il brandit pour preuves ses contrats.

Le perdant dans la lutte à mort, le serf, est condamné au travail. Kojève explique ailleurs :

> « L'un, sans y être aucunement "prédestiné", doit avoir peur de l'autre, doit céder à l'autre, doit refuser le risque de sa vie en vue de la satisfaction de son désir de "reconnaissance". Il doit abandonner son désir et satisfaire le désir de l'autre : il doit le reconnaître sans être "reconnu" par lui. Or, le "reconnaître" ainsi, c'est le "reconnaître" comme son Maître, et se reconnaître et se faire reconnaître comme Esclave du Maître » (Kojève 1947 : 15).

Vient la société bourgeoise, qui fait du serf un « homme libre » ; son temps de travail a cessé d'être gratuit : il peut désormais le vendre. Sa seule protection contre l'abus est d'invoquer l'égalité, mais une égalité au niveau des principes seulement : uniquement en tant que *citoyen*, puisque, au niveau des possessions, en tant que *bourgeois,* elle n'existe pas, la garantie du droit de propriété – associée à l'héritage – empêchant qu'une véritable égalité économique puisse se faire jour. La société civile de l'État bourgeois est schizophrène :

> « Si la socialisation de la Lutte engendre l'État, la socialisation du Travail engendre la Société économique [...]. Et puisque la Société économique, fondée sur le Travail, diffère essentiellement de l'État (aristocratique) fondé sur la Lutte, cette Société aura tendance à affirmer son autonomie vis-à-vis de cet État, et l'État, s'il ne nie pas son existence, aura tendance à reconnaître son autonomie. [...] Mais, du moment que tout État a pour base aussi la Lutte, tandis que la Société économique est *exclusivement* fondée sur le Travail, l'État et cette Société ne coïncident jamais entièrement : le statut de citoyen et le statut de membre de la Société économique, ainsi que les fonctions des deux, ne se recouvrent pas complètement. C'est pourquoi il y a une certaine autonomie de la Société économique vis-à-vis de l'État », explique Kojève (1981 : 520, 522, 523).

Cette dialectique de l'égalité et de la différence, qu'incarnent le *citoyen* et le *bourgeois* que nous sommes à la fois a été abordée d'une autre manière par

Keynes dans un petit texte qu'il rédigea en 1930, *Les Alternatives économiques de nos petits-enfants* :

> « Il est vrai que les besoins des êtres humains semblent insatiables, mais ils appartiennent à deux catégories : il y a d'abord les besoins qui sont absolus, au sens où nous les ressentons, quelle que soit la situation dans laquelle nous sommes, et il y a ensuite ceux qui sont relatifs, au sens où nous les éprouvons seulement si leur satisfaction nous élève au-dessus, nous fait sentir supérieurs à nos concitoyens » (Keynes [1931] 1972 : 326).

Les besoins du premier type font de nous des *citoyens*, ceux du second type, des *bourgeois*. Pour réconcilier les points de vue du citoyen et du bourgeois tels que Keynes les aborde, il faudra malheureusement attendre que notre espèce dépasse le stade des gamineries tout juste dignes des cours d'école.

V

La propriété privée

Le pouvoir des choses sur les hommes

La propriété étant d'une manière générale la pierre d'achoppement de nos réflexions sur la transition vers un nouveau monde, je voudrais analyser son concept non pas comme « manifestation objective de la volonté humaine », ainsi que la définissait Hegel (*Principes de la philosophie du droit*, § 46 ; Hegel [1821] 1989 : 103), mais dans la perspective exactement inverse : comme celle du pouvoir que les choses exercent sur les hommes, telle qu'on la trouve chez Marx quand il écrit : « Le bénéficiaire du majorat, le fils premier-né, appartient à la terre. Elle en hérite » (Marx [1844] 1969 : 50) – observation que Pierre Bourdieu remit à l'honneur.

Que signifie la remarque de Marx ? Qu'on a l'habitude de voir les êtres humains aux commandes et les objets inanimés à leur service, mais que, dans certains cas, c'est l'ordre inverse qui prévaut. Ce serait donc la ferme qui exigerait, pour sa propre survie, que le fils aîné lui revienne, et qui l'emporterait. Bien sûr, une ferme ne dispose pas d'une volonté propre, mais on comprend aisément que, dans un monde humain fondé sur l'agriculture et l'élevage, seules l'existence et la persistance des fermes permettent à ce monde humain de se perpétuer de génération en génération. La ferme est une *unité de production et de consommation* qui permet à une famille de subsister, voire de prospérer au fil des années, et, dans un monde « fermier », la survie des fermes en tant qu'ensemble de terres, d'équipements, de ressources combinés, constitue un préalable à la survie des familles.

Cette intrication d'hommes et de choses pour faire fonctionner une *unité de production et de consommation* transparaît bien dans la boutade un peu cruelle que fit un jour à mes dépens l'un de mes professeurs. L'histoire se passe en 1975 ; j'étais étudiant thésard à l'université de Cambridge, en Angleterre. Je venais d'exposer, lors d'un séminaire du département d'anthropologie sociale, le travail de terrain que j'avais mené, les deux années précédentes, parmi les pêcheurs de l'île de Houat, dans le Morbihan. Sir Edmund Leach[1], qui deviendrait mon directeur de thèse quelques années plus tard, m'interpella dans les termes suivants : « Apparemment, vous avez étudié la démographie de ces pêcheurs de manière approfondie... Vous nous avez dit aussi que la survie économique de l'île dépend essentiellement du passage saisonnier de grands bancs de poissons. Alors, logiquement, pour nous expliquer la vie de cette petite communauté, est-ce que vous n'auriez pas dû plutôt étudier la démographie des poissons ? »

La boutade de Leach soulignait l'asymétrie existant dans les explications que nous offrons de notre rapport à la nature, où nous nous la représentons comme se pliant à nos volontés alors qu'il s'agit le plus souvent, entre elle et nous, d'une implication réciproque : l'homme pêche le poisson, mais c'est le poisson – si l'on veut – qui procure à l'homme l'occasion de se laisser pêcher. De même pour la ferme dans le cas qu'évoque Marx : même si la ferme en tant qu'unité d'exploitation est une invention humaine, une fois inventée, et du fait qu'elle constitue, en tant que telle, une formule viable d'unité économique, elle impose à son tour ses propres contraintes à ceux qui l'exploitent et qu'elle fait vivre.

Dans *La Transmission des savoirs* (Delbos et Jorion, 1984), Geneviève Delbos et moi apportons d'autres exemples que celui proposé par Marx d'exigences posées par l'unité de production à ceux qui la composent. Ainsi lorsque nous nous sommes intéressés à la taille très différente des familles sur l'île de Houat, petite communauté de pêcheurs, et à Saint-Molf, dans la Loire-Atlantique, petite communauté de paludiers, deux villages situés à quarante kilomètres à peine l'un de l'autre à vol d'oiseau. Les familles de Houat étaient significativement plus nombreuses (5,02 enfants en moyenne ; *ibid.*, 79) que celles de Saint-Molf (2,96 enfants en moyenne ; *ibid.*, 48), alors que ces dernières se caractérisaient cependant souvent par un nombre curieusement élevé de filles. C'est une hypothèse « à la Marx » qui nous permit d'expliquer cela, je veux dire : une hypothèse où ce sont les *choses* qui imposent leurs contraintes aux hommes.

L'équipage idéal, à la pêche telle qu'elle était pratiquée à Houat au début des années 70, était celui d'un père accompagné de trois de ses fils, alors que l'unité que constitue un marais salant ne se divise pas : un fils succédait traditionnellement à son père sur le marais. L'hypothèse selon laquelle les familles houataises « visaient inconsciemment » à compter trois fils, alors que celles de Saint-Molf « visaient » à n'avoir qu'un fils unique, se trouva confirmée de manière étonnamment convaincante en comparant le modèle produit à l'aide de la théorie des probabilités aux données démographiques collectées (*ibid.*, 80). Les longues séries de filles à Saint-Molf – l'anomalie qui avait initialement retenu notre attention – s'expliquaient par le fait qu'à la naissance du fils espéré, qui reprendrait l'exploitation familiale, la taille de la famille se figeait aussitôt, ayant atteint son nombre final, et ce, quel qu'ait été le rang de naissance auquel ce fils était apparu.

Aussi bien dans le métier du sel qu'à la petite pêche côtière, c'étaient donc les nécessités de l'unité de production – ici le marais salant, là, l'équipage du bateau « caséyeur[2] » – qui déterminaient des comportements apparemment aussi peu contraints, car fondés en principe sur la libre volonté des conjoints, que la taille des familles.

Quelques années après l'exposé à l'occasion duquel Leach m'avait asticoté, j'allais devenir moi-même enseignant à Cambridge. J'eus alors comme collègue Alan Macfarlane, qui avait été, lui, mon directeur de recherches en 1975. Macfarlane consacrait à cette époque plusieurs ouvrages à l'origine de l'individualisme en Angleterre. Il disposait pour matériau privilégié des documents légaux, en particulier notariaux. Alors qu'il évoquait un jour devant moi, comme témoignage d'un « individualisme » né selon lui à cette époque, des extraits de testaments du XVIIe siècle où le père de famille faisait part de décisions apparemment arbitraires, puisqu'elles allaient manifestement à l'encontre de l'intérêt individuel de ses enfants, je fus frappé par la similarité entre ces cas et ceux qui m'étaient familiers. Je ne pus m'empêcher de lui dire : « Alan, c'est le "majorat" de Marx : le père ne parle pas au nom de la famille dont il est le chef ; il parle au nom de l'*estate*, de la propriété familiale. Il plie la volonté de ses fils et de ses filles aux conditions de survivance de l'unité de production qui pourra les faire vivre. »

On pourrait penser que le rapport entre les hommes et les objets est, de ce point de vue, parfaitement symétrique : les choses imposent aux hommes des contraintes liées à ce qu'elles sont, alors qu'à l'inverse les hommes imposent leur volonté aux choses en en faisant exactement ce qu'ils veulent. À cette différence près, bien sûr, que le cadre général demeure, lui, asymétrique : si les hommes peuvent se représenter à la fois leur pouvoir sur les choses et leur capture par elles, ces choses elles-mêmes en sont bien incapables. On voit s'esquisser en réalité, dans ces exemples, une autre manière d'envisager le rapport entre hommes et choses, où l'identité de qui décide et de qui se plie à la volonté d'un autre n'est pas aussi claire qu'on aurait pu un moment l'imaginer, et où ce que l'on serait éventuellement tenté de qualifier d'« intérêt égoïste » d'un être humain se révèle, à notre grande surprise, être en réalité son inverse, à savoir la subordination de la volonté humaine à la persistance d'une chose, même si ce sont des hommes qui ont initialement institué ce genre de choses pour leur propre bénéfice, comme dans le cas d'une ferme ou d'un bateau de pêche. Que vaut la liberté de celui qui a une grosse fortune à gérer ?

Lucien Lévy-Bruhl :
le sentiment de la présence du propriétaire

La scène que je vais rapporter maintenant se déroule dans la Kalverstraat, à Amsterdam, une étroite rue commerçante du centre-ville. Il y a devant moi une jeune femme qui marche dans la même direction, mais alors que je vais droit devant moi parce que, banalement, je n'ai d'autre but que de rentrer à la maison, son parcours à elle ondule de manière erratique de droite à gauche ou de gauche à droite, ponctué par de très brefs ralentissements quand elle jette un regard à l'un ou l'autre objet exposé dans une vitrine. Sa trajectoire est particulièrement notable du fait que la rue est étroite et que son regard peut donc tout aussi aisément être capté par des échoppes sur sa droite ou sur sa gauche : son parcours *aléatoire* évoque irrésistiblement le *mouvement brownien* d'une particule plongée dans un liquide, dû à la vibration des molécules qui l'entourent. La réflexion qui s'impose alors à moi est la suivante : « Cette femme ne dispose d'aucune liberté : ce n'est pas elle qui décide où elle va : en ce moment, ce sont uniquement les objets exposés dans les vitrines qui décident de sa vie et déterminent son parcours. » Mis à part la direction générale de sa progression dans la rue, la jeune femme est offerte aux sollicitations diverses qui peuvent se présenter : prête à se laisser « captiver », autrement dit *capturée*, par la présence des objets proposés à sa vue. On pourrait sans doute affirmer qu'elle décide à tel instant de poser le regard ici, puis à l'instant suivant, là, mais il est beaucoup plus *économique* d'expliquer sa trajectoire en évoquant le pouvoir qu'exercent sur elle divers objets, et de se la représenter comme déterminée dans son parcours plutôt que le déterminant elle-même.

Cet exemple, ainsi que ceux que m'ont offerts mon *travail de terrain*, en tant qu'anthropologue, dans la ligne de la réflexion de Marx relative au *majorat* où la terre hérite du fils aîné, m'ont permis d'illustrer le fait qu'il peut s'établir, entre des personnes et des choses, des rapports complexes de dépendance et de détermination mutuelles qu'on appelle en général une relation de « possession ». On parle en effet de posséder des objets, mais on dit aussi que des personnes sont possédées lorsque leur volonté semble asservie à celle d'une entité extérieure à elles, comme un esprit ou un démon.

Pour en arriver à la notion de propriété, dans la perspective inhabituelle que j'ai adoptée, il faut poursuivre la réflexion. L'auteur qui va m'y aider, c'est Lucien Lévy-Bruhl, le philosophe qui, dans les années 20 et 30, se passionna pour les particularités de la « mentalité primitive », expression par laquelle il faut comprendre des croyances appartenant essentiellement au complexe culturel australo-mélanésien, dont des auteurs antérieurs à Lévy-Bruhl, tels Émile Durkheim et son neveu Marcel Mauss, notèrent qu'ils sont très semblables à ce que nous savons par ailleurs de la culture archaïque chinoise (Durkheim & Mauss 1969 [1901-1902]). J'ai discuté de ces questions dans *Comment la vérité et la réalité furent inventées* (Jorion 2009d) ; disons en deux mots que ces cultures que nous appelons encore – et pour ces raisons précisément – « totémiques » ne partagent pas l'accent que nous mettons sur les ressemblances visibles, ni sur la proximité dans le temps ou l'espace, mais postulent, entre des choses pour nous très dissemblables, des « sympathies » ou des « affinités » dont la logique, a montré à juste titre Lévy-Bruhl, est fondée sur la similitude de nos réactions affectives à leur présence (*ibid.*, 35 et 58).

Lévy-Bruhl est revenu en maintes occasions sur la question des « appartenances » : ces choses qui ne sont pas nous à proprement parler, mais qui, au sein de notre culture, sont spontanément incluses dans la définition de la personne (le nom, l'image, la mémoire, après la mort, de qui nous avons été, etc.) et de la « participation » : le sentiment qui nous fait dire que ceci, au-delà de notre propre corps, est également « nous ». Dans ses *Carnets (1938-1939)*, rédigés peu de temps avant sa mort en 1939, contenant les notes préparatoires à ce qui aurait dû être le prochain livre dans la série qu'il a consacrée à la *mentalité primitive*, Lévy-Bruhl revient longuement sur ce qu'il perçoit comme son échec à capturer dans un cadre conceptuel adéquat ces questions d'« appartenance » et de « participation ».

J'ignore si le renversement de perspective que j'esquisse ici en évoquant un complexe fait de la double influence des hommes sur les choses et des choses sur les hommes lui serait apparu comme un moyen d'échapper au cadre philosophique contraignant au sein duquel il s'était laissé enfermer. Quoi qu'il en soit, comme fil conducteur de ses recherches sur la « mentalité primitive », Lévy-Bruhl cherche à saisir la nature de ce qu'il appelle « participation », le phénomène qui permet, dans le cadre de cette pensée différente de la nôtre, de supposer des relations « causales » qui seraient rejetées par nous comme fallacieuses. Par exemple, l'homme qui meurt *au village* parce que l'animal qu'il *est aussi par ailleurs* a été mortellement blessé *dans la forêt*, ou bien encore l'homme qui vise à tuer son ennemi en transperçant de sa lance la trace de ses pas, etc.

Dans ses carnets posthumes, Lévy-Bruhl découvre la véritable explication des faits dont il cherche à rendre compte, si bien que le concept de « participation » auquel il a recouru jusque-là, dans ses vaines tentatives pour les comprendre, se révèle soudain sans objet. Il est amusant d'observer qu'il ne semble pas parfaitement conscient que son concept de *participation* est brusquement devenu obsolète et qu'une *dernière relecture* des notes qu'il a rédigées aurait sans doute suffi à lui en faire prendre pleinement conscience. Lévy-Bruhl écrit par exemple, à propos de l'ennemi qu'on cherche à atteindre en transperçant ses traces, que « la présence des traces est ipso facto pour lui la présence de cet individu : il *sent* cette présence de l'individu, bien qu'il soit loin et invisible, *comme actuelle* en vertu de la participation entre lui et elle » (Lévy-Bruhl 1949 : 84) – sans noter que la dernière partie de sa phrase : « en vertu de la participation entre lui et elle » est en réalité parfaitement inutile à l'explication : l'Aborigène s'en prend aux traces de son ennemi parce que, comme l'observe Lévy-Bruhl, en elles il est *présent* aux yeux de celui pour qui elles l'évoquent d'emblée.

Lévy-Bruhl n'en continue pas moins de s'interroger :

> « ... il n'est pas incompréhensible que l'individu se sente aussi intimement uni à ses cheveux que nous nous sentons nous-mêmes présents dans nos bras, nos jambes, nos yeux, qui sont bien effectivement *nous*. Mais comment peut-on avoir la même représentation dans le cas des traces de pas, ou du vêtement auquel on rend les honneurs funèbres comme à la personne elle-même ? » (*ibid.*, 142),

Alors que, comme nous venons de le voir, il a déjà découvert l'explication qu'il recherche : *dans le cadre de la « pensée primitive », la personne est constituée de l'ensemble des choses où sa présence est perceptible par autrui*. Autrement dit, une personne X considérera comme *étant* une autre personne Y l'ensemble des choses où elle décèle la *présence* de cette personne Y, étant entendu que cette notion de « présence » est inanalysée, « brute » – un simple fait d'intuition. Je cite encore Lévy-Bruhl :

> « La conclusion à laquelle nous aboutissons pour ces participations entre les objets ou êtres et leurs appartenances est donc celle-ci : elles ne se fondent pas sur des rapports perçus, fussent-ils aussi évidents que ceux de la partie avec le tout, mais bien sur le *sentiment* de la présence réelle de l'être ou objet, immédiatement suggéré par celle de l'appartenance. Et ce sentiment n'a pas besoin d'autre légitimation que le fait même qu'il est senti » (*ibid.*, 145).

Le renvoi à la « participation », encore une fois, est ici sans objet, il nous rappelle le *phlogiston* de l'ancienne chimie : une substance censée s'évanouir dans la combustion, dont elle postulait l'existence et dont le poids était « négatif » ; c'est l'élimination du *phlogiston* par Lavoisier qui permit d'atteindre l'explication à laquelle nous adhérons aujourd'hui : la combustion est un processus d'oxydoréduction.

La définition de la personne comme « tout ce qui évoque le *sentiment* de sa présence réelle » rend très bien compte de ces amalgames qui nous paraissent si étranges dans la « pensée primitive » : la personne c'est son corps, son ombre, toutes les représentations qui peuvent être faites d'elle (photos, enregistrement de sa voix, etc.), les rognures de ses ongles, les mèches de ses cheveux, ses vêtements, la trace de ses pas sur le sol, voire, dans la pensée traditionnelle chinoise, les caractères la représentant dans la langue écrite, etc. Tous ces éléments sont en effet susceptibles d'évoquer à autrui sa présence ; Lévy-Bruhl les appelle les « appartenances » de la personne.

Mais cette définition de la personne opère alors universellement, au sens où elle vaut pour tous, y compris pour celui dont il est question : de la même manière qu'autrui considère comme étant moi tout ce qui évoque pour lui ma présence, ma propre représentation de ce qu'est ma personne sera la même : *l'ensemble des choses qui évoquent ma présence à autrui*, ou encore : l'ensemble des choses que l'on rattache à moi plutôt qu'à quelqu'un d'autre ou à rien du tout. Lévy-Bruhl observe ainsi : «... l'homme mort est senti comme présent dans son vêtement ; l'Australienne se sent elle-même présente dans la mèche de ses cheveux, etc. » (*ibid.*, 145).

C'est ce qui explique que, comme dans le vaudou dahoméen, si je découvre sur le seuil de ma demeure une poupée percée d'épingles me représentant, je tombe aussitôt malade et ne tarde pas à mourir. Ou, pour prendre des exemples plus proches de nos cultures : je me sens souillé si l'on me vole, je meurs de nostalgie si je reste trop longtemps éloigné de chez moi (une des principales causes de décès dans les armées du Moyen Âge, si l'on en croit Duby), je meurs si l'on incendie volontairement ma moisson (fait rapporté lors d'un séminaire d'ethnologie française auquel j'ai assisté autrefois).

Y a-t-il des limites à ce qui peut évoquer ma présence ? Dans le cadre d'une société aborigène australienne, certainement, puisque ce sont traditionnellement des sociétés de petite taille. Mais dans les nôtres ? Les dix-huit yachts d'un magnat n'évoquent-ils pas chacun sa présence avec la même acuité ?

Dans la voie que j'explorais tout à l'heure dans le sillage de Marx, où ce sont les choses qui « captivent » ou capturent les hommes, rien ne s'oppose à ce que la perspective soit inversée, et l'on dira alors qu'une personne, c'est *l'ensemble des choses qui ont pu capturer son nom*. Dans cette perspective inversée, mon corps, mes cheveux, les rognures de mes ongles, ne sont pas privilégiés par rapport aux autres *appartenances* : ils constituent simplement les premières choses dans mon histoire à avoir capturé mon nom.

Or c'est peut-être dans cette perspective-là qu'il faut envisager la propriété non pas comme un exercice de la volonté, ainsi que le conçoit Hegel, mais plutôt comme la capacité plus ou moins forte que nous avons les uns et les autres de nous laisser « captiver » – ou capturer – par des objets qui nous entourent. Le fait saillant serait alors que si nous nous représentons d'une manière adéquate le pouvoir que nous avons sur les choses, nous ne nous représentons que d'une manière leurrée le pouvoir que les choses ont sur nous – en niant essentiellement l'existence de ce pouvoir –, ce qui a pour effet de le rendre plus puissant encore. Nous sommes vis-à-vis des choses dans un état de « fausse conscience ».

La propriété privée devrait être analysée dans ce cadre-là : l'effet combiné du pouvoir dont nous disposons sur les choses que nous avons fait entrer par la propriété privée dans la sphère de nos appartenances, qui permettent en particulier de nous subordonner le travail d'autrui et tout ce qui peut en résulter comme avantages pour nous, et le pouvoir qu'elles exercent en retour sur nous, les efforts qu'elles nous imposent, par exemple, pour empêcher qu'elles ne nous échappent, qu'elles ne diminuent – ainsi notre fortune quand nous la négligeons –, ou plutôt, bien entendu, les efforts qu'elles nous imposent pour empêcher que nous ne leur échappions : ainsi, le droit réglant la propriété privée qui nous a permis de codifier le domaine de nos appartenances, de les doter d'un cadre social – si quelqu'un conteste la définition que nous en donnons, nous allons au tribunal pour obtenir réparation.

Maximilien Robespierre :
résoudre la contradiction entre propriété
et éthique

Ne pourra-t-on jamais rien tirer du bourgeois, du fait que propriété et éthique sont contradictoires, ou bien les institutions permettent-elles de faire s'épanouir le citoyen qui est logé en nous et de contenir le bourgeois, son frère siamois, bridant sa cupidité dans les limites de la décence ? Dans *De la nature*, Saint-Just, critique de Montesquieu, mit son espoir dans les institutions : « Les révolutions qui naissent de bonnes lois et qui sont maniées par d'habiles mains changeraient la face du monde sans l'ébranler » (Saint-Just [1793-94] 2004 : 1085). Les institutions constituent le foyer incandescent du dernier discours qu'il écrivit – et ne prononça jamais, étant interrompu au bout de quelques phrases seulement par les adversaires de Robespierre criant à la tyrannie. Ce discours s'achevait sur ces mots :

> « Je propose le décret suivant : "La Convention nationale décrète que les institutions qui seront incessamment rédigées, présenteront les moyens que le gouvernement, sans rien perdre de son ressort révolutionnaire, ne puisse tendre à l'arbitraire, favoriser l'ambition et opprimer ou usurper la représentation nationale" » (Saint-Just [2004] 1794 : 785).

La contradiction entre droit à la propriété et éthique a été centrale dans les révolutions « bourgeoises » de la fin du XVIIIe et du début du XIXe siècle. Durant la Révolution française, Robespierre proposa une solution politique à la question : distinguer le nécessaire du superflu, et leur appliquer deux régimes spécifiques. Dans son discours sur « les subsistances » (1792), il posa la question : « Quel est le premier objet de la société ? » Et répondit :

> « C'est de maintenir les droits imprescriptibles de l'homme. Quel est le premier de ces droits ? Celui d'exister. La

première loi sociale est donc celle qui garantit à tous les membres de la société les moyens d'exister ; toutes les autres sont subordonnées à celle-là ; la propriété n'a été instituée ou garantie que pour la cimenter ; c'est pour vivre d'abord que l'on a des propriétés. Il n'est pas vrai que la propriété puisse jamais être en opposition avec la subsistance des hommes. Les aliments nécessaires à l'homme sont aussi sacrés que la vie elle-même. Tout ce qui est indispensable pour la conserver est une propriété commune à la société entière. Il n'y a que l'excédent qui soit une propriété individuelle et qui soit abandonnée à l'industrie des commerçants. [...] Quel est le problème à résoudre en matière de législation sur les subsistances ? Le voici : assurer à tous les membres de la société la jouissance de la portion des fruits de la terre qui est nécessaire à leur existence, aux propriétaires ou aux cultivateurs le prix de leur industrie, et livrer le superflu à la liberté du commerce. Je défie le plus scrupuleux défenseur de la propriété de contester ces principes, à moins de déclarer ouvertement qu'il entend, par ce mot, le droit de dépouiller et d'assassiner ses semblables » (Robespierre [1792], in Zizek 2007 : 144-145).

Quelles que soient les ambiguïtés auxquelles peut conduire la définition de l'indispensable et du superflu, le moment est sans doute venu de réfléchir à nouveau aux propositions de Robespierre. Rien n'empêche d'établir, si l'on craint un envahissement par l'autoritarisme bureaucratique, une liste a minima. Il faut cependant que celle-ci tienne toujours compte des changements de société, même s'ils sont récents. Et, pour en offrir un exemple contemporain banal : l'accès à un téléphone mobile, donnant lui-même accès à l'internet, doit ainsi être garanti, et son usage, être gratuit. La société doit s'adapter à de telles exigences.

Cela dit, même la Constitution de 1793 – celle qui ne sera jamais appliquée, sa mise en œuvre étant suspendue au retour de la paix –, et en dépit de sa radicalité (elle affirme le droit de chacun au bonheur, à la subsistance pour ceux qui sont dans le malheur, et le droit du peuple à l'insurrection), ne se préoccupe de la propriété que de manière « classique », et affirme dans ses deux premiers articles : « Le but de la société est le bonheur commun. – Le gouvernement est institué pour garantir à l'homme la puissance de ses droits naturels et imprescriptibles. Ces droits sont l'égalité, la liberté, la sûreté, la propriété. »

Bien sûr, les juristes, au fil des siècles, ont traité de toutes les subtilités possibles de la notion de propriété, et la question de son accès a été réglée en différents lieux et à différentes époques de différentes manières. Il m'apparaît pourtant que, de Rousseau, qui y voit la source de l'inégalité entre les hommes, jusqu'à Hegel, qui y voit la manifestation de la volonté pure, on s'est jusqu'ici contenté de traiter la possession et la propriété sur le mode de l'évidence intuitive...

VI

Les leçons de l'histoire

La vertu : Robespierre, Hegel et Freud

Il s'agit d'un passage des *Leçons sur la philosophie de l'histoire* de Hegel où il parle de la Révolution française. On est ici à un tournant. La question est celle-ci : on veut tout changer (en mieux), mais on est confronté au fait qu'il existe une très grande variété parmi les tempéraments et les opinions. Quand on change les choses, les opinions sur ce qui serait une amélioration ne sont pas unanimes. Quand on en appelle à la Raison, tous ne viennent pas avec la même réponse.

> « Alors règnent les principes abstraits – de la liberté, et, comme elle se trouve dans la volonté subjective, de la vertu. Cette vertu doit régner maintenant contre le grand nombre de ceux que leur perversité, leurs anciens intérêts

ou même les excès de la liberté et des passions rendent infidèles à la vertu. Ici la vertu est un principe simple, distinguant seulement ceux qui sont dans les sentiments convenables et ceux qui ne les ont pas.

« Ainsi, la suspicion règne ; mais la vertu, dès qu'elle devient suspecte, est déjà condamnée. La suspicion acquit une formidable puissance et conduisit à l'échafaud le monarque dont la volonté subjective était précisément la conscience religieuse catholique. Robespierre posa le principe de la vertu comme objet suprême, et l'on peut dire que cet homme prit la vertu au sérieux. Maintenant, donc, la vertu et la terreur dominent ; en effet, la vertu subjective qui ne règne que d'après le sentiment amène avec elle la plus terrible tyrannie » (Hegel [1837] 1987 : 342).

Freud viendra plus tard expliquer l'impossibilité du gouvernement par la vertu : ce qu'est l'homme et ce qu'il voudrait être procèdent en effet de deux *sujets* distincts entre lesquels sa personne est redistribuée ; l'écart entre ces deux sujets est irréductible, on est convenu de l'appeler : l'*inconscient*.

La « métapsychologie » freudienne n'est certainement pas la seule discipline visant à une compréhension de l'homme en tant qu'animal social. On pense aussi, par exemple, à l'anthropologie et à la sociologie. Elle se distingue cependant de ces autres savoirs en prenant pleinement la mesure de l'homme en tant que créature parlante, et en laissant de côté l'universel pour concentrer son attention sur l'individuel : sur la particularité des destins singuliers. Cela se conçoit aisément si l'on se rappelle que le savoir de la métapsychologie freudienne a été élaboré par ses auteurs, Freud et ses successeurs, à partir d'une pratique psychothérapeutique : la psychanalyse. Celui qui s'adresse à un psychanalyste est poussé par une demande : qu'on l'aide à se sortir d'une histoire individuelle ressentie comme exagérément semée d'embûches, qu'on lui procure les moyens suffisants pour affronter son « destin » au sens où Hegel observe que « le destin est la conscience de soi-même, mais comme d'un ennemi » (in Hyppolite 1948 : 41).

La volonté de la métapsychologie d'étudier l'homme en tant qu'animal est visible – trop crûment, d'ailleurs, aux yeux de certains de ses adversaires – dans l'accent qu'elle met sur la sexualité comme motivation des comportements. L'un des mérites de Freud est d'avoir souligné, à l'aide d'une multitude d'illustrations, que cette motivation – dont chacun admet comme une banalité allant de soi le rôle puissant chez l'animal – n'est pas dépassée chez l'homme. Elle persiste en dépit précisément de la présence chez lui du langage, qui le distingue des autres animaux.

Ce que Freud démontre en effet, et que confirment ses successeurs, c'est que la parole vient s'inscrire au sein d'un donné animal, sans pour autant extraire l'homme de celui-ci. Elle s'y inscrit sous des formes spécifiques, certes, mais elle l'y maintient sans qu'on observe quoi que ce soit que l'on pourrait valablement qualifier de « dépassement ». La raison en est que le langage s'inscrit au sein d'une dynamique d'affect déjà présente chez des espèces apparentées à la nôtre, mais privées de langage.

La linguistique se penche sur la langue en tant que telle et sur ses mécanismes internes, mais elle se distingue de la métapsychologie freudienne en ce qu'elle ne s'y intéresse que d'une manière « désenchantée » : en l'objectivant, ou plutôt en la désubjectivant, en extrayant la langue de la dynamique d'affect qui est son cadre obligé quand on l'observe à l'œuvre dans les échanges entre humains, ou dans la parole intérieure.

D'où vient ce sentiment, spontané chez nous, que le langage constitue le moyen qui nous permet de transcender notre nature animale ? Du fait qu'il nous offre le moyen de nous « expliquer », de narrer notre histoire, notre autobiographie, notre version des choses, dans des termes qui seraient propres à une espèce dont les motivations auraient transcendé justement celles de la simple animalité. Une espèce que nous appelons l'homme.

Chez nous, humains, apparaît cet écart que Lacan a bien caractérisé comme celui qui existe entre le *sujet de l'énonciation* – celui qui raconte sa propre histoire, mû par ses propres motifs animaux – et le *sujet de l'énoncé*, celui qui est mis en scène dans les phrases que le *sujet de l'énonciation* énonce quand il raconte son histoire – mû, lui, par des motifs plus nobles : ceux qui caractérisent un homme. Il n'y a ici aucune mauvaise foi : c'est le monde de notre « culture » qui nous pousse, qui nous oblige, même, à parler de nous-même comme d'un homme ; mais ce que l'existence d'un écart entre ces deux *sujets* révèle, c'est l'« inconscient ». En effet, quand le *sujet de l'énonciation* (l'animal que nous sommes) surgit de manière intempestive – comme le ferait une éructation ou un pet – sous la forme d'un lapsus dans le récit où est mis en scène le *sujet de l'énoncé* (l'homme auquel nous nous identifions), c'est l'*inconscient* que l'on observe à l'œuvre, à savoir tout simplement l'écart entre les deux.

Quand nos deux histoires, l'animale et l'humaine, s'écartent trop l'une de l'autre, la dynamique d'affect se rebiffe : des différences de potentiel trop importantes apparaissent sur le réseau global qui connecte les mots dans tous les usages qui nous en sont connus et à chacun desquels une valeur d'affect distincte est attachée. Certains mots sont frappés de tabou, non pas en tant que tels, mais dans certains de leurs usages particuliers : là où ils établissent des ponts entre d'autres – comme la pomme qui sépare Ève d'Adam, pomme qui n'a rien à voir avec celle qui s'oppose ou se juxtapose à la poire[1]. Les tabous de faible amplitude qui s'attachent à ce réseau global engendrent la névrose : ces bizarreries dans nos comportements qui résultent de nos aveuglements, de la manière qui nous est propre de « tourner autour du pot » en raison des mots qui nous sont devenus inaccessibles du fait de leur trop forte valeur émotionnelle : « C'est comme lorsqu'une inondation rend les bonnes routes de montagne inutilisables : on continue à circuler, mais par les sentiers abrupts et incommodes que seuls les chasseurs prennent d'ordinaire » (Freud [1900] 1967 : 451). Les tabous les plus sérieux, ceux qui véritablement « coupent les ponts » dans ce réseau global, parce qu'ils sont attachés à un « signifiant-maître », opèrent, comme dit Lacan, une « forclusion » (Lacan [1955-56] 1981 : 228-229) : le courant cesse même de passer dans la totalité du réseau soumis à la dynamique d'affect, lequel se fragmente alors en sous-réseaux autonomes. Dans ces cas-là, l'homme que l'on croit être empêche l'animal que l'on est vraiment de fonctionner correctement – c'est la psychose.

Gouverner par la vertu, seul le *sujet de l'énoncé* en est capable, et toujours a posteriori : uniquement au sein du récit qui viendra ensuite comme chronique des événements passés. Le *sujet de l'énonciation* en est, lui, bien incapable. Tel peut cependant s'en rapprocher, et l'histoire se souviendra alors de lui comme de l'*Incorruptible*, ce qui n'est pas la moindre des choses. Mais combien y en a-t-il, à chaque époque, pour mériter ce label de vertu ?

Robespierre perdu par Machiavel

Alors qu'au point culminant de la Révolution, quand se décident sur les champs de bataille la guerre extérieure et la guerre civile, et qu'indulgents et robespierristes se partagent le pouvoir, ces derniers ont dû savoir où se trouvait Danton durant ses absences inopinées : durant les quatre jours qui s'écoulent entre le moment où il quitte la Belgique et celui où il rentre en France, puis durant les trois semaines de sa soudaine et inexplicable « retraite » à Arcis. S'ils n'en ont rien dit – les accusations envers Danton que Robespierre griffonne à l'intention de Saint-Just ne méritent certainement pas la peine de mort : à peine un blâme –, c'est sans doute d'abord en raison de l'amitié ancienne et sincère qui lie Robespierre à Danton et à ses proches ; ensuite, c'est pour cacher à la population à quel point la corruption et la trahison existèrent au sein même de l'avant-garde révolutionnaire. L'infiltration des « exagérés » hébertistes par les Anglais démontrait que corruption et trahison étaient toutes proches du siège du pouvoir, mais Danton, lui, campait en son cœur même : l'Incorruptible et le Corruptible se retrouvaient côte à côte à la tête de l'État révolutionnaire.

Du coup, quand, le 7 thermidor de l'an II, 27 juillet 1794, les cris de « Tyrannie ! » fusent à la Convention, provenant du rang des exagérés orphelins, Hébert ayant été condamné et décapité quatre mois auparavant, et des anciens amis de Danton, décapité, lui, trois mois seulement plus tôt (on oublie aujourd'hui la précipitation dans laquelle se déroulent tous ces événements), Saint-Just prend conscience du fait que les accusations portées contre les chefs révolutionnaires exécutés paraissent rétrospectivement bien trop minces. L'amitié a joué un tour pendable : aux yeux de Robespierre et de Saint-Just, il fallait sans doute cacher autant que faire se pouvait la déloyauté, mais l'histoire, elle ne le comprendra pas.

Saint-Just avait écrit que s'il se confirmait un jour qu'il n'y eût pas en France un seul homme intègre, il se poignarderait (Saint-Just [1793-94] 2004 : 1137-1138). De cela Danton l'avait quasiment convaincu. L'affaire de la liquidation de la Compagnie des Indes, l'escroquerie mettant en cause des hommes aussi proches du pouvoir que Fabre d'Églantine, l'ami de Danton, auteur du calendrier révolutionnaire, coupable de la fausse signature qui autorisait le détournement de fonds, démontrait qu'il n'y avait, au cœur de la Révolution de tout un peuple, que deux hommes intègres : l'Incorruptible et l'Archange. Un nombre, faut-il le souligner, dérisoirement inadéquat. L'humanité, pour se réformer, devrait encore attendre. Quant à eux deux, ils avaient fait tout ce qui était en leur pouvoir. Le grand homme qu'était Saint-Just ne se faisait guère d'illusions, puisqu'il avait écrit, dans son ébauche des *Institutions républicaines*, que « ... les grands hommes ne meurent point dans leur lit » (*ibid.*, 1088).

Mais pourquoi les cris de « Tyran ! » à l'adresse de Robespierre ? Parce que la Révolution française n'a pour référence que l'Antiquité, Rome plus particulièrement, et que le spectre de la tyrannie hante encore la conscience républicaine, un an seulement après le procès, la condamnation et l'exécution de Louis XVI. Dans son premier discours sur le jugement du monarque, Saint-Just déclare – et ce ne sera pas le dernier rapprochement qu'il établira entre lui-même et Brutus, l'assassin de César : « On s'étonnera un jour qu'au XVIIIe siècle on ait été moins avancé que du temps de César : là, le tyran fut immolé en plein Sénat, sans autres formalités que vingt-trois coups de poignard, et sans autre loi que la liberté de Rome » (*ibid.*, 476).

Le 8 juin 1794, la France entière fête l'Être suprême et la Nature. À Paris, un défilé impressionnant a lieu des Tuileries au Champ-de-Mars, dont l'ordonnateur est le peintre Jacques-Louis David, qui a peint l'année précédente *Marat assassiné*. Récemment nommé président de la Convention, Robespierre est à la tête du cortège, portant un bouquet de fleurs et d'épis. Il tombera le mois suivant. Quelque trois semaines auparavant, le 18 floréal (7 mai), Robespierre a fait adopter un décret proclamant que « le peuple français reconnaît l'existence de l'Être suprême et l'immortalité de l'âme ».

Soboul écrit que « partisans de la déchristianisation violente comme partisans de la laïcité complète de l'État ne pardonnèrent pas à Robespierre le décret du 18 floréal an II » (Soboul [1962] 1982 : 371). Le principal tort de Robespierre avait été de prendre beaucoup trop au sérieux Machiavel, qui écrivait :

> « Mais si l'attachement au culte de la Divinité est le garant le plus assuré de la grandeur des républiques, le mépris de la religion est la cause la plus certaine de leur ruine. Tout État où la crainte de l'Être suprême n'existe pas doit périr s'il n'est maintenu par la crainte du prince même qui supplée au défaut de religion ; et comme les princes ne règnent que le temps de leur vie, il faut également que l'État dont l'existence ne tient qu'au charisme (*virtù*) du prince s'écroule avec elle ; il s'ensuit de là que les États dont la vie dépend du charisme (*virtù*) de leurs princes durent peu, celui-ci mourant avec eux et se perpétuant rarement chez leurs successeurs. Dante dit sagement :
>
> > *Rarement descend de branche en branche*
> > *La probité chez les hommes : ainsi le veut*
> > *Celui qui la leur donne, car il veut qu'on l'en prie.*
>
> « Il ne suffit donc pas, pour le bonheur d'une république ou d'une monarchie, d'avoir un prince qui gouverne sagement pendant sa vie ; il en faut un qui lui donne des lois capables de la maintenir après sa mort » (Machiavel [1512-1517] 1952 : 413).

Machiavel qui écrivait encore :

« Il est du devoir des princes et des chefs d'une république de maintenir sur ses fondements la religion qu'on y professe ; car alors rien de plus facile que de conserver son peuple religieux, c'est-à-dire bon et uni. Aussi tout ce qui tend à favoriser la religion doit être le bienvenu, quand même on en reconnaîtrait la fausseté... » (*ibid.*, 415).

S'il est excellent, comme dit Hegel, de tirer les leçons de l'histoire, l'histoire ne se répète cependant jamais parfaitement. Elle est cruelle à ceux qui ne peuvent faire le tri entre ce qui, dans le présent, est le même que ce qui fut autrefois, et ce qui s'en distingue de manière essentielle.

La décadence

Hegel a attribué la chute de l'Empire romain à la prévalence des intérêts particuliers. Préoccupés de poursuivre essentiellement leurs intérêts propres, les Romains se seraient désintéressés de la chose publique. L'avènement du christianisme aurait joué un rôle essentiel dans ce désintérêt croissant : en relation privée avec leur dieu – « Le royaume de Dieu est au milieu de vous » (Luc : 17, 21) –, les citoyens cessèrent de s'identifier au sort de leur cité.

La guerre, dit Hegel, rappelle aux citoyens l'existence de l'État comme entité supérieure par rapport à laquelle leur vie s'organise dans un cadre plus large que celui de leurs préoccupations immédiates. Quand la guerre éclate, le bourgeois qui est logé au cœur du citoyen se rend compte que, seul, il ne pourra pas défendre les possessions dont il est propriétaire et auxquelles il tient par-dessus tout : c'est l'État seul qui pourra organiser la force collective qui permettra de défendre la propriété de chacun.

La décadence résulte de la perte de ce sentiment du bien commun comme seul capable d'assurer le bien individuel. La *société civile*, comme simple conjugaison d'intérêts particuliers, est insuffisante à alimenter la flamme de ce sentiment.

La décadence a lieu de son propre mouvement quand l'individu fait prévaloir sa liberté immédiate sur le bonheur de la communauté dans son ensemble. Or il existe une idéologie contemporaine qui place cette liberté immédiate au pinacle : l'*ultralibéralisme*, sous ses formes diverses du *libertarianisme*, de *l'anarcho-capitalisme*, etc. Notre société contemporaine se singularise par le fait qu'une idéologie porteuse des principes de sa propre décadence s'est formulée explicitement en son sein, prône les valeurs qui la provoquent inéluctablement quand elles sont mises en œuvre, et applique son programme consciencieusement, systématiquement, quelle que soit la puissance des démentis que les faits lui apportent. On trouve là confirmation de ce qu'avance Toynbee quand il affirme que « les sociétés meurent par suicide, pas par meurtre ».

Prôner la liberté absolue pour chacun est propre à la société civile : chaque individu s'envisage libre, et, s'il reconnaît volontiers que sa liberté doit s'arrêter là où commence celle d'autrui, il n'en veut pas moins la sienne propre aussi étendue que possible. Ce qu'il ne perçoit pas alors, c'est le bénéfice que tire celui qui l'a convaincu qu'il s'agit là d'un bien supérieur. Car la liberté de faire absolument ce qui lui plaît n'aura jamais le même sens pour celui qui dispose du pouvoir au moment où ce principe entre en vigueur et pour celui qui en est privé. S'ils se voient offrir la liberté de faire tout ce qui leur plaira, celui qui possède trois milliards d'euros sur son compte en banque et celui qui n'en a que trois ou est à découvert se trouvent de facto dans des situations en réalité fort différentes. L'égalité devant l'exercice de la liberté maximise, pour le puissant, l'effet de levier qui démultiplie son pouvoir. Lacordaire avait déjà fait observer qu'« entre le fort et le faible, entre le riche et le pauvre, entre le maître et le serviteur, c'est la liberté qui opprime et la loi qui affranchit » (52e conférence de Notre-Dame, 1848).

Le *libertarianisme* a été promu par des auteurs souvent issus de l'aristocratie comme s'identifiant à l'essence même de la société démocratique, mais il s'agit de leur part d'un subterfuge, puisque, comme on sait, l'argent appelle l'argent, la puissance se renforce d'elle-même. Cet effet attracteur fait que, s'il prévaut, le principe de la liberté « libertarienne » permet en quelques siècles à un système aristocratique de se reconstituer. Si l'on extrait de la triade Liberté-Égalité-Fraternité la configuration spéciale de l'égalité devant la liberté, le simple écoulement du temps rétablit au bout d'un moment dans ses droits une aristocratie d'Ancien Régime.

Entre recréation d'une aristocratie et décadence, il n'y a pas, comme on le sait, contradiction : ainsi qu'on le voit aujourd'hui, ce n'est pas tant qu'un pouvoir aristocratique pleinement constitué soit insupportable à la masse, c'est que la concentration de la richesse qui lui correspond grippe entièrement la machine économique. La masse n'a pas même à se rebeller, sans quoi – comme l'a déjà observé La Boétie dans le *Discours de la servitude volontaire* (La Boétie [1576] 1993) –, on risquerait d'attendre longtemps : il suffit, pour elle, de constater l'arrêt de la machine.

*La Révolution française
et nous aujourd'hui*

Pourquoi cet intérêt particulier pour les grandes figures de la Révolution française ? Parce qu'elles se trouvèrent confrontées à des situations et à des contradictions qui évoquent étonnamment celles qui nous interpellent aujourd'hui. Et qu'elles échouèrent tragiquement à les résoudre, repoussant pour plus de deux siècles au moins leurs solutions.

Les points de convergence sont frappants : un désordre économique et financier profond, des tentatives successives de remise en ordre couvrant tout l'éventail des solutions possibles – Turgot et son libéralisme doctrinaire, suivi du pragmatisme de Necker, remplacé dans un premier temps par le pseudo-keynésien Callone, puis retour au pragmatisme de Necker, interrompu seulement par l'enthousiasme de Mirabeau pour la planche à billets, recours auquel Necker ne put se résoudre... Comme il y avait, à l'instar d'aujourd'hui, impasse, aucune approche n'était susceptible de débloquer la situation, si ce n'est une révolution.

Aujourd'hui, les commentateurs préfèrent en général dresser un parallèle entre la situation présente et les années 30. Probablement parce que la mémoire en est encore vivace chez de rares survivants ou chez leurs descendants immédiats. Pourtant, une différence essentielle existe entre cette époque et la nôtre : des alternatives existaient alors. Le communisme soviétique était en effet en place depuis plus de dix ans, et les fascismes italien et allemand eurent tôt fait de prendre forme. Ces alternatives sont absentes aujourd'hui. Les utopies mêmes manquent à l'appel. De la même manière exactement qu'en 1789, quand les révolutionnaires n'ont pas de modèle plus récent vers quoi se tourner que la Grèce et la Rome antiques ! Il leur faut donc inventer. À partir de rien. Tout comme nous aujourd'hui.

Cela dit, le grand cafouillage de la Révolution française déboucha, il faut le reconnaître, sur un échec : le compromis bâtard d'Ancien et de Nouveau Régime que concocta Napoléon sous la forme d'un empire. Les conséquences avaient peut-être été tirées d'un des principes formulés autrefois par Machiavel : de certains imbroglios propres aux sociétés humaines on ne peut émerger que par le recours à la tyrannie – à laquelle il convient néanmoins d'échapper au plus vite : aussitôt que les conditions du retour à la normale sont à nouveau remplies.

Si l'on doute de ce que j'avance, que l'on relise la page suivante, extraite du livre d'Albert Soboul sur *La Révolution française* :

> « L'idéal d'une démocratie sociale fut partagé, à quelques nuances près, par les masses populaires et par la moyenne bourgeoisie révolutionnaire. Que l'inégalité des richesses réduit les droits politiques à n'être qu'une vaine apparence, qu'à l'origine de l'inégalité parmi les hommes il n'y a pas seulement la nature, mais aussi la propriété privée : thème banal de la philosophie sociale du XVIIIe siècle. Mais rares étaient ceux qui arrivaient à l'idée de bouleverser l'ordre social par l'abolition de la propriété privée. "L'égalité des biens est une chimère",

déclara Robespierre à la Convention le 24 avril 1793. Comme tous les révolutionnaires, il condamnait la *loi agraire*, c'est-à-dire le partage des propriétés. Le 18 mars précédent, la Convention unanime avait décrété la peine de mort contre les partisans de la loi agraire. Mais Robespierre n'en affirmait pas moins, dans ce même discours, que "l'extrême disproportion des fortunes est la source de bien des maux et de bien des crimes" ; sans-culottes et Montagnards s'affirmèrent hostiles à l'"opulence", aux *gros*, à la richesse excessive. L'idéal commun était une société de petits producteurs indépendants, paysans et artisans, possédant chacun son champ, sa boutique ou son échoppe, et capable de nourrir sa famille sans recourir au travail salarié. Idéal à la mesure de la France populaire de cette fin du XVIIIe siècle, conforme aux aspirations du petit paysan et du journalier agricole, de l'artisan et du compagnon comme du boutiquier. Idéal en harmonie avec les conditions économiques de la majorité des producteurs du temps, mais qui s'affirmait en contradiction avec la liberté de production par ailleurs réclamée, laquelle portait à la concentration capitaliste » (Soboul [1962] 1982 : 366).

Dans ces aspirations à une société de petits producteurs indépendants, on aura reconnu au passage l'idéal « décroissantiste » prôné par certains aujourd'hui.

Conclusion

Quand je démonte la logique du système capitaliste, je distingue trois grands groupes d'acteurs – auxquels il conviendrait d'ailleurs d'en ajouter systématiquement un quatrième. Il y a premièrement l'investisseur, le détenteur du capital, encore appelé « capitaliste » ; ensuite, le dirigeant d'entreprise, l'« industriel », comme on l'appelait à une certaine époque, le patron, ou aujourd'hui l'« entrepreneur », pour reprendre un mot français que les anglophones avaient adopté ; troisièmement, le salarié, celui que Marx et, avant lui, Robespierre appelaient le « prolétaire ». À ces trois groupes qui se partagent directement le surplus – la plus-value créée par le travail, combiné à des matières premières avec d'éventuels autres apports d'énergie –, il faut donc ajouter un quatrième groupe : le marchand, celui qui distribuera le produit fini et ponctionnera son profit en sus du prix de revient de ce produit. C'est l'ensemble, constitué de tout le monde dans le rôle de consommateurs, qui assure au marchand son profit.

Il y a dans ces rapports différents antagonismes. D'abord, sur le premier prix de vente du produit fini, investisseurs et entrepreneurs se partagent le surplus par rapport au coût de production : comme c'est un gâteau d'une taille bien déterminée, la part de l'un est inversement proportionnelle à celle de l'autre. C'est précisément cet antagonisme que l'invention des stock-options visait à briser – elle parvint d'ailleurs à le faire : désormais, l'investisseur et le dirigeant d'entreprise bénéficieraient conjointement d'une hausse du prix de l'action, faisant du coup de la spéculation sur ce prix un élément intrinsèque de la dynamique des marchés boursiers.

La part qui revient au patron, il faut qu'il la partage entre lui et ses salariés. Il y a là, bien sûr, un deuxième antagonisme. Cet antagonisme-là est plus ou moins masqué quand les salaires tombent dans une catégorie appelée « coûts de production », comme si le montant des salaires était la même chose que le prix du minerai de fer ou de l'électricité utilisée ; on ne pourrait mieux exprimer que les salariés ne jouent pas dans la cour des grands et comptent pour rien ! Mais le vocabulaire utilisé ne change rien à la véritable nature des choses.

CONCLUSION

Enfin, dernier antagonisme, celui qui oppose le marchand, dont l'intérêt est de porter sa marge bénéficiaire au plus haut possible, et l'ensemble des consommateurs, dont l'intérêt est, à l'inverse, que cette marge soit la plus faible possible.

Ces antagonismes sont-ils irréductibles ? Est-il possible d'imaginer une société où cette mécanique de la production et de la distribution articulées l'une à l'autre serait possible sans que de tels antagonismes existent ? Difficile à dire à première vue ; tout ce que l'on sait, c'est que diverses tentatives ont eu lieu à différentes époques de l'histoire, dont aucune n'a convaincu par son franc succès. La solution a toujours consisté à transférer l'une ou l'autre des fonctions du système à une autorité étatique qui décide de la part du surplus et ensuite du profit revenant aux uns et aux autres. La difficulté, à ce stade, est de déterminer des niveaux optimaux qui ne conduisent pas, à terme, le système entier à s'effondrer. D'une certaine manière, c'est un système de ce type-là qui existe en ce moment même en Chine.

La principale objection que l'on peut faire à une fixation des parts dans la distribution du surplus, c'est qu'au bout d'un moment les niveaux sont à ce point artificiels que la mécanique se grippe. Une objection de ce type a cependant perdu énormément de sa validité au cours des années récentes, quand on s'est aperçu que laisser tout cela fonctionner sur un mode spontané conduit aussi bien à ce que le système se grippe, tout simplement parce que la loi du plus fort prévaut à partir d'un certain moment. La raison en est évidente : le versement d'intérêts au capitaliste conduit inéluctablement à un déplacement de ce fameux capital vers eux, et à sa concentration parmi eux entre un nombre de mains de plus en plus réduit. Comme l'argent finit par se retrouver concentré dans sa totalité en un endroit où il n'est d'aucun usage et d'où il doit être prêté pour servir à quelque chose, la mécanique s'enraye. Nous en sommes là aujourd'hui.

On peut aussi tenter non pas d'optimiser la répartition du surplus de manière autoritaire, mais de bouleverser entièrement les rapports entre les quatre groupes que j'ai évoqués pour commencer. Cette approche me semble avoir davantage d'avenir, du moins sur le papier. Encore faudrait-il voir si l'agressivité de la race humaine y trouverait son compte. Elle le trouve en tout cas dans le cadre capitaliste, qu'il s'agisse de l'agressivité liée à la cupidité, pour les vainqueurs, ou de celle liée au ressentiment, pour les perdants. Et, dans cette optique, les deux points d'articulation névralgiques, ceux où réside un facteur de déséquilibre inscrit dans la logique globale, sont bien évidemment les meilleurs candidats à réexamen : il s'agit des intérêts perçus par le détenteur du capital et du profit réalisé par le marchand. Ce sont eux qui provoquent une inéluctable concentration de la richesse, paralysant à terme le système. Il faut donc remettre les compteurs à zéro d'une manière ou d'une autre, et le seul moyen connu jusqu'ici est celui d'une immense catastrophe : guerre ou révolution. Comme la situation qui découle d'une révolution n'est jamais celle que les révolutionnaires avaient envisagée (on parle alors de « conséquences inattendues »), on peut se demander si le bénéfice principal des révolutions n'est pas précisément celui-là : opérer une simple redistribution des cartes permettant à la machine de redémarrer.

La Révolution française nous offre l'exemple d'une expérience grandeur nature dans un cadre fort semblable au cadre présent : celui d'un système usé qui se délite, mais sans qu'apparaisse avec la moindre clarté ce qui pourrait le remplacer. Du coup, on se trouve dans le domaine du « tout est possible ». Tocqueville a bien caractérisé cela quand il écrit :

> « Comme la Révolution française n'a pas eu seulement pour objet de changer un gouvernement ancien, mais d'abolir la forme ancienne de la société, elle a dû s'attaquer à la fois à tous les pouvoirs établis, ruiner toutes les influences reconnues, effacer les traditions, renouveler les mœurs et les usages, et vider en quelque sorte l'esprit humain de toutes les idées dont s'étaient fondés jusque-là le respect et l'obéissance » (Tocqueville 1868 : 11).

Des références existent bien entendu dans les discours des révolutionnaires – références à la Rome antique, références aussi à quelques auteurs comme Rousseau et Montesquieu –, mais sans qu'elles puissent déboucher sur une action immédiate ou proposer une ligne de conduite dans la prise de décision. Montesquieu offre pour sa part une réflexion sur la fonction d'instances démocratiques, sur le pouvoir et les contrepouvoirs, tandis que Rousseau réfléchit sur le contrat social dans la lignée de Hobbes, sur la démocratie participative, la propriété, les arts et les sciences, l'éducation.

LA FISCALITÉ

Faute d'une philosophie présidant au système dans son ensemble, les politiques fiscales s'identifient généralement à un ensemble hétéroclite de mesures suivies de contre-mesures visant à pallier les conséquences imprévues des premières – aboutissement de glissements successifs fondés sur des marchandages eux-mêmes déterminés par des rapports de forces, sans réflexion sur le fond pour les guider.

Un examen systématique de la fiscalité la révèle comme constituée de sédimentations successives, chacune faite de repentirs par rapport à la couche précédente. Parmi ceux-ci, en France : les « transferts sociaux » (à propos desquels un rapport du Conseil des prélèvements obligatoires publié en 2009 affirme : « La redistribution des richesses résulte aujourd'hui davantage de la dépense publique, et notamment des transferts sociaux, que de l'impôt » [CPO 2009]) ; la contribution sociale généralisée (CSG), au statut imprécis, à mi-chemin entre impôt et cotisation sociale ; l'impôt de solidarité sur la fortune (ISF) ; enfin le bouclier fiscal, dont l'objectif est de neutraliser partiellement certains repentirs antérieurs.

En fait, l'architecture du système fiscal français trahit une étonnante absence de compréhension globale du fonctionnement de nos sociétés, de leur économie et de leur système financier. Doivent ainsi apparemment être *ménagés*, parce qu'ils sont « hors système », comme s'ils provenaient de « nulle part », d'une part les revenus du capital, et, d'autre part, les gains provenant de stock-options, considérés comme « gains exceptionnels » – alors qu'« en 2007 64 % des personnes les plus aisées, 43 % des personnes très aisées et 25 % des personnes aisées ont perçu des revenus exceptionnels[1] », observe un rapport de l'INSEE (Solard 2010).

Or quel est le contexte ? Il est celui que l'on trouve décrit dans ce même rapport de l'INSEE : « Une explosion des revenus touchés par les personnes à très hauts revenus... Les 10 % les plus riches reçoivent un quart des revenus d'activité déclarés, près de deux tiers des revenus du patrimoine, et plus des quatre cinquièmes des revenus exceptionnels. Les très hauts revenus ont un poids économique encore plus important : ils ne constituent que 1 % de la population mais représentent 5,5 % des revenus d'activité, 32,4 % des revenus du patrimoine et 48,2 % des revenus exceptionnels déclarés... Alors que les revenus d'activité n'ont progressé que de 11 % entre 2004 et 2007, les revenus du patrimoine et les revenus exceptionnels ont connu des progressions beaucoup plus fortes (46 % pour les revenus du patrimoine, 55 % pour les revenus exceptionnels)... L'augmentation des revenus d'activité chez les très hauts revenus est nettement plus élevée que dans l'ensemble de la population entre 2004 et 2007. En revanche, la croissance des revenus du patrimoine est très inégalitairement répartie : les hauts et très hauts revenus captent 72 % de la croissance, et le reste de la population seulement 28 % » (*ibid.*).

La philosophie présidant aux politiques fiscales est en général rudimentaire : combien l'État peut-il ponctionner sans que la masse s'insurge ou que les privilégiés quittent le pays – sans qu'on s'inquiète du fait que cette capacité à s'insurger ou à émigrer reflète déjà, en soi, des rapports de forces au sein du tissu social qui sont loin d'être idéaux !

Quels devraient être les grands principes d'une politique fiscale ?

La principale leçon de la crise est qu'une concentration excessive de la richesse parvient, à terme, à gripper le fonctionnement même de l'économie, les ressources nécessaires à la production et à la consommation se trouvant absentes de manière croissante là où elles sont requises. Les mécanismes susceptibles d'entraîner une telle concentration devraient être particulièrement visés par une politique fiscale. Au premier rang de ceux-ci : le versement d'intérêts et l'héritage. Malheureusement, dans son rapport de mars 2009, le Conseil des prélèvements obligatoires a posé sur l'un et sur l'autre un regard particulièrement bienveillant. Les questions que soulève l'héritage auraient en particulier déjà été réglées – je cite : « Ainsi, l'allongement de la durée de vie nécessite de faciliter la circulation des patrimoines, ce qui a été l'un des principaux buts, semble-t-il atteint. Par ailleurs, le rôle de redistribution des richesses, qui était l'une des justifications de cet impôt rendu progressif au début du XXe siècle, est aujourd'hui atteint par d'autres moyens, notamment par la dépense publique et par l'impôt progressif sur le revenu » (CPO 2009). D'une part, il n'y aurait donc plus aucune nécessité de redistribuer le *patrimoine* en raison de la progressivité de l'impôt sur... le *revenu* ; d'autre part, les questions que soulève l'héritage étant d'un ordre purement pratique, elles se règlent aisément par la donation entre vifs...

Quelques grands principes pourraient se dégager, à la fois dans une perspective de justice sociale et pour contrer les aspects nocifs du système sociopolitique, qui ne peuvent être maîtrisés autrement et à l'égard desquels une interdiction pure et simple serait excessive. Un premier principe consisterait à ne pas imposer le travail, qui constitue sans conteste l'activité humaine la plus utile et la plus digne d'être encouragée. Un deuxième serait d'imposer substantiellement les revenus du capital (les stock-options en font partie), ceux-ci constituant des rentes dues à l'hétérogénéité d'une répartition de la richesse d'origine essentiellement historique. Un troisième serait d'imposer de manière dissuasive les gains du jeu – le fait que ce jeu soit reconnu ou non sur le plan juridique comme « opération financière » étant indifférent –, ces gains au jeu étant obligatoirement (les événements récents l'ont douloureusement rappelé) la source d'un risque systémique contre lequel l'État est le garant en dernier ressort. Quant aux rentes de situation, une politique fiscale bien conçue devrait viser à les éliminer entièrement dans une double perspective de rationalité économique et de justice sociale.

Le travail

Quelle que soit la manière précise dont nos sociétés émergeront de la crise, il faudra stopper la permanente fuite en avant qui épuise la planète et débouche toujours, à terme, sur la surproduction. Il faudra pour cela échapper à une logique de croissance à tout crin, ce qui demeurera impossible tant que l'on ne séparera pas la question des revenus nécessaires pour acheter des biens de consommation de la question du travail. Si l'on y parvient, on se sera débarrassé au passage du « consumérisme », politique fondée sur la propagande dont l'objectif est de repousser artificiellement les limites de la surproduction. Il faut réexaminer le travail comme une question en soi, comme l'activité humaine nécessaire pour produire marchandises et services authentiques, mais sans être automatiquement celle qui nous procure les revenus destinés à nous offrir les moyens de consommer.

Il existe différents types de revenus : on peut revendre un bien qu'on possède plus cher qu'on ne l'a soi-même payé – c'est le profit marchand. On peut aussi obtenir une part du surplus (la différence entre les coûts et le prix de vente) qui s'est créé quand on a produit un bien (avec l'aide de la pluie, du vent, de l'action du soleil, de la richesse qui se trouve enfouie dans le sol). Vis-à-vis du partage du surplus, chacun se situe, on l'a vu, à sa manière : 1) comme celui qui contribue à la production en apportant son travail, 2) comme celui qui organise la production, trouve son financement, supervise le travail : l'industriel ou « entrepreneur », 3) comme celui qui avance l'argent, les matériaux nécessaires : l'investisseur ou « capitaliste ».

La grande masse est constituée de salariés qui obtiennent leurs revenus en se faisant rémunérer pour leur temps de travail : ils reçoivent tant pour travailler tant de temps. Les salariés doivent dépenser pour assurer leur subsistance, celle de leur famille, et vivre dans un certain confort. Comme ils sont nombreux, leur consommation détermine en grande partie la consommation globale.

Le développement technologique permet de remplacer le travail du salarié par celui de la machine. La pénibilité du travail, l'éventualité d'un gain supplémentaire, encouragent le transfert du travail de l'homme au travail de la machine. L'augmentation de la productivité, c'est l'exploitation du temps que passe la machine à nous remplacer sans qu'il faille pour autant la rémunérer. La machine coûte ce que coûte son entretien et le prix de son remplacement, qui sont moindres que ceux que réclame un salarié. Les coûts de production peuvent donc baisser. Si le bien produit est vendu au même prix qu'avant que le coût de sa production ait baissé, la part du surplus augmente ; si le prix baisse, le consommateur paiera le même bien moins cher. Le gain obtenu du fait du remplacement d'un être humain par une machine n'est pas pour autant redistribué à ceux qui continuent de travailler. Quant à ceux qui ont été libérés du travail parce qu'une machine les a remplacés, ils n'en bénéficient pas non plus. Soit le gain de productivité a permis de faire baisser le prix du bien ou du service produit, soit ce gain a été partagé entre eux par les investisseurs et les dirigeants d'entreprise ; mais ni les salariés ni les victimes du chômage technique provoqué par le progrès de l'automation n'ont eu voix au chapitre.

Séparer travail et revenus permet d'envisager les choses dans la perspective de l'an 2000 tel qu'on l'imaginait vers les années 50 : le travail, devenu rare dans un monde où la productivité croît par l'automation, n'est nullement une malédiction, mais, au contraire, une bénédiction. Cela dit, si le travail apparaît aujourd'hui comme une denrée rare, n'est-ce pas surtout parce que l'on ne vise, dans le meilleur des cas, qu'à ralentir ou interrompre la destruction massive de l'environnement entreprise à l'avènement de la révolution industrielle, sans jamais songer à le reconstituer vraiment ? Le restaurer dans un état d'équilibre optimal entre lui et nous, qui sommes l'une de ses composantes, requerrait un effort considérable qui nous occuperait à temps plein pour des dizaines d'années au moins !

Voilà qui nous astreint maintenant à un choix : continuer comme avant de lier les revenus au travail pour la vaste majorité de la population, ou dissocier les deux – instaurer un système où les revenus proviendraient d'une autre source que le travail, ou garantir au moins à chacun des revenus assurant une vie décente, indépendamment du travail effectué, et laisser au travail le soin de procurer des revenus supplémentaires, ceux qui pourvoiront, par exemple, aux débours superfétatoires, aux dépenses de luxe.

Dans un monde où le travail devient une denrée rare, faire le premier choix, celui du travail comme source de revenus, oblige à mettre à nouveau le plein emploi au centre des préoccupations tout en diminuant la quantité de travail effectuée par chacun pour tenir compte de sa raréfaction. Cela ne pourra se faire sans remettre en question la manière dont sont aujourd'hui redistribués les revenus entre un capital hautement rémunéré et un travail qui ne l'est, lui, que faiblement. Revenir à Keynes et à sa définition du plein emploi comme point pivot obligerait donc à casser la mécanique qui génère une inexorable concentration du patrimoine, ainsi qu'à dégripper une économie bloquée par une concentration de la richesse devenue si excessive que toute relance durable se révèle proprement impossible. Il ne suffirait donc pas d'empêcher toute concentration future, en recourant par exemple à des mesures fiscales, il faudrait aussi découvrir le moyen de redistribuer les cartes pour qu'augmente considérablement la probabilité que les ressources nécessaires à la production et à la consommation se trouvent à l'endroit où elles doivent être mobilisées. Difficile d'imaginer comment cela pourrait se faire sans que l'on repense de manière radicale le cadre dans lequel se définit la propriété privée, et c'est pourquoi j'ai tenu à jeter les bases d'une discussion sur les rapports ambigus de domination des hommes sur les choses et des choses sur les hommes que nous couvrons des termes inanalysés de « propriété privée ».

Le second choix, que l'on qualifie en général – selon la formule qui aura été retenue – de « revenu minimum garanti » ou de « revenu minimum universel », oblige, lui, à dégager les sommes qui seront distribuées. Celles-ci devront nécessairement être perçues sur de la richesse créée, et, là encore, on imagine mal comment la chose serait possible dans le contexte actuel d'une rémunération préférentielle du capital associée à une hyper-concentration du patrimoine.

Dans l'un ou l'autre cas, donc – revenus continuant d'être liés au travail pour la majorité de la population ou revenus totalement ou partiellement déconnectés du travail –, il faudra porter remède à la concentration du patrimoine et au mécanisme qui la produit inéluctablement. Le défi n'est pas mince : un changement de civilisation. Rien de moins.

Quand les gens ordinaires prennent les choses en main

Nous vivons au sein de structures étatiques où il existe différents échelons dans la prise des décisions portant sur l'organisation de la vie en société. Chacun de ces échelons a ses propres attributions. Un tel partage vise à ce que, dans la grande majorité des cas, le citoyen lambda n'ait pas à prendre les choses en main : s'il estime qu'un problème se pose et qu'il n'est pas traité, il se tourne vers les autorités responsables et attire leur attention sur la nécessité de résoudre la question. Si le cas le mérite, celles-ci interviennent.

Quand des citoyens ordinaires considèrent que des questions importantes ne sont pas résolues par ceux qui en ont la responsabilité, et décident de prendre les choses en main, les autorités doivent interpréter cette réaction comme un signal d'alarme, et y répondre avec empressement.

Appartiennent à cette famille de signaux d'alarme, en Europe, la suggestion faite par le footballeur Éric Cantona, en octobre 2010, que nous retirions tous des banques l'argent que nous y avons déposé, et, aux États-Unis, le vent de fronde appelé *foreclosuregate*, qui s'est levé à la même époque parmi les propriétaires dont le logement était menacé de saisie.

La suggestion faite par Éric Cantona tout comme la conviction des propriétaires américains dont le logement est saisi reposent sur une « théorie spontanée » du droit : en l'occurrence, que les déposants demeurent pleinement propriétaires de leurs dépôts. Or cela a cessé d'être juridiquement le cas, et ils ne sont en possession que d'une reconnaissance de dette, ce qui soumet l'accès à l'argent déposé à certaines conditions qu'ils ne découvrent en général – à leur grande surprise – que lorsqu'ils tentent de retirer dans l'instant une somme d'un montant élevé.

La guéguerre sur le terrain des transferts de créance des habitations grevées d'une hypothèque aux États-Unis tout comme la suggestion de Cantona en Europe – quelle que soit la « théorie spontanée » du droit qu'elles véhiculent et que relaient éventuellement des partis politiques intéressés – n'en sont pas moins symptomatiques d'un climat explosif : celui où le citoyen lambda estime que les autorités responsables ont échoué dans une mission qui leur a été confiée – en l'occurrence, mettre la finance au pas, le soupçon planant même quelles auraient délibérément pris le parti de cautionner ses abus.

Quand les citoyens ordinaires décident de prendre les choses en main, même si c'est sur une question qui peut paraître a priori relativement mineure aux autorités en place, un sévère avertissement leur est en réalité adressé : elles ont failli, aux yeux de Monsieur Tout-le-Monde, dans une tâche dont elles sont pourtant chargées. Or, une fois la confiance perdue sur une question particulière, elle se perd aisément sur toutes les autres.

Si les autorités – le même principe valant d'ailleurs pour l'Europe comme pour les États-Unis – veulent faire comprendre à la population qu'il n'existe pas deux poids, deux mesures, les unes s'appliquant au secteur financier et les autres aux gens ordinaires, il est plus que temps pour elles de le faire savoir. La suggestion de Cantona et le *foreclosuregate* constituent tous deux des avertissements qu'il serait inconséquent d'ignorer plus longtemps : les peuples qui en sont réduits à compter sur une intervention divine ne sont jamais bien loin en réalité de prendre leur propre destin en main. Il s'agit là d'une observation dont devraient tenir compte toute affaire cessante les instances étatiques américaines et européennes.

Notes

Qu'est-ce que le capitalisme ?

1. Voir, pour un exposé plus détaillé de la question des stock-options, Jorion 2009a : 41-46.

L'effondrement du capitalisme

1. Il faut bien faire la différence entre cette conditionnalité de tout prix et ce qu'on appelle la « valeur actualisée » d'une marchandise, à savoir la valeur *escomptée* de son prix futur en fonction du taux auquel une somme peut être investie maintenant à cette même échéance ; cf. Jorion 2009c : 194-205.

2. Comme j'ai eu l'occasion de le montrer ailleurs, parler de « l'offre et de la demande » est un moyen pratique et traditionnel d'évoquer le mécanisme réellement à l'œuvre : la détermination du prix selon le rapport de forces entre acheteurs et vendeurs ; cf. Jorion 2010 : 96-105.

3. La monétisation s'opère en général sur des instruments de dette dont le risque de non-remboursement est faible. L'économiste Willem Buiter a proposé d'appeler « assouplissement qualitatif » tout changement dans la politique d'une banque centrale qui la conduit à monétiser des instruments de dette dont le risque de crédit est plus élevé.

4. De manière générale, en France, une part en hausse constante du profit des sociétés est allouée à leurs actionnaires sous forme de dividendes. Pour les grands groupes français, les dividendes versés passent de 2 % de la valeur ajoutée pour la période 1992-1995 à 6,2 % pour la période 2004-2007 (Husson 2010a : 4-5).

5. D'autant que, comme nous l'avons vu, le « théorème » de Modigliani-Miller prouverait que le financement d'une entreprise par la dette n'augmente pas sa valeur.

6. On se souviendra de la discussion vive qui éclata à ce propos entre Éric Woerth, alors ministre du Budget, et moi-même sur le plateau de l'émission télévisée « Ce soir (ou jamais !) », le 4 février 2010.

7. Voir pour une description plus complète et plus détaillée de ce cycle : Jorion 2007 : 82-83 ; 2009 : 82-83.

8. Dans un article de *Banca Nazionale del Lavoro Quarterly Review* (Jean Baneth, communication personnelle).

9. On trouve une analyse détaillée de cette crise dans Jorion 2008b : 148-152.

10. Je ne répéterai pas ici ce que j'ai écrit au chapitre « Interdire les paris sur les fluctuations de prix » dans *L'Argent, mode d'emploi* (Jorion 2009c : 299-314).

11. Merci à Cédric Mas de m'avoir guidé dans la littérature sur le sujet.

12. « Il y a stellionat, lorsqu'on vend ou qu'on hypothèque un immeuble dont on sait n'être pas propriétaire, lorsqu'on présente comme libres des biens hypothéqués, ou que l'on déclare des hypothèques moindres que celles dont ces biens sont chargés » (Code civil).
13. J'ai consacré une longue réflexion à la problématique générale du partage du risque dans *Le Prix* (Jorion 2010 : 229-236).

Ceux qui savaient

1. La traduction française de Jean de Largentaye dit très fautivement : « dans la pénombre de Karl Marx, de Silvio Gesell et du major Douglas » (p. 44).
2. Elle méritait encore d'être appelée « science économique » à l'époque.
3. www.pauljorion.com/blog
4. Voir en particulier un autre de ses textes : Husson 2010b
5. Le fabianisme est un mouvement socialiste anglais né à la fin du XIXe siècle, convaincu que le socialisme pourra être instauré sans révolution, par une transition douce.

Quel monde nouveau ?

1. http://fr.wikisource.org/wiki/Section_des_Piques

La propriété privée

1. Un matin que je rendais visite à Leach dans son appartement à King's College, dont il était le « provost », le doyen, il riait tout seul à mon arrivée : « Dorénavant, tu

m'appelleras "sir" ! Ils m'ont fait "sir" ! Tu te rends compte, ils m'ont fait ça à moi, l'iconoclaste ! » Il était anthropologue et prenait donc les cultures humaines, leurs rites et leur symbolisme avec philosophie, et ne refusa donc pas le titre. Étant anthropologue moi-même, j'ai toujours parlé de lui depuis comme de « sir Edmund Leach ».

2. Équipé pour la capture des crustacés à l'aide de trappes : les « casiers ».

Les leçons de l'histoire

1. J'ai expliqué tout cela de manière détaillée dans *Principes des systèmes intelligents* (Jorion 1990).

Conclusion

1. « ... le terme "les plus aisés" correspond au dernier dix-millième des personnes, soit les 0,01 % personnes aux plus hauts revenus déclarés par unité de consommation ; l'expression "très aisés" désigne les 0,09 % suivants ; enfin les "aisés" seront définis comme le reste du dernier centile de revenus, soit les 0,9 % suivants » (Solard 2010).

Références

ABENSOUR, Miguel, « Lire Saint-Just », in Saint-Just, Antoine-Louis, *Œuvres complètes*, édition établie et présentée par Anne Kupiec et Miguel Abensour, Paris : Gallimard, 2004.

ALTHUSSER, Louis, *Machiavel et nous*, Paris : Tallandier, 2009.

BITTARD DES PORTES, René, *L'Exception de jeu dans les opérations de Bourse et la légalité des marchés à terme*, Paris : Ernest Thorin, 1882 http://gallica.bnf.fr/ark:/12148/bpt6k5821599n.image.r=de+l'exception+de+jeu.fl.langFR. pagination?msgPgDbl=2

CALDER, Lendol, *Financing the American Dream*, Princeton : Princeton University Press, 1999.

CHEVALIER, Michel, « Le comte Mollien », *Revue des Deux Mondes*, t. 4, 1856 http://fr.wikisource.org/wiki/Le_Comte_Mollien

COSTABILE, Lilia, *The International Circuit of Key Currencies and the Global Crisis : Is there Scope for Reform ?*, Working Paper Series, Number 220, Political Economy Research Institute, University of Massachusetts, Amherst, mars 2010.

COZIC, H., *La Bourse mise à la portée de tous*, Paris : Librairie illustrée, 1885 http://gallica.bnf.fr/ark:/12148/bpt6k5726147v.r=bourse.langFR

Conseil des prélèvements obligatoires, *Le Patrimoine des ménages*, mars 2009 http://www.ccomptes.fr/fr/CPO/documents/divers/Rapport-Patrimoine-des-menages.pdf

Delbos, Geneviève et Paul Jorion [1984], *La Transmission des savoirs*, Paris : Maison des sciences de l'homme, 2009.

Durkheim, Émile et Marcel Mauss [1901-1902], « De quelques formes primitives de classification. Contribution à l'étude des représentations collectives », *Année sociologique*, 6, 1-72, in Marcel Mauss, *Œuvres complètes*, Paris : Minuit, 1969.

Foucault, Michel, *Naissance de la biopolitique. Cours au Collège de France. 1978-1979*, Paris : Hautes Études, Gallimard-Seuil, 2004.

Freud, Sigmund [1900], *L'Interprétation des rêves*, Paris : PUF, 2003.

Freud, Sigmund [1927], *L'Avenir d'une illusion,* Paris : PUF, 1971.

Freud, Sigmund [1929], *Malaise dans la civilisation*, *Revue française de psychanalyse*, t. XXXIV, janvier 1970, PUF : 9-80.

Gallais-Hamonno, Georges, « Les paradoxes de la Bourse parisienne au XIXe siècle : Liberté et refus du risque », *Institut Euro92*, 1996 http://www.euro92.com/acrob/hamonno%20bourse.pdf

Hegel, G. W. F. [1821], *Principes de la philosophie du droit ou Droit naturel et science de l'État en abrégé*, Paris : Vrin, 1989.

Hegel, G. W. F. [1837], *Leçons sur la philosophie de l'histoire*, Paris : Vrin, 1987.

Hegel, G. W. F. [1830], *La Raison dans l'histoire. Introduction à la philosophie de l'histoire*, Paris : UGE, 1979.

Husson, Michel, « Le débat sur le taux de profit », *Inprecor*, n°s 562-563, juin-juillet 2010a.

Husson, Michel, « Le partage de la valeur ajoutée en Europe », *La Revue de l'Ires*, n° 64, 2010b.

Hyppolite, Jean, *Introduction à la philosophie de l'histoire de Hegel*, Paris : Marcel Rivière et Cie, 1948.

JOLY, Maurice [1864], *Dialogue aux Enfers entre Machiavel et Montesquieu*, la Bibliothèque électronique du Québec (http://beq.ebooksgratuits.com/propagande/Joly_dialogue.pdf), Éditions Allia, 1987.

JORION, Paul, *Principes des systèmes intelligents*, Paris : Masson, 1990

JORION, Paul, « Matrilateral cross-cousin marriage in Australia », *Social Science Information*, 32, 1, 1993 : 133-146.

JORION, Paul, *Investing in a Post-Enron World*, New York : McGraw-Hill, 2003.

JORION, Paul, « Adam Smith's "Invisible Hand" Revisited », *Proceedings of the 1st World Conference on Simulation of Social Systems*, Kyoto, August 2006, Vol. I, Springer Verlag : 247-254.

JORION, Paul [2007a], *La Crise du capitalisme américain*, Broissieux : Éditions du Croquant, 2009a.

JORION, Paul, « Le libéralisme est la philosophie spontanée du milieu des affaires », *Le Monde*, 3 juillet 2007b.

JORION, Paul, *L'Implosion. La finance contre l'économie : ce que révèle et annonce la « crise des subprimes »*, Paris : Fayard, 2008a.

JORION, Paul, *La Crise. Des subprimes au séisme financier planétaire*, Paris : Fayard, 2008b.

JORION, Paul, « La sortie du capitalisme », *Le Débat*, n° 157, novembre-décembre 2009b : 17-30.

JORION, Paul, *L'Argent, mode d'emploi*, Paris : Fayard 2009c.

JORION, Paul, *Comment la vérité et la réalité furent inventées*, Paris : Gallimard 2009d.

JORION, Paul, *Le Prix*, Broissieux : Éditions du Croquant, 2010.

JORION, Paul et David Thesmar, « Faut-il interdire la spéculation ? », propos recueillis par Nicolas Cori, *Philosophie Magazine*, n° 41, juillet-août 2010 : 12-15.

KEYNES, John Maynard [1936], *The General Theory of Employment, Interest and Money*, Londres : MacMillan, 1974.

KEYNES, John Maynard, *Théorie générale de l'emploi, de l'intérêt et de la monnaie* [1936], Paris : Éditions Payot, 1942.

KEYNES, John Maynard, *Proposals for an International Currency Union [Second Draft, November 18, 1941]*, Donald Moggridge (sous la dir.) *The Collected Writings of John Maynard Keynes*, Volume XXV, Activities 1940-1944, Shaping the Post-war World : the Clearing Union. London : MacMillan, 1980 : 42-66.

KEYNES, John Maynard, « A Short View of Russia » [1931], *Essays in Persuasion*, The Collected Writings of John Maynard Keynes, Volume IX, London : MacMillan-Cambridge University Press, 1972.

KEYNES, John Maynard, « Economic Possibilities for our Grandchildren » [1930], in *Essays in Persuasion*, Collected Writings, Volume IX, Cambridge : Macmillan-Cambridge University Press for the Royal Economic Society, 1972.

KOJÈVE, Alexandre, *Introduction à la lecture de Hegel*, Paris : Gallimard, 1947.

KOJÈVE, Alexandre, *Esquisse d'une phénoménologie du droit*, Paris : Gallimard, 1981.

KUIPERS, Benjamin, « Commonsense Reasoning about Causality : Deriving Behavior from Structure », in Bobrow, D.G. (sous la dir.), *Qualitative Reasoning about Physical Systems*, Amsterdam : North-Holland, 1984, 169-203.

LA BOÉTIE, Étienne de, *Le Discours de la servitude volontaire*, texte établi par Pierre Léonard, Payot : Paris, 1993.

LACAN, Jacques [1955-56], *Le Séminaire, livre III, Les psychoses*, texte établi par Jacques-Alain Miller, Paris : Le Seuil, 1981.

LÉVY-BRUHL, Lucien, *Les Carnets de Lucien Lévy-Bruhl (1938-1939)*, sous la dir. de Maurice Leenhardt, Paris : PUF, 1949.

LOCKE, John [1690], *An Essay Concerning the True Original, Extent, and End of Civil Government*, http://jim.com/2ndtreat.htm

MCNALLY, David [2009], « From financial crisis to world slump : accumulation, financialization, and the global slowdown », *Historical Materialism* 17 : 35-83.

MACHIAVEL, « Discours sur la première décade de Tite-Live » (1512-1517), *Œuvres complètes*, « La Pléiade », Paris : Gallimard, 1952 : 375-719.

MARÉCHAL, Constantin, *Les Marchés à terme. Conditions. Validité. Exception de jeu*, Paris : A. Chevalier-Maresq, 1901, http://gallica.bnf.fr/ark:/12148/bpt6k6105262s.image.r=de+l'exception+de+jeu.f26.langFR

MARX, Karl, *Manuscrits de 1844*, Paris : Éditions sociales, 1969.

MARX, Karl, « Travail salarié et capital » (1849), *Œuvres de Karl Marx. Économie I*, « La Pléiade », Paris : Gallimard, 1965 : 199-229.

MARX, Karl, « Principes d'une critique de l'économie politique » (1857-58), *Œuvres de Karl Marx. Économie II*, « La Pléiade », Paris : Gallimard, 1968 : 171-359.

PÉRIN, Jean, *Jouer le jeu ou jouer avec le jeu*, 22/03/2003, http://www.freud-lacan.com/Champs_specialises/Psychanalyse_droit/Jouer_le_jeu_ou_jouer_avec_le_jeu

RICHARD, Jacques, « Comment la comptabilité modèle le capitalisme », *Le Débat*, n° 161, septembre-octobre 2010 : 53-64.

ROBESPIERRE, Maximilien, « Le marc d'argent » (1791), in *Robespierre : entre vertu et terreur, Slavoj Zizek présente les plus beaux discours de Robespierre*, Paris : Stock, 2007.

ROBESPIERRE, Maximilien, « Les subsistances » (1792), in *Robespierre : entre vertu et terreur*, op. cit.

ROUSSEAU, Jean-Jacques, *Œuvres complètes III*, « La Pléiade », Paris : Gallimard, 1964.

RUEFF Jacques, Fred Hirsch, « The Role and the Rule of Gold. An Argument », *Princeton. Essays on International Finance*, n° 47, juin 1965.

SALZÉDO, Numa, *L'Exception de jeu en matière d'opérations de Bourse*, Paris : Imprimerie de Poissy S. Lejay et Cie, 1880 http://gallica.bnf.fr/ark:/12148/bpt6k58184054.r=Salz%C3%A9do.langFR

SAINT-JUST, Antoine-Louis, *Œuvres complètes*, édition établie et présentée par Anne Kupiec et Miguel Abensour. Précédé de « Lire Saint-Just » par Miguel Abensour, Paris : Gallimard, 2004.

SEC & CFTC, *Findings Regarding the Market Events of May 6, 2010, Report of the Staffs of the CFTC and SEC to the Joint Advisory Committee on Emerging Regulatory Issues*, US Commodity Futures Trading Commission Three Lafayette Centre, 1155 21st Street, NW Washington, DC 20581 (202) 418-5000 www.cftc.gov, US Securities & Exchange Commission 100 F Street, NE Washington, DC 20549 (202) 551-5500 www.sec.gov, 30 septembre 2010.

SKIDELSKY, Robert, *John Maynard Keynes. The Economist as Saviour 1920-1937*. London : MacMillan, 1992.

SKIDELSKY, Robert, *John Maynard Keynes. Fighting for Britain 1937-1946*, London : MacMillan, 2000.

SKIDELSKY, Robert, *Keynes. The Return of the Master*, New York : Public Affairs, 2009.

SOBOUL, Albert [1962], *La Révolution française*, « Tel », Paris : Gallimard, 1982.

SOLARD, Julie, « Les très hauts revenus : des différences de plus en plus marquées entre 2004 et 2007 », *Les Revenus et le patrimoine des ménages* – Insee Références – Édition 2010, http://www.insee.fr/fr/ffc/docs_ffc/ref/REVPMEN10e.pdf

TOCQUEVILLE, Alexis de, *L'Ancien Régime et la Révolution*, Paris : Michel Lévy Frères, 1868.

WEIL, Jonathan, « Subprime Mess Fueled by Crack Cocaine Accounting », *Bloomberg News*, 25 juillet 2008.

WEISS, Peter [1964], *Marat-Sade*, Paris : L'Arche, 2000.

Table

Introduction	9
La fin d'un système	12
Les nervures de l'avenir	22
I. Qu'est-ce que le capitalisme ?	27
Capitalisme, économie de marché et libéralisme	27
Le capitalisme	30
L'économie de marché	34
Le libéralisme	39
Ce qu'il advient de l'argent qu'on gagne	43
L'argent appelle l'argent, qui se concentre alors inexorablement	46
La surproduction	48
La concentration de l'argent d'un côté a pour effet induit son manque ailleurs. Ce manque est combattu par le crédit	50
Capitalisme, économie de marché et libéralisme rapprochés	51

Le capitalisme et l'économie de marché
en tant que dysfonctions 53

II. L'effondrement du capitalisme 61

La comptabilité 62
Le sauvetage du secteur bancaire 67
Comment les banques ont entraîné
les États dans leur chute 73
La dette publique 97
Les retombées de la crise des *subprimes* :
le *foreclosuregate* 107
Goldman Sachs : la fin de l'intégrité du marchand 117
La corruption des marchés boursiers
et la perte de confiance qui en résulte 136
La transparence 158
Le désordre monétaire mondial 164
Le spéculateur contre l'économie 187
L'interdiction des paris sur les fluctuations de prix 194

III. Ceux qui savaient 227

Karl Marx : celui dont on a effacé le nom 227
Actualité de John Maynard Keynes 247

IV. Quel monde nouveau ? 253

Liberté, égalité, fraternité 253
Faire rentrer l'espèce entière dans la sphère du « nous » 258
Sigmund Freud et le bonheur 262
Marat-Sade 269
G. W. F. Hegel :
le citoyen et le bourgeois qui sont logés
en nous ne parlent pas d'une même voix 277

V. La propriété privée 283

Le pouvoir des choses sur les hommes 283

TABLE

Lucien Lévy-Bruhl :
  le sentiment de la présence du propriétaire 289
Maximilien Robespierre :
  résoudre la contradiction entre propriété et éthique 297

VI. Les leçons de l'histoire 301

  La vertu : Robespierre, Hegel et Freud 301
  Robespierre perdu par Machiavel 307
  La décadence 311
  La Révolution française et nous aujourd'hui 314

Conclusion 319

Notes 337

Références 341

Photocomposition Nord Compo
Villeneuve-d'Ascq

Pour l'éditeur, le principe est d'utiliser des papiers composés de fibres naturelles, renouvelables, recyclables et fabriquées à partir de bois issu de forêts qui adoptent un système d'aménagement durable.
En outre, l'éditeur attend de ses fournisseurs de papier qu'ils s'inscrivent dans une démarche de certification environnementale reconnue.

Impression réalisée par
CPI BRODARD ET TAUPIN
La Flèche

pour le compte des Éditions Fayard
en mars 2011

Imprimé en France
Dépôt légal : mars 2011
N° d'impression : 62979
36-57-0703-3/01